U0675184

# "船舶与海洋结构物先进设计方法"丛书编委会

名誉主编：纪卓尚（大连理工大学）

主　　编：林　焰（大连理工大学）

副 主 编：刘祖源（武汉理工大学）

何炎平（上海交通大学）

陈超核（华南理工大学）

冯　峰（哈尔滨工程大学）

金良安（中国人民解放军海军大连舰艇学院）

秘　　书：于雁云（大连理工大学）

裴　育（中国科技出版传媒股份有限公司）

编　　委：（按姓氏汉语拼音排序）

蔡琰先（中国船级社）

陈　明（大连理工大学）

陈　武（集美大学）

谌志新（中国水产科学研究院渔业机械仪器研究所）

管伟元（中国船舶工业集团公司第七〇八研究所）

蒋志勇（江苏科技大学）

李玉平（中远造船工业公司）

李忠刚（中船重工船舶设计研究中心有限公司）

陆　晟（上海船舶研究设计院）

马　坤（大连理工大学）

盛苏建（中海油能源发展股份有限公司）

王和文（中国人民解放军军事交通运输研究所）

王立真（中国船级社）

谢新连（大连海事大学）

谢永和（浙江海洋大学）

詹树明（中远船务工程集团有限公司）

战希臣（中国人民解放军海军航空工程学院）

张维英（大连海洋大学）

船舶与海洋结构物先进设计方法

# 主船体数字化快速设计与
# 精度建造关键技术

Key Technologies of Digital Rapid Design
and Accuracy Construction for Main Hull

管 官 林 焰 著

科 学 出 版 社

北 京

# 内 容 简 介

本书系统地对提高主船体数字化总体设计和精度建造效率及质量的关键技术进行研究。在数字化设计方面，本书开发船舶设计项目快速规划系统，提出基于能量优化法的船型快速设计方法、自顶向下的参数化非流形分舱设计方法、基于知识驱动的船体结构快速优化设计方法。在数字化精度造船方面，对基于三维模型的船体分段测量分析及快速模拟搭载技术进行深入研究，提出分段测量点集与设计模型点集快速自动最优匹配方法和考虑工程约束的分段搭载方案智能生成方法。每部分内容都给出工程应用算例，以证实所提方法的可行性及优越性。

本书可作为船舶与海洋工程领域相关专业研究人员、技术人员和高校教师的参考用书，也可作为研究生及高年级本科生的教材或参考书。

**图书在版编目(CIP)数据**

主船体数字化快速设计与精度建造关键技术=Key Technologies of Digital Rapid Design and Accuracy Construction for Main Hull /管官，林焰著.—北京：科学出版社，2017.2

（船舶与海洋结构物先进设计方法）

ISBN 978-7-03-051780-7

Ⅰ．①主… Ⅱ．①管… ②林… Ⅲ．①船体-船舶设计②造船法
Ⅳ．①U662.2②U671

中国版本图书馆 CIP 数据核字（2017）第 028882 号

责任编辑：张 震 杨慎欣 / 责任校对：张凤琴
责任印制：张 伟 / 封面设计：无极书装

科学出版社 出版
北京东黄城根北街 16 号
邮政编码：100717
http://www.sciencep.com

北京厚诚则铭印刷科技有限公司 印刷
科学出版社发行 各地新华书店经销

*

2017 年 2 月第 一 版　　开本：720×1000 1/16
2017 年 2 月第一次印刷　　印张：15 1/4
字数：300 000
定价：92.00 元
（如有印装质量问题，我社负责调换）

# "船舶与海洋结构物先进设计方法"丛书序

  船舶与海洋结构物设计是船舶与海洋工程领域的重要组成部分,包括设计理论、原理、方法和技术应用等研究范畴。其设计过程是从概念方案到基本设计和详细设计;设计本质是在规范约束条件下最大限度地满足功能性要求的优化设计;设计是后续产品制造和运营管理的基础,其目标是船舶与海洋结构物的智能设计。"船舶与海洋结构物先进设计方法"丛书面向智能船舶及绿色环保海上装备开发的先进设计技术,从数字化全生命周期设计模型技术、参数化闭环设计优化技术、异构平台虚拟现实技术、信息集成网络协同设计技术、多学科交叉融合智能优化技术等方面,展示了智能船舶的设计方法和设计关键技术。

  (1)船舶设计及设计共性基础技术研究。针对超大型船舶、极地航行船舶、液化气与化学品船舶、高性能船舶、特种工程船和渔业船舶等进行总体设计和设计技术开发,对其中的主要尺度与总体布置优化、船体型线优化、结构形式及结构件体系优化、性能优化等关键技术进行开发研究;针对国际新规范、新规则和新标准,对主流船型进行优化和换代开发,进行船舶设计新理念及先进设计技术研究、船舶安全性及风险设计技术研究、船舶防污染技术研究、舰船隐身技术研究等;提出面向市场、顺应发展趋势的绿色节能减排新船型,达到安全、经济、适用和环保要求,形成具有自主特色的船型研发能力和技术储备。

  (2)海洋结构物设计及设计关键技术研究。开展海洋工程装备基础设计技术研究,建立支撑海洋结构物开发的基础性设计技术平台,开展深水工程装备关键设计技术研究;针对浮式油气生产和储运平台、新型多功能海洋自升式平台、巨型导管架平台、深水半潜式平台和张力腿平台进行技术设计研究;重点研究桩腿、桩靴和固桩区承载能力,悬臂梁结构和极限荷载能力,拖航、系泊和动力定位,主体布置优化等关键设计技术。

  (3)数字化设计方法研究与软件系统开发。研究数字化设计方法理论体系,开发具有自主知识产权的船舶与海洋工程设计软件系统,以及实现虚拟现实的智能化船舶与海洋工程专业设计软件;进行造船主流软件的接口和二次开发,以及船舶与海洋工程设计流程管理软件系统的开发;与CCS和航运公司共同进行船舶系统安全评估、管理软件和船舶技术支持系统的开发;与国际专业软件开发公司共同进行船舶与海洋工程专业设计软件的关键开发技术研究。

  (4)船舶及海洋工程系统分析与海上安全作业智能系统研制。开展船舶运输系统分析,确定船队规划和经济适用船型;开展海洋工程系统论证和分析,确定海洋工程各子系统的组成体系和结构框架;进行大型海洋工程产品模块提升、滑移、滚装及运输系统的安全性分析和计算；进行水面和水下特殊海洋工程装备及组合体的可行性分析和技术设计研究；以安全、经济、环保为目标，进行船舶及海洋工程系统风险分析与决策规划研究；在特种海上安全作业产品配套方面进行研究和开发，研制安全作业的智能软硬件系统；开展机舱自动化系统、装卸自动化系统关键技术和 LNG 运输及加注船舶的 C 型货舱系统国产化研究。

本丛书体系完整、结构清晰、理论深入、技术规范、方法实用、案例翔实，融系统性、理论性、创造性和指导性于一体。相信本丛书必将为船舶与海洋结构物设计领域的工作者提供非常好的参考和指导，也为船舶与海洋结构物的制造和运营管理提供技术基础，对推动船舶与海洋工程领域相关工作的开展也将起到积极的促进作用。

衷心地感谢丛书作者们的倾心奉献，感谢所有关心本丛书并为之出版尽力的专家们，感谢科学出版社及有关学术机构的大力支持和资助，感谢广大读者对丛书的厚爱！

大连理工大学

2016 年 8 月

# 前　言

　　船舶设计与建造的质量决定船舶安全性、经济性和功能性等性能，船舶设计与建造的效率是影响船舶开发周期的关键。面对船舶的日趋多样化和复杂化，船东需求不断提高，企业竞争不断加剧，传统的船舶 CAD/CAM 技术已经不能完全满足先进设计制造与现代造船市场发展的要求，在国际造船市场竞争中，各船舶企业必须提高船舶开发效率，缩短开发周期，保证设计与建造的质量，降低成本以取得竞争优势。随着计算机技术的发展，数字化造船已经成为船舶工业的研究热点，为船舶设计制造领域带来新的发展模式与技术支持，成为造船企业利用数字化技术支持和促进"设计、建造一体化"现代造船模式发展的数字化平台。数字化造船的实施，已成为造船企业提高核心竞争力的重要手段。应用数字化技术提高船舶设计效率和建造质量，缩短船舶开发周期，是本书研究的出发点。

　　数字化造船贯穿整个造船生命周期，涉及范畴广泛，本书针对中国目前船舶行业的具体情况和发展需要，以实现船舶快速设计制造为目标，以减少工时、提高设备使用效率、增大经济效益为具体要求，重点研究主船体数字化设计与精度建造关键技术。

　　要实现高效的船舶设计，合理的船舶设计项目规划对缩短设计工期，防止管理混乱具有重要意义。为获得最优设计成员，本书建立基于矩阵式组织结构和团队协调者领导的团队组织模型，采用模糊综合评判方法对预备设计人员进行多指标评价，根据评价结果组建设计团队，实现人力资源的定量决策规划。然后，应用先进的项目管理方法与信息化集成技术，开发船舶设计项目任务规划及进度控制系统。应用该系统，方便项目经理进行任务分解，编制各图纸间的逻辑关系，生成合理的任务甘特图，控制项目进度及管理文档；也方便设计人员查询任务及进度要求，明确责任，交流信息。该系统成功应用于船舶设计项目，不仅减轻了管理者的工作量，而且显著提高了工作的效率。

　　对于主船体数字化三维设计，船体曲面设计是基础。为使船型设计不再局限于母型的束缚，能够根据设计参数快速生成光顺的船体曲面，基于对船体曲线特征的分析，本书给出船型具体的参数，提出利用能量优化法，以船体曲线曲面的曲率平方和最小为目标，求解基于 NURBS 表达的船体曲面光顺设计方法。该方法可以在插值点、导矢、曲率、面积及形心等相关约束下，调整船体曲线的基本形状特征，保证船体曲面的光顺性。

　　在船体曲面的基础上实现分舱设计，本书提出一种自顶向下的船体参数化分舱方法，利用舱壁位置参数及内壳的折点位置参数驱动生成分舱理论面，再用分舱理论面切割主船体，利用非流形造型技术及其集合运算生成舱室实体模型，再将分舱约束要求与舱室模型相链接，以约束知识指导分舱方案优化修正，进而获得满足全部约束的分舱方案并计算舱容要素。该方法降低了舱室定义阶段的复杂性，直观地体现设计思想，能快速实现船舶分舱及舱容计算。

以建立的船体曲面及舱室模型为设计背景，本书提出基于知识的船体结构快速设计方法，将知识工程和参数化技术相结合，建立船体结构设计知识库，实现船体结构三维快速优化设计。设计中结构构件位置通过位置参数驱动生成，构件尺寸通过规范推理法和实例推理法获得，对主要结构采用量子行为遗传算法进行优化。该方法将设计知识嵌入船体结构模型中，既有助于设计知识的保留和再利用，又能实现对设计结果的自动检查，进而快速获得合理的船体结构。

本书在船体数字模型的基础上，研究基于三维模型的数字化精度造船关键技术，主要研究船体分段快速测量分析和快速模拟搭载技术。分段测量分析是精度造船的重要环节。本书利用主元分析法对测量点集进行粗匹配，利用搜索最近点法确定对应点对，再利用欧拉理论对测量点集进行平移和旋转，使分段测量点集与设计点集匹配最优。该方法无需明确测量点与设计点的对应关系，自动匹配两者，给出船体分段建造精度分析结果，为后续快速模拟搭载提供依据。在快速模拟搭载方面，本书提出自动快速获得搭载分段最佳搭载定位位置的算法，利用权值向量实现不同方向上精度要求的误差分配，利用多目标优化法，把水平度、垂直度、平面度等相关搭载工程约束引入优化目标，然后求解非线性多目标优化模型，进而得出分段最佳定位结果，给出最合理的搭载方案。该定位结果有助于搭载施工，缩短搭载时间。

本书给出基于数字化技术的船舶设计项目快速规划、船型设计、分舱设计、结构设计、测量分析和模拟搭载的实现方法，期望该研究有助于数字化快速造船理论的研究进展，有助于缩短船舶开发周期，有助于提高造船生产质量与效率，有助于实际工程应用的进展。

本书由管官、林焰执笔。作者长期从事船舶与海洋平台数字化设计制造研究工作，主持和参与了多项船舶与海洋平台的开发工作，积累了较为深厚的研究基础。本书是作者对科研成果的整理分析与提炼，提出的方法均通过充足的算例加以验证，并在实际工程中得到应用，可为船舶数字化设计制造工作提供借鉴。

船舶数字化设计制造是一个广阔的研究领域，内容丰富且复杂，需要进一步研究的问题还有很多，书中的研究成果和观点也只是一些粗浅的尝试。希望本书的出版能够起到抛砖引玉的作用，引起更多的研究和讨论，对从事船舶数字化设计制造工作的读者有所帮助。限于作者的学识水平，本书不完善的地方甚至错误之处在所难免，恳请广大读者批评指正。

作　者
2016 年 7 月于大连

# 目　　录

"船舶与海洋结构物先进设计方法"丛书序

前言

第1章　绪论 ·········································································· 1

  1.1　研究背景与意义 ···························································· 1

    1.1.1　数字化造船的含义 ···················································· 1

    1.1.2　研究的必要性 ························································ 2

  1.2　国内外研究概况 ···························································· 6

    1.2.1　数字化造船研究概况 ·················································· 6

    1.2.2　船舶快速设计研究概况 ················································ 7

    1.2.3　精度造船研究概况 ··················································· 15

  1.3　目标与内容 ······························································· 22

  1.4　组织结构 ································································· 24

第2章　船舶设计项目快速规划 ··················································· 26

  2.1　引言 ····································································· 26

  2.2　人力资源快速规划 ························································· 26

    2.2.1　矩阵式项目组织形式 ················································· 26

    2.2.2　团队协调者领导模型 ················································· 28

    2.2.3　人力资源模糊综合评判 ··············································· 29

    2.2.4　计算实例 ·························································· 32

  2.3　任务规划及进度控制 ······················································· 35

    2.3.1　项目工作分解 ······················································ 36

    2.3.2　任务关系矩阵 ······················································ 37

    2.3.3　系统开发 ·························································· 38

    2.3.4　系统实现 ·························································· 40

  2.4　本章小结 ································································· 43

第 3 章 基于能量优化法的船型快速设计 ································· 44

3.1 引言 ·································· 44

3.2 基础知识 ·································· 45

3.2.1 利用 NURBS 构造船体组合曲线 ·································· 45

3.2.2 基于单一 NURBS 函数的船体曲面表达 ·································· 45

3.2.3 能量优化法造型的基本原理 ·································· 46

3.2.4 船体曲线曲面光顺判定准则 ·································· 47

3.2.5 优化方法 ·································· 47

3.3 设计方法及过程 ·································· 49

3.3.1 设计参数的确定 ·································· 49

3.3.2 纵向特征线的设计 ·································· 54

3.3.3 横剖线的生成 ·································· 56

3.3.4 船体曲面的生成 ·································· 57

3.3.5 设计步骤 ·································· 59

3.4 设计结果分析 ·································· 60

3.4.1 设计实例 ·································· 60

3.4.2 方法分析 ·································· 66

3.5 本章小结 ·································· 69

第 4 章 主船体快速分舱 ·································· 71

4.1 引言 ·································· 71

4.2 分舱理论面及其参数化实现 ·································· 72

4.2.1 分舱理论面概念及其分类 ·································· 72

4.2.2 参数化分舱约束 ·································· 72

4.2.3 第 1 类分舱理论面 ·································· 74

4.2.4 第 2 类分舱理论面 ·································· 74

4.2.5 第 3 类分舱理论面 ·································· 78

4.3 非流形造型及其集合运算 ·································· 81

4.3.1 非流形造型 ·································· 81

4.3.2 非流形造型集合运算 ·································· 85

4.3.3 非流形造型在船舶分舱上的应用 ·································· 93

4.4 舱室实体建模 ·································· 95

4.5 约束管理 ·································· 97

4.5.1 约束表达 ·································· 97

4.5.2　约束链接模型 ························································ 98
4.5.3　数学模型表达 ························································ 98
4.5.4　约束冲突 ···························································· 100
4.6　分舱流程 ·································································· 101
4.7　设计结果分析 ····························································· 102
4.7.1　设计实例 ···························································· 102
4.7.2　方法分析 ···························································· 107
4.8　本章小结 ·································································· 108

第5章　知识驱动船体结构快速设计及优化 ···························· 110
5.1　引言 ······································································ 110
5.2　基本原理 ·································································· 110
5.2.1　知识工程 ···························································· 110
5.2.2　知识本体 ···························································· 111
5.3　知识库的建立 ····························································· 112
5.3.1　船体结构构件库 ······················································ 112
5.3.2　规则库 ······························································ 118
5.4　基于知识的船体结构设计 ··················································· 119
5.5　设计实例 ·································································· 120
5.5.1　构件位置确定 ························································ 121
5.5.2　规范推理法 ·························································· 122
5.5.3　实例推理法 ·························································· 124
5.5.4　基于知识的船体结构尺寸优化 ··········································· 128
5.5.5　结果对比与讨论 ······················································ 132
5.5.6　设计结果三维模型 ···················································· 133
5.6　本章小结 ·································································· 134

第6章　基于三维模型的船体分段快速测量分析 ···················· 136
6.1　引言 ······································································ 136
6.2　船体分段测量点集自动匹配方法 ············································· 137
6.3　自动匹配的两类数学模型 ··················································· 139
6.3.1　基于 PCA 的粗匹配数学模型 ············································ 139
6.3.2　基于欧拉旋转矩阵的精匹配数学模型 ····································· 140
6.4　求解算法与实例分析 ······················································· 141
6.4.1　求解算法 ···························································· 141

　　　6.4.2　底边舱分段实例分析 ……………………………………… 142
　　　6.4.3　双层底分段实例分析 ……………………………………… 146
　6.5　本章小结 ……………………………………………………………… 148

第 7 章　船舶快速模拟搭载分析 …………………………………………… 149

　7.1　引言 …………………………………………………………………… 149
　7.2　模拟搭载匹配算法 …………………………………………………… 150
　7.3　模拟搭载匹配的两类优化模型 ……………………………………… 151
　　　7.3.1　预匹配优化模型 ……………………………………………… 151
　　　7.3.2　非线性多目标优化模型 ……………………………………… 153
　7.4　常见船舶搭载工程约束的数学表达 ………………………………… 154
　　　7.4.1　水平度 ………………………………………………………… 155
　　　7.4.2　垂直度 ………………………………………………………… 155
　　　7.4.3　硬约束 ………………………………………………………… 156
　7.5　求解算法与实例分析 ………………………………………………… 156
　　　7.5.1　求解算法 ……………………………………………………… 156
　　　7.5.2　标准测试实例分析 …………………………………………… 156
　　　7.5.3　船舶搭载工程应用实例分析 ………………………………… 160
　7.6　模拟搭载定位方案评定标准 ………………………………………… 165
　7.7　基于可调墩的分段搭载合拢 ………………………………………… 165
　　　7.7.1　算法原理 ……………………………………………………… 167
　　　7.7.2　程序实现 ……………………………………………………… 182
　　　7.7.3　基于 CATIA 的模拟搭载仿真 ……………………………… 187
　7.8　本章小结 ……………………………………………………………… 214

第 8 章　结论与展望 ………………………………………………………… 216

　8.1　结论 …………………………………………………………………… 216
　8.2　主要创新点 …………………………………………………………… 218
　8.3　展望 …………………………………………………………………… 218

参考文献 ……………………………………………………………………… 221

# 第 1 章 绪  论

本书以数字化造船中的主船体快速设计与精度建造关键技术为主要研究内容，重点研究基于数字化技术的船舶设计项目快速规划，以及船体型线、分舱及结构三维快速设计与船体分段快速测量分析和快速模拟搭载等。

## 1.1  研究背景与意义

本书属于船舶 CAD（computer aided design，计算机辅助设计）/CAM（computer aided manufacturing，计算机辅助制造）技术范畴。船舶整个开发过程是从规划设计项目开始，直到船舶全部建造完成为止，这一过程一般可划分为船舶设计项目规划阶段、技术设计阶段和施工建造阶段。在计算机技术迅猛发展的现代社会中，船舶制造业的竞争日趋激烈，船舶设计的效率和精度造船的质量变得非常关键，船舶设计速度越快、建造质量越高，越能够缩短船舶开发的周期，降低生产成本。因此，提高船舶产品开发速度和建造质量是世界各国船舶业的主要竞争因素。为使中国在国际船舶市场中取得竞争优势，实现数字化快速造船，本书对主船体快速三维设计与分段测量数据匹配进行研究。将先进的数字化技术应用于主船体设计与建造精度控制。首先，实现船舶设计项目中人力资源和设计任务的快速规划，并开发船舶设计任务控制系统，该系统可以在设计过程中对设计任务进行监控；其次，对船体三维设计中所涉及的船体曲面、分舱及结构的数字化快速设计方法进行研究，缩短船体设计阶段的开发周期；最后对精度造船中的船体分段快速测量分析及快速模拟搭载技术进行研究，提升中国船舶工业的建造精度控制水平，缩短施工建造阶段的开发周期，推动中国船舶工业的进步。

### 1.1.1  数字化造船的含义

数字化造船指造船过程的数字化，以知识融合为基础，以数字化设计、优化、建模仿真为主要特征，将计算机技术、先进数字化设计制造技术和现代化先进造船模式，综合应用于船舶产品的前期调研、设计制造、检测、试验、管理、维护与决策的全生命周期过程，以达到快速设计（rapid design）、快速制造（rapid manufacturing）、快速检测（rapid detection）、快速响应（rapid response）和快速重组（rapid restructuring）的目的。数字化造船就是在计算机数字化技术支持下造

船模式的彻底改革。数字化造船的实施已经成为造船企业提高核心竞争力的重要
手段[1]。

数字化造船主要包括以下 3 个部分。

（1）数字化船舶设计，指广泛应用 CAD、CAE（computer aided engineering，
计算机辅助工程）、CAPP（computer aided process planning，计算机辅助工艺设计）、
VR（virtual reality，虚拟现实）、KBE（knowledge based engineering，知识工程）、
MAS（multi-agent system，多智能体系统）和 VS（visual simulation，可视化仿真）
等技术，实现船舶设计过程中的数字化，以缩短船舶设计周期。

（2）数字化船舶建造，指广泛应用 CAM、CIMS（computer integrated
manufacturing system，计算机集成制造系统）、CNC（computerized numerical
control，电脑数值控制）和 DAC（digital accuracy control，数字化精度控制）等
技术，实现船舶建造过程中的数字化，以提高船舶产品的建造精度，缩短船舶建
造生产周期。

（3）数字化船舶管理，是指广泛应用 PDM（product data management，产品
数据管理系统）、SCM（supply chain management，供应链管理）、ERP（enterprise
resource planning，企业资源管理）和 CRM（customer relation management，客户
关系管理）等技术，实现造船企业内外部资源管理的数字化，以提高造船企业的
管理水平。

本书选题属于数字化造船中的船舶 CAD/CAM 技术范畴，力求为提高中国数
字化造船水平贡献一份力量。

### 1.1.2　研究的必要性

船舶指航行于水上或停泊于水域中，进行水上运输、海洋开发等作业的水上
大型浮式结构物[2]。船舶工程的发展对国民经济、国防建设和海洋资源开发等方
面都有十分重大的意义。中国船舶工业在国际市场的竞争力主要还是体现在廉价
的劳动力成本，但可以预见，随着中国全民经济的发展，这一优势将缩小。随着
国际经济一体化进程的加快，中国船舶工业承受着国外产品的猛烈冲击。目前，
中国已经成为世界造船大国，但还不是造船强国。中国有一定船舶设计与建造能
力，但大多数高难度关键技术来自国外，这一点严重影响了中国船舶业向更高层
次的进展。要使中国成为造船强国，在国际竞争中持续立于不败之地，必须提高
自主创新能力，提高船舶产品的研发能力，大力提高国内的船舶工程核心技术水
平，缩短船舶开发周期，保证建造质量。

随着信息化技术的发展，国际市场经济的不断进步，现代船舶制造业呈现数
字化、快速化的发展趋势。以数字化造船为基础，以缩短船舶产品设计周期、提

高建造质量为目标的数字化快速设计及建造精度控制技术是使船舶企业在市场竞争中占据优势的关键技术。系统研究数字化造船技术、快速设计制造理论、造船精度控制方法，对提高船舶企业竞争力具有重大意义。

### 1. 推进数字化造船的实施

随着计算机技术的发展，数字化造船的实现已经成为世界造船业提高竞争力的关键因素。世界上各造船强国都在对数字化造船进行研究，日本、韩国和欧盟已把对数字化造船的研究作为发展战略来实施。在国内，数字化造船技术的发展还不够成熟，但中国船舶设计人员也掌握了部分研发和实现数字化造船的关键技术，如建模、仿真等。数字化造船技术是现代船舶制造业的核心技术，为使中国造船业快速、持续发展，必须借鉴他国经验，以数字化造船的实现为突破口，力求建立一个适用于全生命造船周期的船舶数字化设计制造系统，促进中国船舶多学科设计、并行协同设计、可追溯设计水平的提高，进一步推动中国船舶业的跨越式发展[3]。

### 2. 提高设计效率和建造精度，缩短造船周期

船舶设计制造的效率及质量对船舶产品开发成本和船舶企业竞争力都有重大的影响，对船舶工业的发展也起着举足轻重的作用。

全球经济的不断发展，造船市场的竞争日趋激烈，迫切要求船舶产品的开发以最快的速度、最好的质量、最低的成本来适应用户的需求，在时间、质量、成本上取得竞争优势。造船厂家及设计单位需要对船东快速反应，船东需要早日拿到船，目前的反应速度难以满足竞争要求，在此背景下，对船舶快速设计与精度建造技术进行研究，意义重大。

船舶设计制造是一项高度复杂的系统工程，船舶结构物自身矛盾错综复杂，各项性能指标相互制约[4]，涉及总体、结构、舾装、轮机和电气等各个专业的技术集成和相互协调[5]。开发过程中需要不同专业的人员相互配合，需要良好的项目规划和进度控制。随着科技的不断发展，数字化、智能化及信息化技术的不断提高，新的设计制造理论不断提出，对船舶设计制造的要求也不断提高[6-10]。为适应全球经济的快速发展，传统方法必然要进一步更新以满足船舶市场快速发展的要求。当前中国船舶界已经具备一定的自主设计和建造能力，但与国外先进技术相比还有较大差距，相比之下，国内设计项目管理不够高效，技术设计水平低、设计周期长、建造精度不够，并且施工建造中还有很多不确定因素，这些因素常常导致中国建造的船舶经济性较差，缺少国际船舶市场竞争力。这些差距具体体现在以下几个方面。

（1）船舶设计项目管理水平低。多年来，国内学者大多致力于船舶技术设计方面的研究，忽视从项目管理角度提高设计效率的研究，导致国内船舶设计项目管理手段落后，缺乏周密性和科学性，工程进度控制缺乏有效性，信息化技术应用水平低。目前，国内仍普遍采用人工手动方式进行人力资源和设计任务规划，对人力资源的管理不够重视，对如何合理配置利用人力资源的研究也甚少。在设计任务规划方面，一般通过强制要求任务的始终时间，任务间缺少特定的逻辑关系来约定进度，在进度控制上也采用手工填写进度跟踪表来控制，无法动态实施控制，这种方法常导致计划与实际进度存在偏差，各部门沟通混乱，影响造船周期的缩短，削弱企业的市场竞争力。

（2）过多依赖母型资料，直接设计水平低。不可否认，母型改造法是目前船舶设计最广泛应用的方法，但在缺少合适母型船时，设计人员往往会陷入无从下手的窘境。国内对船舶直接设计法研究较少，少量的研究成果从工程实际应用上来看效果一般。因此，还需在直接设计法方面加强研究，让设计人员在有无母型的情况下都可以高效地完成船舶设计。

（3）对自顶向下的设计方式支持不够。自顶向下的设计方式是指设计人员先在脑中想出一个设计方案，即想出一个大体的没有精确尺寸的产品轮廓，然后在设计进展过程中，逐步地确定尺寸参数，最后完成设计。而目前船舶界普遍采用的还是自底向上设计方式。对于这种设计方法，设计人员要先假定设计尺寸参数，然后才能展开下一步设计，而前期假定的参数需要后期设计计算后才能得知取值是否合适，如果设计过程中发现某一性能不能满足要求，则需修改参数并重新进行前面的设计过程，这样反复直到获得一组能满足全部设计要求的尺寸参数为止。可见，这种设计方式实现过程十分繁琐，中间任何环节不合适，就得返回前面环节修改参数后重新进行。这种方式需要花费大量的时间和精力，而且与正常设计思路不符，不利于设计人员设计理念的发挥。

（4）设计方案修改困难。传统设计模型只保存最终设计结果，而不保存设计过程的信息，因而即使对模型做微小的修改往往也会带来大量的重复工作量，例如，如果船体曲面改变，后续的舱室模型、结构模型等都要重新修改。而且船舶设计有其自身的特点，经常修改是必不可少的，设计模型的可变性差必然会带来大量的重复性工作，严重影响设计周期。

（5）设计模型重用性差。大多数船舶设计都是参考相近母型船进行变形或改进设计，通过修改原母型船尺寸参数快速生成一个新船型是船舶设计人员梦寐以求的目标。但传统的设计模型没有达到全参数驱动，模型重塑性差，无法实现参数驱动变形设计，即使是非常相似的母型船，往往也需要重新建模，造成对现有设计资源极大的浪费。

（6）不支持全过程设计。在船舶设计的不同阶段往往需要不同的模型，如自由曲线面、实体的各种表示。各阶段的模型，一般只支持部分设计过程。而不同模型间的数据转换是不可避免的，这种转换应该是双向的。因此，为了实现多学科并行设计，这些模型应该集成起来。虽然产品模型数据交互规范（standard for the exchange of product model data，STEP）标准在产品信息建模方面提供了一种独立于所有系统而又能完整描述产品信息的表达机制，实现了不同模型间的数据传递，但传统的造型技术还是无法将多个应用模型统一为一个集成模型，无法实现设计的双向并行。

（7）设计过程中缺乏对设计规范、专家经验和母型船信息等知识的支持，不注重对隐性知识的积累。传统的船舶设计以数据为处理对象，仅记录了船舶的外形及尺寸信息，并不包含设计规范、专家经验和母型船信息等知识，因而不便于对已有知识的充分利用，也不便于对设计结果的检查。并且，设计过程中缺乏对设计知识的提炼、归纳和整理，不利于这些知识在后续开发中的再利用，造成设计知识的流失。

（8）施工建造阶段，中国在测量技术与精度控制方法上较国外有很大差距，基本上还处于加余量建造，建造后进行测量切割的状态，而且缺乏对测量数据的快速分析能力，分析方法往往过分依赖于人员经验，缺乏对理论计算知识的支持。如船体分段测量分析过程，测量点与模型点的匹配往往是通过人员手工操作实现，这种缺少理论计算支持的操作过程费时费力，其分析结果的精确度很难保证，还会影响后续分段搭载工序。给出的搭载修正方案不够合理，进而影响分段搭载和大合拢的时间，无法实现快速搭载，增加船台周期和施工过程中的成本投入，影响建造精度质量。

正是由于上述问题的存在，传统方法效率很低、开发周期较长、方案修改困难，造成大量的重复劳动，建造精度控制手段落后，增加了产品造价。因此，船舶工作者长期以来一直致力于先进设计制造方法的探索。船舶设计的效率和精度建造的质量决定了船舶产品的作业性能、安全性和经济性，优秀快速的船舶设计和快速准确的建造精度控制既能提高船舶各项性能又能降低生产成本，可以大大提高投资收益率。由于船舶开发周期的长短对船舶经济性影响很大，缩短开发周期可以显著提高投资收益率，设计制造的快速性直接决定了船舶的经济性。因此，研究先进的船舶设计和精度建造的原理及方法，充分利用目前先进的数字化、智能化及信息化技术，通过先进的技术理论改进传统方法，进而加快船舶开发速度，提高船舶建造质量，无论从节约造船生产成本角度还是从提高船舶生产率角度来说，都具有十分重大的意义。

3. 推进船舶设计制造一体化进程

船舶设计与建造的一体化是船舶制造业的发展方向，但是船舶产品尺度巨大，涉及领域众多，系统高度复杂，在设计与建造过程中，各专业之间矛盾错综复杂。因此，船舶设计建造一体化发展的深度和广度远没有汽车、机械等小型产品制造行业理想，设计与建造基本上相互孤立，没有关联。但是，随着计算机技术的发展，数字化全生命周期造船模式的出现，使船舶工作者看到了实现船舶设计制造一体化的可能。利用船舶产品的数字模型，加强船舶设计与建造的连接，打通船舶设计与建造的主线，对实现船舶设计与建造的一体化意义重大。船舶数字化模型的建立也为后续船舶营运过程中的维护保养提供了数据基础。因此，船体三维设计模型与造船精度控制相关环节相结合，将三维数字模型用于精度分析和模拟搭载过程中，实现基于三维模型的精度分析和模拟搭载，将会在一定程度上促进船舶设计制造一体化的发展进程，为实现全生命周期数字化快速造船奠定基础。

# 1.2　国内外研究概况

主船体数字化快速设计与精度建造涉及的内容很多、范围很广，本节主要从以下几个方面综述研究现状：数字化造船；船舶快速设计，包括船舶设计项目快速规划和船体曲面、分舱及结构快速设计；精度造船，包括船体分段快速测量分析及快速模拟搭载等。

## 1.2.1　数字化造船研究概况

20 世纪 70 年代，船舶界应用计算机进行数控切割和数学放样，从此开始了船舶设计制造的数字化。20 世纪 80 年代，计算机技术向 CAD/CAM 拓展。20 世纪 90 年代后，世界造船强国重点研究 CIMS 和船舶虚拟设计制造，开发集设计、建造、检验、维护及使用于一体的全生命周期数字化集成系统。21 世纪以来，日本三菱重工造船厂引进了 TRIBON 造船系统，并自主开发了 MATES 系统；三井造船株式会社开发了 MACISS 系统；万国造船株式会社开发了 HICADEC 系统，并引进法国达索公司的 CATIA 软件进行舾装设计；川崎重工株式会社开发了 K-KARDS 系统。韩国三星造船厂在 2002 年实施了数字化造船计划，引进 DELMIA 公司的 QUEST 和 IGRIP，用于开发数字化造船系统；现代重工集团开发了 HICIMS 集成制造系统；大宇造船海洋工程公司在 2004 年开发了信息一体化综合管理系统[1]。

20 世纪 90 年代，国外先进数字化造船系统如 TRIBON、CADDS5 等被引进，使中国船舶生产效率有了很大提高。中国大型骨干船厂也结合自身情况，研发具有自主知识产权的数字化造船系统，使国内数字化造船水平更上一层台阶。沪东中华造船集团有限公司在 CAD/CAM 技术的基础上，开发了 HDS-CIMS 系统，还在进行后续模块的开发，并把"数字造船"作为企业发展的方向；江南造船有限责任公司正在研发"e 江南"信息化系统，2003 年已经完成一期工程；广船国际有限公司已经成功使用 GSI-SCMIS 一期系统，目前正在实施 GSI-SCMIS 二期系统；上海外高桥造船有限公司 2004 年引进了 HANA-IT 公司的 CIMS 系统，并对原系统做了较大的修改。

中国船舶企业目前主要应用自主研发的系统软件、AutoCAD、TRIBON、CADDS5 等。其中，AutoCAD 主要用于二维绘图；TRIBON 相对比较封闭，目前无法实现船舶开发全过程集成；CADDS5 不支持船舶初步设计；国内的系统软件也有些功能不够完善，无法全面满足船舶设计制造技术发展的要求[11]。因此，为使中国成为第一造船强国，对数字化造船技术进行研究是非常必要的。

## 1.2.2  船舶快速设计研究概况

当前国际船舶市场船舶产品多样化、需求多变化的特点，使船舶产品投入使用的时间成为主要竞争因素，促进了船舶快速设计技术的发展。1992 年，国际生产研究协会提出了旨在缩短产品开发周期的快速设计技术。同时，各国掀起了"快速设计"研究的热潮。1998 年，国内机械工程学会开始对"快速设计"立项，一些科研单体开始对"快速设计"理论进行研究[12]。

船舶快速设计是先进设计技术发展的产物，是船舶 CAD 技术的延伸，涉及信息化集成技术、参数化技术、变量化技术、知识工程技术、几何造型技术、优化技术、智能化技术、网络协同技术、专家系统等。下面简单介绍参数化技术、变量化技术、知识工程技术的定义。

参数化（parametric）技术是一种尺寸驱动技术，先建立模型的约束集，再把相关尺寸作为参数与约束集相联，这样改变尺寸值，图形就能相应改变。该技术克服了传统模型无约束状态，模型可通过参数控制。参数化设计将原设计模型中的位置或外形尺寸信息定义为参数变量，并在这些参数变量之间加入约束关系，计算机系统通过设定的参数化机制来维护参数变量之间的约束关系，使用户输入或修改这些参数时，系统就可以根据新参数自动完成设计。

变量化（variational）技术是参数化技术的延伸，将工程方程和模型约束耦合在一起进行建模求解，从理论深度上，比参数化技术高一个层次。

知识工程技术是 CAX 技术（计算机辅助技术）与人工智能（artificial intelligence，AI）技术结合发展的产物，其利用 AI 技术建立知识库，并将知识库与 CAX 有机结合，产生以知识库驱动为基础的计算机设计模型。

1. 船舶设计项目快速规划研究概况

目前，船舶设计单位对利用先进的管理方法和计算机信息化技术来提高设计效率方面的研究还不够重视。很多先进的项目管理技术和信息化集成技术还处于学习、论证和试验阶段。下面从船舶设计项目人力资源规划、设计任务规划及进度控制方面叙述研究现状。

1）人力资源规划方面

2000 年，钱碧波等[13]提出了一种人力资源选择的三阶段结构化进程及其评价体系，并给出了数学优化模型。2002 年，Belton 等[14]提出了多准则决策体系，该体系可以帮助决策者把客观评价量转化为具体的评价值进而进行定量评价。2004 年，曹柬等[15]结合层次分析法和三角模糊理论提出了两个数学优化模型，给出了企业中人力资源选择和评价的具体过程。2004 年，Fischer 等[16]建立了生产网中的人力资源选择模型，并采用蚁群算法和层次分析法对人力资源进行了选择和评价。2005 年，Ding 等[17]提出基于模糊数的多目标决策方法来减小不确定因素的影响，进而确保人力资源选择进程顺利。2008 年，贺泽[18]建立了合同网中人力资源选择模型，并采用层次分析法对人员进行了评价。

2）设计任务规划及进度控制方面

目前，船舶设计单位在任务规划及进度控制方面，还处于初期的 CMIS 应用状态，虽然已有大型的 ERP 系统，如 PTC 公司的 Windchill ProjectLink，能和成熟的 CAD 系统结合，对图纸文档等有很强的管理功能，但只有在规划好任务计划的基础上才能发挥功能。在项目管理和信息集成方面，很多先进技术还处于研究试验阶段[19]。

20 世纪初，亨利·甘特发明了甘特图的计划控制工具[20]。20 世纪 50 年代，美国国防部和航天局创立了项目计划评审技术和关键路径法。1960 年，美国航天局创立了专门为项目管理设立的矩阵组织结构，同时为开展项目控制，又创建了工作分解结构技术。1963 年，美国空军采用了项目生命周期管理方法和增值管理技术。20 世纪 80 年代，项目管理形成了其知识体系，任务规划及进度控制的发展也进入了项目管理阶段。20 世纪 90 年代后，信息工程、软件工程、网络工程技术的发展，促使项目管理在理论方法上不断发展。20 世纪 90 年代，Gartner Group 在制造资源计划（manufacturing resource planning Ⅱ，MRPⅡ）的基础上提出了企业资源管理（ERP）的概念，如今各种企业资源管理软件系统已经风靡全球。以项目管理理论为基础开发的分布式项目协同管理软件，无疑成为进行项目任务规划及进度控制的最佳工具[21]。

20 世纪 80 年代以来，国内船舶企业和学者也开始了船舶设计任务规划及进度控制方面的研究。1981 年，邱桂林[22]应用网络分析法，使船厂生产管理中计划、调度与统计环节协调统一起来。1990 年，徐学光[23]利用成组技术，根据选船合同中的初步信息，提出了船舶工程网络总进度安排的编制方法。1993 年，丁公才等[24]提出了区域造船生产工艺和网络计划模型的概念，介绍了网络计划模型的建立方法及其在造船管理中的应用过程。2001 年，沪东中华造船集团有限公司展开了"造船计划日程管理系统"的研发，该系统便于各部门安排计划，跟踪任务进度，缩短船舶建造周期[25]；葛世伦[26]提出了船舶企业 MRP II /ERP 的设计思想和功能结构；高绍新等[27]将项目管理知识应用于船舶管理上，提出了船舶项目管理与企业资源管理集成模式，研究了船舶项目一体化计划管理，给出了其理论框架和实施方案。2002 年，金朝光[28]对船舶建造管理及供应链一体化进行了研究，构建了船舶供应链管理框架模型。2003 年，叶涛锋等[29]把瓶颈理论（theory of constraints，TOC）应用到船舶任务规划及进度控制上。2004 年，刘寅东[30]开发了资源受限的船舶生产计划编制专家系统。2005 年，苏翔等[31]应用并行工程、成组技术和敏捷制造技术建立了动态生产计划管理系统；颜蔚等[32]利用 Project 项目管理软件实现了多项目计划创建与控制。2006 年，游前文[33]开发了船舶设计计划编制与协同管理系统；王承文等[34]应用网络计划方法进行造船计划编制，给出了某船船台合拢的网络计划图。2007 年，徐凌洁等[35]根据多项目管理方法建立了造船日程计划系统，探讨了多项目间资源冲突的平衡问题；邓林义等[36]应用拓扑遍历方法解决了资源受限下船舶多项目调度问题；赵海波[37]对大连船舶重工的生产任务计划问题进行了研究，分析了网络计划技术、工作分解结构技术和制约因素理论等在大连船舶重工项目管理中的应用前景。2008 年，吴天宝[38]利用工作流技术和业务重组管理技术开发了船舶文件工作流管理系统；陈宁等[39]指出了中小型船厂任务计划管理中涉及的问题，给出了对任务进行动态控制和合理规划的相应方法；李正华等[40]利用信息化技术实现了船舶工程计划的实时查看；苏翔等[41]初步探讨了关键链技术在船舶计划管理上的应用，但没有在实际应用方面作深入的分析。

2. 船型快速设计研究概况

船型设计是船舶技术设计的基础，与船舶静、动力性能及布置和结构等密切相关，是后续设计的依据。目前，船型设计方法主要分为以下几类。

（1）母型改造法。选取与设计船相似的优秀船型作为母型，通过一些船型变形方法，获得设计船的船型。主要有横剖面移动法[42]，如"1-Cp"法和 Lakenby 法等；横剖面修改法[43]；UV 度变换法[44]；船型局部修改法[45]，如艏艉轮廓局部修改、排水量局部增加等。母型改造法是船型设计中应用最广泛的方法。

（2）直接设计法[46-48]。在缺少母型资料时，设计人员按船型的具体要求对设计船进行自行设计。这种方法一般在设计新船型时被采用。

（3）数学船型法。用数学方法来表达船型的方法。随着自由曲线曲面造型技术、计算几何理论和计算机技术的不断发展，数学船型法已经成为船型设计研究的热点。这主要因为应用数学船型法，可以利用计算机快速获得满足设计要求的光顺且优美的船型[49]，并且使后续船体理论计算更方便和精确，为建造施工提供所需的数据。

1876 年，瑞典船舶专家 Chapman 建议用抛物线表示船舶的横剖线和水线。1951 年，Taylor 用五阶多项式表达了水线和横剖面面积曲线，用双曲线和四阶多项式表达了横剖线[50]。20 世纪 50 年代，造船工作者借助计算机，用 Spline 函数拟合船体曲线，对实船的型线进行了光顺。20 世纪 70 年代，世界先进造船国家陆续开发了船舶设计数字化系统，如西班牙的 FORAN 系统，瑞典的 VIKING 系统，挪威的 AUTOKON 系统。这些系统不同程度地应用数学方法定义了船体线型。20 世纪 80 年代后，自由曲线曲面造型技术不断发展，Bezier 和 B 样条曲线获得发展，交互设计成为研究热点[51]，20 世纪 80 年代中期，Coons 曲面、B 样条曲面和有理样条应用到船体曲面设计中。1981 年，周超骏等[52]应用 Bezier 曲面构造了船体曲面；1985 年，周超骏等[53]又将 B 样条曲面运用于船体曲面表达；1985 年，Fog[54]用 B 样条曲面设计了船体曲面；1992 年，荣焕宗等[55]应用非均匀 B 样条表达了船体曲面。以上方法都是应用样条函数来表达和设计曲面，要求有原始型值点，再通过人机交互操作进行调整，直至得到满足设计要求的曲面。原始型值点一般采用母型变换或优秀系列试验资料获得，这种方法即为"交互设计法"。20 世纪 90 年代中期，非均匀有理 B 样条（non-uniform rational B-spline，NURBS）成为计算几何的研究热点[56, 57]。NURBS 既能精确表达二次曲线曲面，又能描述自由曲线曲面，使几何描述的数学表达得到真正的统一[58-60]。1991 年，国际标准化组织颁布的工业产品数据交换的 STEP 标准，正式将 NURBS 作为定义工业产品形状的唯一数学方法。随着 NURBS 技术的发展，NURBS 开始被应用于船体曲面表达[61-63]。一些著名的船舶设计软件如 NAPA、MaxSurf[64]和 TRIBON 等纷纷开发扩充 NURBS 功能。21 世纪以来，基于 NURBS 的船舶设计特别是船体曲面造型技术已成为船舶技术的研究热点。

从 20 世纪初水平来看，数学表达的船型只达到了"形似"，与实际船型差距很大，而设计人员梦寐以求的目标是能把船型和少量船型参数联系起来，通过确定主尺度和船型参数就能快速获得基于 NURBS 表达的光顺的船体曲面，实现"参数设计法"。这是数学船型法研究的重点[65]。国内外已经取得了一定的研究成果。

目前，数学船型法主要有纵向函数法、垂向函数法、横向函数法[66]、单位曲线簇函数法、面片法和单一 NURBS 表达法[67]等。纵向函数法应用样条函数表达各条横剖线，再构成船体曲面。垂向函数法应用样条函数表达各条水线，再构成船体曲面。横向函数法应用样条函数表达各条纵剖线，再构成船体曲面。单位曲线簇函数法是把船体曲面看成由沿垂向方向无限密布的水线构成的空间曲面,这些水线按照一定规律变化,研究水线起、末点的空间线及单位曲线簇。面片法是用数学方法表达船体各曲面片,然后将这些曲面片拼接成光顺的船体曲面。单一NURBS 表达法是把船体曲面用单一的 NURBS 曲面函数来表达[68]。

为实现更少输入参数生成船体曲面,1998 年,遗传算法被应用于船体曲面初始设计中,突破了母型改造法的局限[69]。1998 年,Harries 提出了基于均匀 B 样条表达的 Wigley 船型[70]。2000 年,基于控制网格的船型参数化生成系统得到研究,该方法在无母型设计时较适用[65]。2005 年,Harries 成立了一家设计公司Friendship Systems,与 CFD 公司 Flowtech 合作,共同开发了船型水动力性能优化系统 FRIENDSHIP Framework,将参数化设计技术与数值计算结合起来,应用最优化方法获得最佳水动力性能的船型[71-73]。2009 年,张萍等[74]提出了基于非均匀 B 样条表达的数学船型,通过求解具有最小二阶导矢的模长的非均匀 B 样条来得到船体曲线。

至今为止,利用少量的船型参数快速生成 NURBS 表达的、光顺的船体曲面的设计方法仍是船体曲面设计领域的研究热点。

3. 船体快速分舱研究概况

船体分舱及相关舱容计算理论发展至今已比较完善[75]。船舶界目前普遍采用自底向上逐一生成舱室的分舱方法[76, 77]。然而船舶舱室复杂、数量众多,倘若整个分舱过程都采取手动方式完成,必定相当繁琐,需要耗费大量重复劳动且容易出错[78]。

1979 年,Nehrling 等[79]定义了内部舱室构造,再将其装入船体外壳围成的空间内,该方法类似于体素拼加法,但没有给出复杂舱室的实例。1989 年,Hills等[80]采用边界表示法来表达舱室,提出了应用数据库和信息维护的方法,但对船体曲面和具有阶梯变化的复杂舱室问题没有考虑。1997 年,胡铁牛[81]研究了船舶概率破舱稳性计算中要注意的问题及影响分舱指数的因素,对如何提高分舱指数提出了一些建议。1999 年,Lin 等[82]完整描述了船舶舱室几何与拓扑信息,提出了一种基于数据库技术的船体表面分舱方法,并开发了相应的计算机系统。21 世纪以来,国内外学者对船舶的二维和三维分舱的方法进行了研究[83],这些方法一般都需要大量的舱室边界信息的输入,参数化程度比较低。2005 年,Lu 等[84]提出了基于 NURBS 表达的船体分舱方法,通过确定围闭舱室的形状信息来进行参数化分舱。2007 年,杨帆等[85]引入舱室特征点的概念对舱室进行描述,并应用Visual Basic 开发了相应软件,该方法忽视了整体的拓扑信息,不利于对舱室整体拓扑结构的描述。2010 年,Yu 等[86]提出基于 Brap 表达舱室模型的方法,并通过Brap 实体运算,来计算舱室舱容要素。

当前船舶设计单位普遍采用的分舱软件有 SIKOB、TRIBON、NAPA 及国内的 Compass 等，这些软件所采用的分舱建模方法都是自底向上的，只能一个舱室一个舱室地生成。因为当前主流船型都由几十个到上百个舱室组成，所以这种方法需要大量的时间和精力，而且与正常的设计思维不符，不利于设计人才能的发挥。SIKOB 只支持文本输入，通过输入的文本来确定舱室要素信息，这种方法把设计人员思想中的概念图形和计算机显示的图形进行了分离，不利于设计人员和计算机显示图形的交互互动及错误检查。TRIBON 和 NAPA 自身功能很强大，但舱室建模过程比较复杂，需要把包裹舱室的每个面都建立出来，这种方法只能一个舱室一个舱室地构建，会导致相邻舱室间舱壁的重复定义，建模过程繁琐。国内的 Compass 需要先一一建立各单元体，然后再由各单元体组合建立舱室，建模过程也比较繁琐复杂。

船舶舱室数量众多，采用自底向上的分舱方法势必相当繁琐，因此，进入 21 世纪后，船舶设计人员开始了自顶向下的分舱设计方法的研究。2009 年，Lee 等[78]提出了切割主船体生成各舱室的自顶向下的设计思想。2010 年，陈强等[87]提出了有向分舱线的概念，并应用有向分舱线结合船体参数化曲线对舱室进行划分，开发了基于 AutoCAD 的船舶分舱系统。

自顶向下的分舱设计模式与人的正常思维模式相符，有助于真正实现设计人员观念到计算机图形显示的快速转换，并提高设计效率，是目前研究的热点。

4. 船体结构快速设计研究概况

随着计算机技术的发展，利用计算机进行船体结构设计已有几十年的历史。提高船体结构设计效率的关键在于提高船舶结构 CAD 技术水平。船舶结构 CAD 技术主要体现在三维建模技术、参数化技术及知识工程技术等方面。

在 CAD 技术应用到船舶结构设计之前，设计人员都是通过手工绘制二维图纸来完成设计，效率极低。CAD 技术引入船舶结构设计的初期，设计人员也只是应用计算机来绘图，通过调用绘图命令来描述船体结构的二维外形及尺寸，这种方法有很多弊端：①缺乏空间表达能力，容易产生干涉现象；②以点、线等几何数据为主要处理对象，数据孤立，缺少关联系性，因而图形难以进行修改；③几何数据与设计实船缺乏联系，难以完成重量重心及材料的统计。

三维 CAD 技术的出现改变了船舶结构设计的传统思维模式[88,89]，设计人员可以将自己的设计思想直观快速地反映到三维模型上，使船舶结构设计更形象和生动，使人们更易于理解整个设计过程的内涵和结构间的联系，减少了干涉现象的出现，更便于保持数据的一致性，也方便了重量重心及材料信息的统计。当前，应用三维建模技术进行船体结构设计已成为主流。国外各船舶研究机构纷纷推出基于三维建模的船舶结构 CAD 系统，如 KCS-TRIBON、NAPA、CADDS5 等。

国内部分船舶设计单位引入了其中一些系统用于船体结构设计，提高了一定的设计效率，但大规模引进国外的 CAD 系统并不利于中国自身造船技术的发展，国外软件系统价格昂贵，部分功能不满足中国船舶业实际要求，而且其技术核心不公开，难以对其二次开发以适应中国船舶设计的实际情况。因此，国内一些船舶研究机构也在积极研究自主知识产权的船体结构三维设计系统，2001 年，大连理工大学仵大伟等[90]利用 AutoCAD 软件平台的 ObjectARX 开发环境，应用面向对象技术将船体结构分成船底、弦侧、甲板和舱壁等部分，建立了特征类和相应结构构件间的约束关系，生成了三维船体结构特征模型。2003 年，上海交通大学向东等[91]利用 CATIA 软件建立了三维船体结构，并提取了 BOM 数据。沪东中华造船集团有限公司的东欣软件公司也开发了三维船体建模系统。国内 708 研究所研发了船体结构三维系统，该系统采用面向对象的三维造型技术和自顶向下的设计模式作为解决方案。611 研究所也研发了基于 AutoCAD 平台的三维船体结构设计系统 SB3DS。

船舶工作者在进行三维船舶结构 CAD 系统研发的过程中，也对一些先进的 CAD 技术进行了研究。其中，参数化技术的引入为船体结构 CAD 的发展注入了新活力，利用参数化技术有助于船体结构的快速生成和快速修改。

目前，国内外学者对船体结构参数化设计已经做了大量的研究，参数化设计正在由二维设计向三维参数化设计发展。由于船舶结构复杂，构件数目庞大，要实现船体结构三维全参数化设计还需进一步研究，但三维参数化设计对自顶向下设计模式的支持和模型的直观显示有明显优势，现已成为船舶设计人员的研究热点。目前常用的结构参数化设计方法有以下几种：①基于尺寸约束驱动的参数化设计[92-96]；②基于历史特征的参数化设计[97]；③基于程序的参数化设计[98]。这几种方法各有利弊，基于尺寸约束驱动的参数化设计对约束求解方法要求高，由于船体结构构件数目庞大，构件之间的约束关系错综复杂，往往造成约束求解规模巨大，难以快速得到最佳设计结果；基于历史特征的参数化设计应用的是顺序求解，不允许存在循环约束，而且各图元有严格的先后顺序要求，前面图元不允许依赖后面图元；基于程序的参数化设计往往缺乏通用性，一个程序一般只适用于某一类型的模型。因此，还需要对船舶结构 CAD 中参数化技术做进一步的研究。

参数化设计解决了船体结构模型生成速度慢、可变性差、修改困难等问题，但船体结构设计还存在以下问题。

（1）缺乏对设计知识的整理和归纳，导致知识流失、重用性差。

（2）当前的船舶结构 CAD 软件，大多是一种建模工具，缺少设计思想、设计经验、规范及标准的集成，导致设计人员只能人工搜索、查阅相关设计知识，进而推理出合理的结构模型，耗费了大量时间[99]。

针对这些问题，人们将知识工程技术引入船体结构 CAD[100]，开展知识工程在船舶结构设计中的应用研究。1987 年，Akagi 等[101]提出建立一个面向初始设计的专家系统。1988 年，Ohtsubo 等[102]应用专家系统实现了中剖面结构设计。1989 年，Akagi 等[103]将目标驱动法用于船体初始设计，将知识融合在设计系统中以实现灵活设计。1997 年，上海交通大学张兴福等[104]开发了"中横剖面结构设计专家系统"，介绍了结合领域第一原理、专家经验及基于离散数据的优化方法，通过补充具体专业知识获得的双壳双底油轮的中剖面结构设计专家系统。1997 年，蔡乾亚等[105]开发了基于 AutoCAD 平台的船舶舯剖面设计系统，将横剖面分成若干模块，应用规范、母型横剖面资料及专家经验等知识，得到横剖面积最小的舯剖面。1998 年，Chao 等[106]实现了将设计知识融合到船舶及海洋结构物设计过程中；Lee 等[107]将知识工程应用于机舱布置设计，并应用遗传算法挖掘知识数据，实现充分利用原始的工程数据信息。1999 年，Lee 等[108]利用实例设计法来选择合适母型船，将设计经验及启发式知识转为可读写格式，融合在软件系统中用于船舶概念设计。2000 年，陆伟东等[109]开发了"基于知识工程的集装箱船中横剖面结构设计系统"，该系统按某一船级社规范确定构件尺寸，并进行优化。2001 年，Kowalski 等[110]分析了辅助船舶自动化设计的专家系统的结构和功能，通过连锁推理方法实现规则形式的知识应用，应用模糊逻辑算法求解不确定性推理问题。2002 年，日本川崎重工株式会社开发了 K-KARDS 设计系统，该系统结合宏指令与知识库实现船体结构设计[111]；Park 等[112]指出专家系统可提高船舶设计制造效率。2002 年，刘大铭[113]提出将规则性知识存入知识库中，通过专家系统为用户提供合理的设计方案。2003 年，Sykes 等[114]提出将船舶建造时所需的经验、资料和信息转化为知识的方法；Delatte 等[115]建议建立战舰数据库系统，将历史设计数据进行存储用于战舰的概念设计及可行性分析；Helvacioglu 等[116]采用专家系统辅助集装箱船结构设计，并指出应该发展船舶协同设计的专家系统。2004 年，Wu 等[117]研究了网络协同协作，促进了船舶设计的发展，并进行知识管理，提高了船厂的盈利能力。2005 年，Luo 等[119]结合 DNV 规范知识，对 FPSO 的中横剖面结构进行了鲁棒性的优化设计。2006 年，谭玮[118]规划包含知识库系统的协同系统环境，描述了协同设计工作概念及船舶设计部门的现状；Lee[120]开发了破损军船操作知识系统，可以通过配载使船舶保持良好浮态，可供船员进行虚拟演习。德国罗斯托克大学规划了研发船舶建模系统 ShinCoS 及船舶知识建模系统 KonSenS[121, 122]。其中，ShinCoS 以 Web-Based 为平台，建立船体结构建模系统，根据 STEP AP214 建立资料交换模式，重点处理 TRIBON、NAPA、Unigraphics、Poseidon 间的资料交换；KonSenS 着重使用知识分析船舶结构，在船体结构设计时将构件参数化，建立电子目录，可从知识库中获取设计准则，达到管理知识辅助船体模型建立[123-125]。2007 年，耿元伟等[126]利用知识库对海洋平台结构进行设计研究。2008 年，杨和振等[127]综述了知识工程在船舶行业的研究进展，指出了船舶设计中存在的问题，给出了知识工程在船舶业的应用框架。2009 年，Chen 等[128]实现了基于知识工程的船体甲板设计。2011 年，Wu 等[129]提出船舶总体设计知识模型用于信息存储和检索。2012 年，崔进举等[130]实现了基于知识工程的舯剖面结构设计。

知识工程在船体结构设计的应用，有助于加快船舶结构设计，可为设计人员提供结构设计所需的重要知识信息，给设计人员合理的设计建议和准则，帮助他们顺利快速地完成结构设计，而且有助于积累优秀的设计经验，为后续设计进行知识储备。可以看出，知识工程在船舶结构设计领域有着非常大的应用前景，是目前船舶结构设计领域的研究热点。

### 1.2.3 精度造船研究概况

精度造船是指在船舶建造过程中，通过准确的分析方法、科学的管理手段和先进的工艺技术，来保证船舶建造过程中各工序间的尺寸精度，进而实现最大限度地减少实际修整工作量，快速建造出满足精度要求的船舶。

当前，国际造船强国日本和韩国，已经进入数字化精度造船时代，而中国还处在余量造船向无余量造船的过渡时期。由于精度造船技术被看成先进造船企业的核心技术，因此，对精度造船关键技术的研究具有十分重大的意义。

20 世纪 70 年代，国内船厂开始了对精度控制技术的研究。1978 年，江南造船有限责任公司和沪东中华造船集团有限公司成立了精度造船研究组，4 年后实现了平直分段精度造船。尽管如此，国内精度造船方面的研究大部分局限于尺寸精度的研究，与日本和韩国还有很大差距。主要存在分段精度分析效率低、船体搭载合拢时间长等问题。对这些问题的研究，有助于中国实现高精度造船。

1. 船体分段快速测量分析研究概况

船体分段测量分析结果直接影响后续分段搭载效率，进而影响船台（坞）占用时间。使用全站仪在船体分段建造现场采集测量点坐标，再在计算机三维环境中将其与分段三维设计模型进行对比，是目前船厂普遍采用的分段测量分析模式，与传统的分段测量分析方法相比优势明显，如表 1.1 所示。对这一测量分析技术的研究将有效地缩短造船周期。为了能快速、准确地分析船体分段的建造误差，给出可靠合理的建造精度评价，船体分段测量点集数据与分段三维模型的精准匹配是关键。点集匹配算法的选择直接影响分段测量分析结果，对研发自动化，快速精确的造船精度控制软件也有很重要的意义[131, 132]。

表 1.1　传统测量分析与全站仪测量分析对比

| 项目 | 传统测量分析 | 全站仪测量分析 |
|---|---|---|
| 分段姿态 | 要正态测量 | 任意姿态均可测量 |
| 测量数据 | 只能测量分段端部的长、高、宽等数据 | 可测量分段上多个测量点 |
| 安全性 | 高空作业多，安全性差 | 高空作业少，安全性好 |
| 测量误差 | 误差较大 | 100m 以内测量精度为 1mm，误差较小 |
| 指导性 | 根据人员经验确定定位状态，无法预知可能出现的问题 | 可清晰显示搭载中分段状态，可预判定位误差 |

　　点集匹配问题属于计算机图形学的研究范畴，国内外学者在这方面已经做了大量研究[133, 134]。总体来说，常用的方法有基于特征的匹配方法[135]和最优化匹配方法[136]。1987 年，Horn 应用四元数法推导点集与点集配准计算的过程，并通过实践证明该方法可以解决复杂配准问题[137]。1992 年，Besl 和 Mckay[138]提出了一种高层次的自由曲面的配准方法，称为迭代最近点法（iterative closest point，ICP）。该方法既可以用于点集匹配，又可以匹配曲面数据。其本质是求解曲面间距离最小目标的方法，通过搜索两组点集之间对应的最近的点对，以欧氏距离最小作为优化目标进行迭代，从而获得三维刚体坐标变换关系。由于 ICP 算法的突出优点，21 世纪以来，国内外学者对 ICP 算法的搜索最近点过程和收敛速度的改进做了大量研究。Chen 和 Bergevin 等提出了点到切平面搜索最近点的精确配准方法[139, 140]，但该算法在速度上并没有明显提高。1995 年，Blais 等[141]随机采样点集来提高速度，但该算法影响了一定的精度。1999 年，Andrew 等[142]提出了考虑三维扫描数据纹理色彩信息的匹配方法。2002 年，Okatani 等[143]通过考虑平移和旋转错位来获得最佳变换矩阵的方法，但该算法易陷入局部收敛。2004 年，罗先波等[144]引入特征点实现了点集配准，但这些特征点本质上是一些标签点，影响了表面点集的完整性；Mitra 等[145]引入二阶曲率特征，提出了基于二次距离框架的匹配方法，使算法收敛速度提高，把特征点的法向、主曲率、副曲率方向作为框架的三个分量，以曲率特征为目标函数，综合了点到点和点到切平面目标函数特征，该算法虽然精确度很高，但需要消耗较长的时间在预处理时计算曲率。另外，ICP 算法要求两组点集的相对初始距离不能差太大，如果初始位姿较好，ICP 算法将会精准地获得匹配结果，否则，ICP 算法的收敛方向将不确定，影响算法的收敛速度和精确度，甚至可能陷入局部解，使匹配结果不可靠。有关的研究成果还有，1996 年，Simon 对计算机辅助手术过程中人体腿骨的匹配进行了研究[146]，通过测量点与人体骨模型的特征点进行匹配。1997 年，Lucchese 等[147]利用傅里叶变换，把

三维数据转换到频域，再寻找不同视点的不变量，进而完成匹配。1999 年，Barequet 等[148]提出基于几何哈希的投票匹配算法和基于卡尔曼估计子的曲面片匹配方法。2000 年，余立锋等[149]基于奇异值分解法和迭代最近点法提出了多模态医学图像的匹配方法。2001 年，Claudet 在博士论文中对点集与 CAD 模型进行了分析[150]，其匹配方法是基于点集与 NURBS 曲面的。2005 年，Pottmann 等[151]将点集局部拟合成 B 样条曲面，然后进行局部匹配，通过多次迭代达到完全匹配，该算法比传统的 ICP 算法的复杂度要高。2003 年，Ko 等提出基于矩和曲面固有特性的几何曲面匹配方法[135, 152]；李嘉等[153]结合奇异值分解法和迭代最近点法，实现了机器人视觉与触觉图像的匹配。2004 年，Ma 等[154]提出使用滤波方法进行匹配。

目前，以上方法已经在建筑、地质、机械设计和医学等行业中得到应用。对于船舶行业，船体分段通过全站仪得到测量点集与其他行业通过三维激光扫描仪得到的点集相比，点数少、密度低、不能仅依据测量点拟合曲面，属于不规则稀疏散乱点集，因此，一些基于曲线曲面拟合的迭代方法不适用，如 ICP 法。目前，船舶精度控制软件主要有韩国的 SAMIN 株式会社开发的三维船舶精度管理系统、青岛海徕天创科技有限公司的 DACS（dimensional and accuracy control system）等，这些软件都需要人工手动匹配测量点集与分段三维模型，匹配结果未必最优。因此，国内船舶工作者也在不断研究符合船舶工程实际的船体分段测量数据的匹配方法。2009 年，张安琪[155]建立了船体检测数据与模型数据的对比参照机制，应用七参数法实现了坐标转换，进而实现了两组点坐标数据在同一坐标系下对比。2010 年，刘玉君等[156]应用坐标变换原理和 BFGS 拟牛顿法对船体超大分段测量数据进行匹配；刘涛等[157]提出基于单位四元数法和 levenberg marquardt 非线性迭代的匹配算法求得了船体分段测量数据的匹配结果。2011 年，申玫等[158]应用四元数理论对船体分段测量点集进行平移和旋转后获得匹配方案。以上方法都需要将船体分段测量点与 CAD 模型中的设计点按顺序一一对应后才能进行匹配运算，无法实现自动搜索确定对应点对功能。

对船体分段的快速测量分析是实现后续快速搭接的基础。因此，还需要对船体分段测量分析技术做进一步的研究，为实现分段无余量下坞、搭载一次成功提供指导性的依据。

2. 船舶快速搭载研究概况

船舶快速搭载指通过新工艺、新措施、新设备，在船舶总装作业时，使坞内或船台分段搭载能顺利、有序、快速地进行，减少坞内或船台的工作量，实现船体分段快速合拢，进一步缩短船坞、船台的作业周期。据资料统计表明，船舶建造耗时占造船总工时的 50%左右[159]，船舶搭载的快速性决定了船坞、船台的作业周期，是缩短整个造船周期的关键，也是船厂提高生产率，扩大造船总量，提高经济效益和竞争力所采取的主要方法之一。

先进的建造精度控制技术是实现船舶快速搭载的基础。目前,日本和韩国在精度造船方面的水平处于国际领先地位,已进入了精度造船的时代,中国较日、韩先进造船强国相比还有一定差距。国内由于之前忽视了建造精度控制的重要性,所以对这方面的研究起步较晚,直到 1978 年,国内才掀起了精度造船的研究热潮,国内各大船厂开始成立研究精度造船的课题组。1982 年,国内实现了平行中体部位货舱区分段的精度造船。国内造船业目前还处于分段先加余量建造,然后进行测量切割的余量造船向无余量造船的过渡阶段。由于日韩船舶业将精度造船技术作为核心技术,对中国进行技术保密,中国船舶业无法学习其先进的技术。因此,国内船舶企业基本上处于自主研发的状态,对精度分析和对船体分段精度体系的研究基本空白,要进入全精度造船,还需要一段时间[160]。

国内传统的船舶搭载方法在分段正式搭载之前首先要对分段进行试吊,尝试初次合拢,现场工作人员对余量分布进行查看;然后初步确定余量划线及修割设计方案后将分段吊下进行切割打磨;再吊起进行二次定位,再次合拢时如果发现余量切割不够需要再次吊下修改,直至最终成功合拢结束。可见该过程至少要进行两次吊装。

传统的船舶搭载流程如图 1.1 所示。

传统的船舶搭载方法,主要存在以下缺点[159]。

(1)分段余量过多,有些余量达到 100mm 以上。严重浪费了钢材,增加了劳动量。

(2)余量切割无法一次到位。在分段搭载过程中,都需要对余量进行反复修整。

(3)精度低。在分段对合不好时,主要靠现场进行调整,搭载速度很慢。

(4)对数据信息的收集、统计不详细。关键部位焊接好后,很少再进行测量,缺乏分段在各时段的数据统计,难以在每个过程中有效控制分段变形。

(5)分段总段不够大,增大了焊接量(该问题对新建的大船厂而言已不是问题)。

随着科技的进步、计算机技术的发展,先进的测量设备的出现给船舶搭载克服上述缺点带来了机会。基于全站仪和三维精度分析系统的三维模拟搭载就是这些科技在造船企业中的综合应用。

基于全站仪和三维精度分析系统的三维模拟搭载是指施工现场利用全站仪对船体分段进行测量获得关键点的三维坐标,存入 PDA 中,再将 PDA 中测得的数据导入计算机中,然后应用三维精度分析系统将测量点集与三维设计模型中的理论点集进行匹配分析,获得最佳匹配方案,进而计算出坐标偏差,评价整个分段的精度状态。在搭载阶段,对搭载分段和基准分段分别进行测量分析后,再利用三维精度分析系统对搭载过程进行模拟,展示出搭载过程中分段的定位状态。

将搭载分段与预判分段的最合理定位状态进行匹配分析，获得分段的余量切割方案，为现场快速合拢提供数据支持[161]。

采用基于全站仪和三维精度分析系统的三维模拟搭载技术进行搭载，流程如图 1.2 所示。不仅解决了传统方法难以解决的问题，如任意姿态下现场测量、搭载误差分析、端部同面度检测等，而且降低了作业风险，减少了劳动量，实现了无余量合拢、一次搭载成功，提高了搭载效率、减少了吊机、运输设备、船台或船坞的占用时间。与传统的船舶搭载方法相比，优势明显，如表 1.2 所示，在中国现代船舶建造中发挥着至关重要的作用。

图 1.1　传统的船舶搭载流程　　图 1.2　船舶快速搭载流程

表 1.2　传统搭载与模拟搭载对比

| 项目 | 传统搭载 | 模拟搭载 |
| --- | --- | --- |
| 分段姿态 | 要正态测量 | 任意姿态均可测量 |
| 测量数据 | 只能测量分段端部的长高宽等数据 | 可测量分段上多个点 |
| 安全性 | 高空作业多，安全性差 | 高空作业少，安全性好 |
| 测量误差 | 误差较大 | 误差较小 |
| 指导性 | 根据经验定位，无法预知可能出现的问题 | 可显示搭载中分段状态，可预判定位误差 |
| 速度 | 初次定位后切割余量，需要二次搭载 | 余量提前切割，一次性搭载 |

中国造船在技术方面较日本、韩国等造船强国有一定劣势，特别是在船舶建

造精度控制方面差距更大。21世纪以来,国内学者为了提高中国精度造船的水平,对船体分段的建造精度技术方面做了大量实质性的研究,并已取得了阶段性成果。但对船舶快速搭载技术方面的研究相对较少。实际上,随着船舶快速建造模式的发展,船舶快速搭载作为造船过程中的一项关键技术,对缩短造船周期、提高造船质量、降低造船成本均有重要意义,是一项值得研究下去的课题。

3. 搭载合拢设备研究概况

目前,在国内造船企业中船体分段合拢作业仍然处于手工操作阶段,通常将基准分段定位搁墩,然后利用门吊吊起对接分段,通过不断调整空间位置,定位搁墩[162]。此工艺由吊车司机和装配工人相互配合吊运定位安装分段[163],分段下面的支撑墩是不可调式普通船用墩,分段位置和姿态的调整全靠人力和吊车,如图1.3所示。此工艺调整姿态耗时长、吊车利用率低、对位精度差、效率低、人工操作复杂、比较依赖操作者个人经验,并且存在一定的安全隐患[164-166]。

图1.3　吊车吊装合拢分段

为了解决该问题,国内造船界研制了专用于船台搭载合拢设备[167],可用于船体分段搭载合拢时进行分段的位置移动和姿态的调整,是船舶制造业走向数字化的重要一步,缩短了船台使用周期,提高了船体建造效率[168]。其结构形式主要有两种:整体式和分体式[169]。

图1.4是整体式搭载合拢设备[170],采用轨道式多台移动机器人,将对接段运至接近基准段处,通过移动机器人上的三自由度运动同步机构,在一定范围内调整对接船体分段姿态,以达到合拢工艺需求。这种设备的优点是采用轨道式行走、结构强度较好、定位精度较高、安全性能好且控制容易实现,每台移动机器人都具有独立的控制单元,可单独控制使用,每台移动机器人又都是模块化设计,使得系统具有较好的互换性;缺点是其使用时不灵活,易受场地限制。

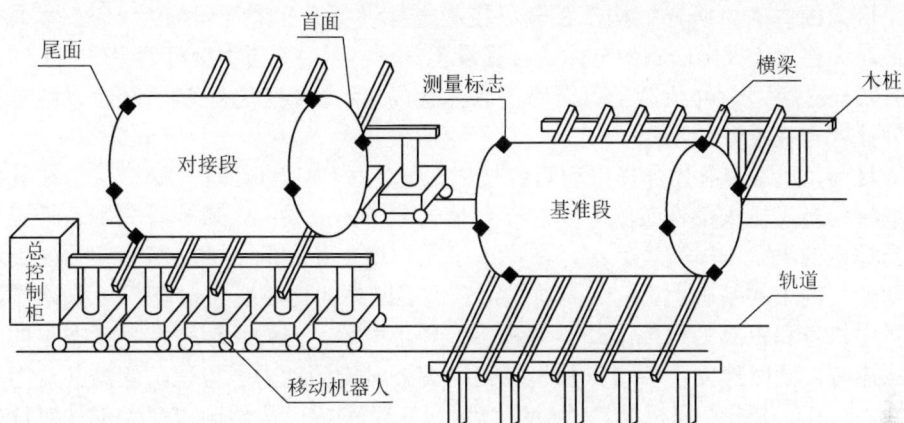

图 1.4 整体式搭载合拢设备

图 1.5 是分体式搭载合拢设备[171]，每个单体设备相当于一个单墩，具有顶升垂向和水平运动功能。用户根据实施经验和要求进行多个单体布置以放置对接段，门吊将对接段吊近基准段，落在分体式合拢设备上，利用这些设备的同步运动调整对接段姿态，使分段精确搭载合拢。分体式搭载合拢设备能够通过改变单体设备的分布位置和数量来灵活地适应各种重量及尺寸大小的船体分段。此设备除具有整体式设备的优点外，还克服了其缺点，且搬运、移动方便。其缺点主要是同步协调控制困难。如果能深入研究此问题，提出更好的控制策略，将会在今后造船领域得到更广泛应用。

图 1.5 分体式搭载合拢设备

目前国内多所研究机构都在分段搭载合拢设备方面进行研究[172,173]。本书主要针对大连理工大学研制的分体式合拢设备——"船用三自由度可调墩"（ZL2010 10617756.2）[173]，介绍基于可调墩的船体分段自动搭载合拢控制算法，以弥补目前分体式合拢设备的不足。

目前，分体式搭载合拢自动对位技术在船舶领域中的研究不多[168]，但在其他领域特别是飞机大部件装配方面有一些值得参考的成果：张斌等研究了基于三坐标支撑墩的大型刚体调姿系统，在考虑了支撑墩在各方向上的关节驱动力约束和驱动速度约束的基础上，运用多项式拟合调姿刚体的位姿变化轨迹[174]；朱永国建立了中机身和机翼的调姿运动学方程，推导了横滚、俯仰和偏转调姿状态下的雅可比矩阵，同时建立了中机身和机翼自动调姿机构的动力学方程，依据其动力学特性，提出了中机身和机翼自动对位轨迹规划算法[175]。虽然国内在大部件对位技术方面取得了一定成果，但就总体而言，现阶段国内研究还主要停留在对国外的自动对位技术的讨论和总结阶段，对整个自动化对位过程没有进行系统的研究，对自动化对位各关键技术也没有进行深入的理论研究，特别是船舶大分段自动对位技术研究基本处于空白。随着船舶行业的快速发展和数字化造船技术的应用，迫切需要开展船舶领域的分段自动合拢对位技术攻关，提高分段合拢效率，确保对位质量。

## 1.3　目标与内容

本书的目标是运用先进的数字化技术，实现船舶快速设计和高精度造船，弥补传统方法的不足，从而缩短船舶设计与建造周期，扩大国内造船总量，降低生产成本，提高经济效益和国际市场的竞争力。

基于这一目标，本书从船舶设计项目规划、船体型线设计、分舱设计、结构设计、分段测量分析和船舶模拟搭载几个方面入手，分别对提高这些方面效率的关键技术进行研究，具体研究内容如下（图1.6）。

（1）数字化快速设计方面。首先从船舶设计项目快速规划入手，对人力资源如何快速定量决策规划进行了研究，研究如何建立团队组织模型，并给出人力资源评判方法，此外，为实现设计任务的快速规划及控制，研究船舶设计项目任务规划及进度控制系统的关键技术，开发任务规划及进度控制系统。然后，以船体曲面、分舱及结构的快速设计方法为主要研究对象：①研究在缺少母型的情况下，以船体曲线曲面的曲率平方和最小为目标，利用参数化技术和最优化方法获得设计船型的方法，研究如何提取船型约束，建立有约束的船型优化数学模型；②研究自顶向下的参数化分舱方法，研究如何利用参数化技术建立分舱理论面，再运用分舱理论面切割主船体生成舱室；③研究基于知识的船体结构快速设计方法，研究如何利用知识工程原理和参数化技术建立船体结构构件库及规则库，实现知识重利用，加速结构设计顺利完成。

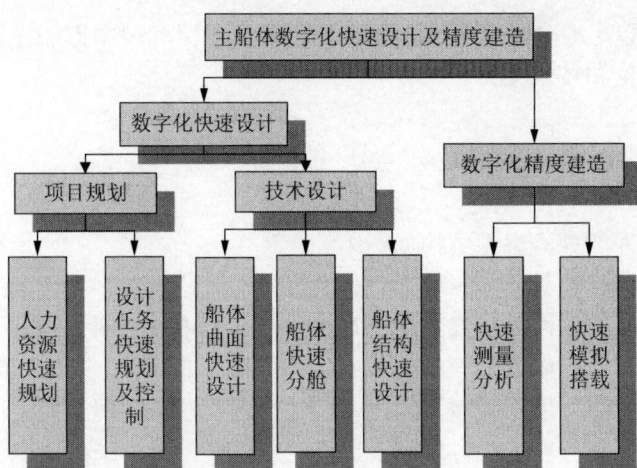

图 1.6 研究内容框架

（2）数字化精度造船方面，以基于三维模型的船体分段快速测量分析及快速模拟搭载技术为主要研究内容。国内船舶建造精度控制技术基本工作流程如图 1.7 所示，本书主要对其中的测量分析和模拟搭载技术进行研究（虚线框内部分），重点研究如何实现分段测量点集与设计模型点集快速自动最优匹配和如何模拟搭载分析快速获得最合理的搭载方案。

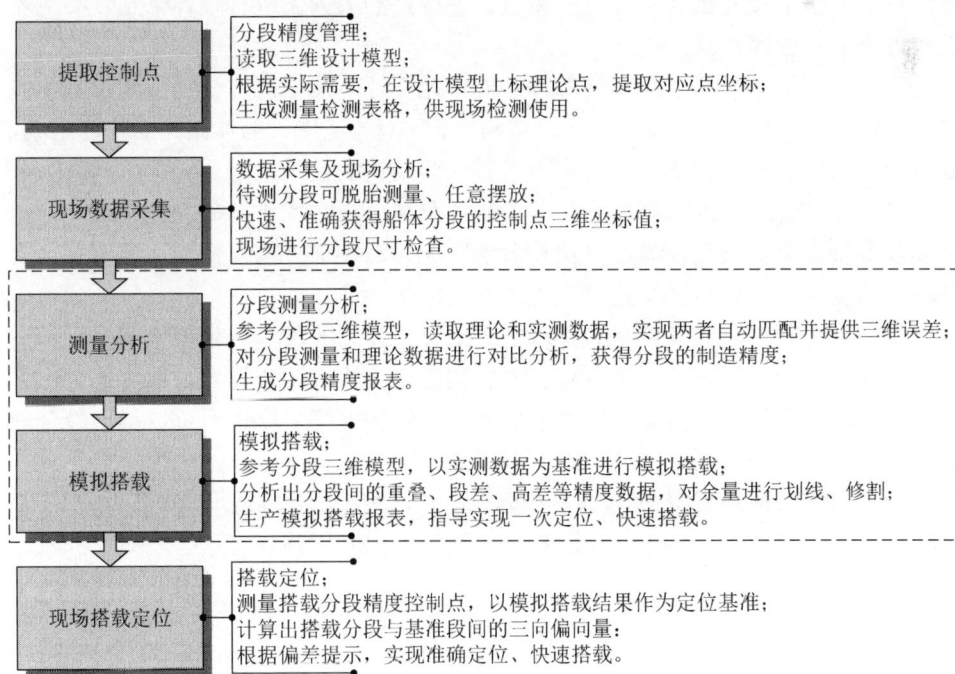

图 1.7 船舶建造精度控制技术工作流程

本书围绕以上研究内容逐步展开，提出研究思路和技术方法，为中国实现快速造船提供理论和技术支持。

# 1.4　组　织　结　构

本书共分为 8 章，组织结构如图 1.8 所示。

第 1 章为绪论部分，介绍研究背景及意义，对基于数字化技术的主船体设计与建造精度控制的国内外研究现状进行概述，介绍本书的研究目标及内容。

第 2 章对实现船舶设计项目的快速规划进行研究。建立基于矩阵式结构和团队协调者领导的团队组织模型，通过模糊综合评判法，实现人力资源的定量决策规划；开发船舶设计项目任务规划及进度控制系统，该系统可实现快速规划设计任务并有效地控制任务进度。

第 3 章介绍一种基于能量优化法的船型快速设计方法，该方法在保证船体曲线的插值点、导矢等几何约束的前提下，以船体曲线曲面的曲率平方和最小为目标，求解获得基于 NURBS 表达的光顺船体曲面。

第 4 章介绍一种基于非流形造型的自顶向下的船体参数化分舱方法，该方法提出了分舱理论面的概念，并利用分舱理论面切割主船体来实现舱室划分，利用非流形造型技术及其集合运算生成舱室，并结合约束列表进行设计修正，实现船舶快速分舱及舱容计算。

第 5 章介绍一种基于知识的船体结构快速设计方法，该方法提出知识本体的概念，将船舶结构设计知识嵌入船体结构知识本体中，用于船体结构的快速生成，既有助于知识的积累和重用，又实现了对船体结构的自动检验。

第 6 章对基于三维模型的船体分段快速测量分析技术进行研究。介绍一种船体分段测量点集与设计模型点集快速自动匹配方法，该方法可快速、准确地给出分段的精度状态，为后续快速搭载提供一定的指导。

第 7 章对船舶快速模拟搭载技术进行研究。介绍一种基于模拟搭载分析，进而快速获得一次性设置分段搭载定位方案的方法，该方法巧用多目标优化方法把水平度、垂直度和平面度等工程约束引入方案优化模型中，进而可以得出最合理的快速搭载方案。

第 8 章为结论与展望部分，对全部研究工作进行总结，列出研究中的创新点，对没有完成的工作进行展望，给出将来研究的方向和思路。

第1章　绪论

主船体数字化设计与精度建造

研究意义　　　研究现状

船舶设计项目快速规划　　　第2章

人力资源规划　　　设计任务规划与控制

人力资源评价模块　　　设计任务规划与控制系统

第3章

船型设计参数　　　基于能量优化法的船型快速设计

能量优化法

纵向特征线　　　横剖线　　　船体曲面

第4章

参数化设计　　　非流形造型　　　主船体快速分舱

位置参数　　　分舱理论面　　　分舱模型

参数化设计　　　三维约束求解

位置参数　　　结构布置模型

第5章

量子行为遗传算法　　　知识库　　　知识驱动船体结构快速设计及优化

尺寸优化　　　3D结构模型

第6章 基于三维模型的船体分段快速测量分析

模型点集

现场数据测量　　　测量点集　　　数据预处理　　　匹配处理　　　精度评价

第7章 船舶快速模拟搭载分析

搭载约束定义　　　模拟搭载匹配　　　搭载分析结果

第8章　结论与展望

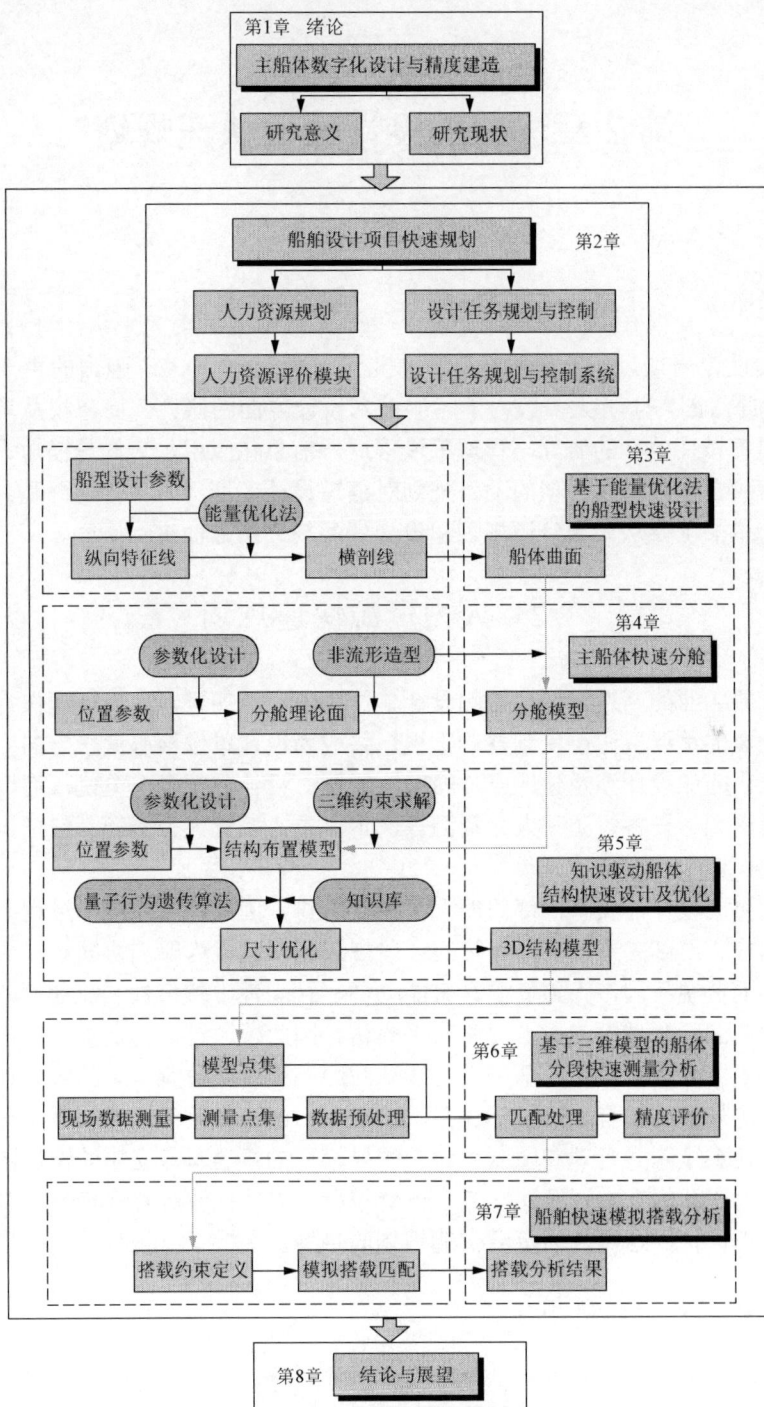

图 1.8　本书组织结构图

# 第 2 章　船舶设计项目快速规划

## 2.1　引　　言

　　船舶设计周期过长是制约中国船舶业真正成为世界第一强国的主要问题之一[1]。目前，国内学者大多致力于船舶技术设计方面的研究，而忽视从项目管理角度来提高设计效率的研究。管理手段落后，信息化应用水平低是缩短设计周期的主要瓶颈之一。快速合理的项目规划对缩短设计工期、防止管理混乱具有重要的意义。本书主要从人力资源规划和设计任务规划两方面进行研究。

## 2.2　人力资源快速规划

　　随着船舶业的高速发展，船舶设计单位竞争日益加剧，人力资源作为船舶设计单位发展的重要资源已受到普遍重视，并成为设计单位核心竞争力的一项重要战略资源。船舶设计涉及建造方、船东、船检、设计方等多个单位，而设计资源包括材料资源、设备资源和人力资源等，本书重点研究人力资源，包括设绘、校对、标检、审核、审定等人员[176]。

　　船舶协同设计需要不同部门的人员相互合作，因此，船舶设计过程中人力资源涉及面广、内部关系复杂，人员的合理规划利用就成为船舶协同设计成功的关键。同其他资源不同，人力资源具有能动性、社会性、增值性和流动性等特点，而且人力资源的管理更难于被竞争对手模仿。因此，通过人力资源管理所获得的竞争优势更容易保持。正是基于人力资源在船舶设计单位竞争中的重要作用，建立人力资源规划的综合评价指标体系，确定人力资源评价的数学模型十分必要。

　　本节基于矩阵式管理和团队协调者领导模型的概念，建立船舶设计团队组织结构，并为团队的人力资源建立综合评价指标，采用模糊综合评价方法实现人力资源的合理评价，达到人力资源快速规划的目标。

### 2.2.1　矩阵式项目组织形式

　　项目的组织形式有职能式、项目式和矩阵式等。传统企业的组织形式一般是金字塔式的层次化职能式组织形式，由企业主管根据项目任务从各职能部门抽调人力组成项目组织。职能式组织容易在部门间产生知识壁垒，协调困难，成员各尽其责但对项目总体缺乏热情，不适用于船舶设计项目。项目式组织形式是按项目来规划所有资源，项目从企业组织中分离出来，有自己的技术和管理人员，由全职的项目经理对项目负责，这种组织形式造成机构重复及资源闲置，不利于企业技术水平的提高，项目团队与母体组织产生界线，项目间缺乏知识交流。矩阵式组织形式是一种混合形式，在常规职能层级结构之上"加载"了水平的项目管理结构，既有职能式与项目式组织的优点，又能避免其缺点。应用矩阵式组织形式项目成员可以从不同的职能部门来支持项目经理，这些人同样可以支持参与别的项目，同时为几个项目服务。矩阵式组织形式使项目目标明确、资源利用灵活、运作管理方便。

　　船舶设计项目人员众多，需要利用多个职能部门的资源且技术比较复杂，但又不需要技术人员全职为项目工作，因此，矩阵式组织结构是最好的选择，特别是在几个项目需要同时共享这些技术人员时。图 2.1 为船舶设计项目矩阵式组织结构。

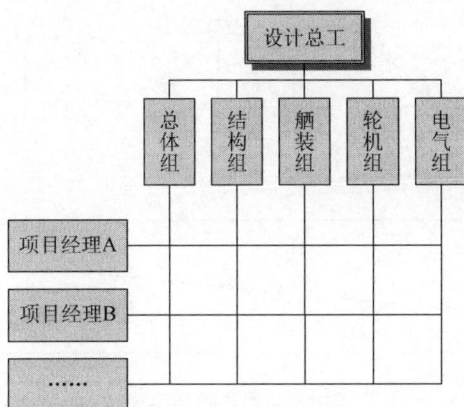

图 2.1　船舶设计项目矩阵式组织结构

　　这种组织结构使每位项目成员同时受多位主管人员管理，而项目负责人也具有相应的决策权，并对最终成果负责。在专业分工的基础上实现了部门间的合作，各职能部门的专业知识可供所有项目使用，有效利用了资源，改变了传统职能式组织单一直线垂直领导系统的缺陷，也避免了项目式组织项目间缺乏知识信息交流的弊端，促进了信息交流和知识共享，强化了团队意识在组织内的形成。在这种组织下，项目人员安排灵活，应变性强，能够根据新启动的项目需要，配备合适人员；有助于提高组织内各项资源的利用率，对于稀缺技术与职能人才，能在多个项目或地区进行共享，增进各部门间的协调；由于稀缺人才的共享，使得这些专家获得更多机会提高其业务水平，推动企业的技术进步。

## 2.2.2　团队协调者领导模型

团队领导模型是说明在一个项目团队里成员如何组织，以及项目领导如何管理团队的一种模型。目前实践中有 5 种领导模型，如图 2.2 所示。等级领导模型中，成员间交流少，由一人制定决策，不适用于复杂项目；团队负责人模型中，交流只存在于负责人和成员之间，并不是在任意两个成员之间；团队协调者模型中，负责人和成员、成员与成员都可以交流协调合作来完成任务；共享领导权模型中，领导责任是基于团队成员的专业知识而在团队中分享的，这种模型提供了选择领导和团队的灵活性，但当成员不能接受授权并对设计图纸不负责任时，这种方法就会带来问题；自我管理模型中，每名成员对分配给他们的项目负全部责任，项目经理在团队之外，是作为团队的一种资源而存在，这种模型对团队成员要求较高，因此适用面较狭隘。

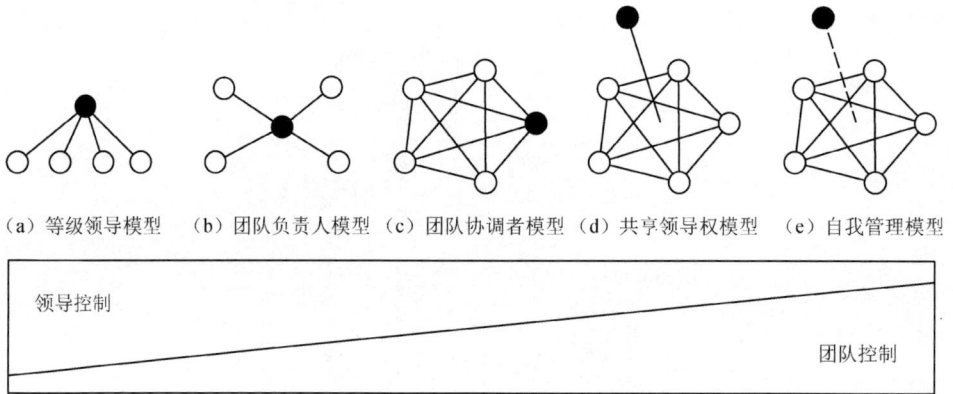

（a）等级领导模型　（b）团队负责人模型　（c）团队协调者模型　（d）共享领导权模型　（e）自我管理模型

图 2.2　团队领导模型

船舶设计项目的活动特点是高度依赖和复杂性的活动，需要成员间的协作和相互支持，船舶设计项目的问题解决和决策制定是需要部分挑选出来的团队主要成员的创造性参与的，基于以上特点可知，团队协调者模型是最适合船舶设计项目的团队领导模型，图 2.3 为船舶设计项目的团队协调者模型。

这种模型为团队内部沟通提供了良好支持，允许团队成员之间进行沟通和协作，而项目经理除了负有团队负责人的全部职责之外，还要确保团队成员之间所有的相互协作都能顺利进行，这样船舶设计项目便可以高效顺利地进行。

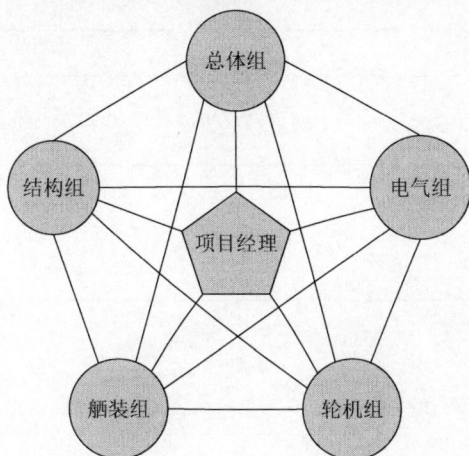

图 2.3　船舶设计项目的团队协调者模型

### 2.2.3　人力资源模糊综合评判

目前用于资源评价的方法众多，对于人力资源，其评价指标具有明显的模糊特性，因此运用专家的知识和经验对评价指标量化，再采用模糊综合评判法对人力资源进行评价，这是一种定性和定量分析有效结合的决策方法。包含 3 个要素：备选的方案集 $\mathbf{V}=\{v_1, v_2, \cdots, v_m\}$；影响评价对象的指标集 $\mathbf{U}=\{u_1, u_2, \cdots, u_n\}$；单因素评价。在单因素评价的基础上，再进行多因素的模糊综合评判得到优选方案。

#### 1. 人力资源评价体系建立

影响人力资源评价的因素很多，对船舶设计项目而言，设计任务不同，其侧重点也不同，针对船舶设计项目的特点，本节建立 3 个一级指标、8 个二级指标、25 个三级指标。评价体系如表 2.1 所示。

表 2.1　人力资源评价体系

| 一级指标 | 二级指标 | 三级指标 |
|---|---|---|
| 素质指标 $P_1$ | 心理能力 $C_1$ | 思想 $u_1$ |
| | | 情商 $u_2$ |
| | | 个性 $u_3$ |
| | 工作能力 $C_2$ | 设计能力 $u_4$ |
| | | 协作能力 $u_5$ |
| | | 学习能力 $u_6$ |

续表

| 一级指标 | 二级指标 | 三级指标 |
|---|---|---|
| 素质指标 $P_1$ | 工作能力 $C_2$ | 创造能力 $u_7$ |
| | | 执行能力 $u_8$ |
| | 态度 $C_3$ | 责任心 $u_9$ |
| | | 纪律性 $u_{10}$ |
| | | 团队精神 $u_{11}$ |
| 职位指标 $P_2$ | 工作强度 $C_4$ | 体力负荷 $u_{12}$ |
| | | 脑力负荷 $u_{13}$ |
| | | 工作难度 $u_{14}$ |
| | 工作条件 $C_5$ | 工作环境 $u_{15}$ |
| | | 危险程度 $u_{16}$ |
| | 任职资格 $C_6$ | 专业知识 $u_{17}$ |
| | | 经验 $u_{18}$ |
| | | 学历 $u_{19}$ |
| 绩效指标 $P_3$ | 能力发挥 $C_7$ | 工作质量 $u_{20}$ |
| | | 工作时间 $u_{21}$ |
| | | 工作成果 $u_{22}$ |
| | | 工作成本 $u_{23}$ |
| | 能力潜质 $C_8$ | 发展潜力 $u_{24}$ |
| | | 进取心 $u_{25}$ |

## 2. 构造权重及单因素模糊评判向量

采用 1～9 及倒数的标度方法和成对比较法构造判断矩阵 $\boldsymbol{B}$，假设要比较 $n$ 个因素 $u_1,u_2,\cdots,u_n$ 对上一因素 $C$ 的影响，则 $\boldsymbol{B}=(b_{ij})_{n\times n}$，$b_{ij}>0$，$b_{ii}=1$，$b_{ij}=1/b_{ji}$，$(ij=1,2,\cdots,n)$，$b_{ij}$ 表示 $u_i$ 与 $u_j$ 相对于 $C$ 的重要性的比值。1～9 及其倒数的标度方法如表 2.2 所示。再由以下公式近似解得判断矩阵 $\boldsymbol{B}$ 的正规化特征向量：

$$\begin{cases} M_i=\prod_{j=1}^{n}b_{ij}, i=1,2,\cdots,n \\ \overline{W}_i=\sqrt[n]{M_i} \\ W_i=\overline{W}_i \Big/ \sum_{i=1}^{n}\overline{W}_i \\ \overrightarrow{W}=(W_1,W_2,\cdots,W_n)^{\mathrm{T}} \end{cases} \quad (2.1)$$

**表 2.2　1～9 及其倒数的标度取值**

| 标度 | 含义 |
| --- | --- |
| 1 | $u_i$ 与 $u_j$ 同样重要 |
| 3 | $u_i$ 比 $u_j$ 稍微重要 |
| 5 | $u_i$ 比 $u_j$ 明显重要 |
| 7 | $u_i$ 比 $u_j$ 强烈重要 |
| 9 | $u_i$ 比 $u_j$ 极端重要 |
| 2, 4, 6, 8 | 上述两相邻判断的中值 |
| 倒数 | $u_i$ 与 $u_j$ 重要性与上相反 |

对于工作时间、工作成本等具有确切数值的评价，可以利用满意度函数确定一个标度值。这类评价指标总是存在一个期望值 $q_i$ 与允许值 $m_i$。设在该区间上定义一个相对于最优值的满意度函数 $\mu_i(u_i)$，表征对相应评价指标的满意程度。

满意度随评价指标单调增加时，$\mu_i(u_i)$ 为

$$\mu_i(u_i)=\begin{cases}0, & u_i \leqslant m_i \\ L_i(u_i), & m_i < u_i < q_i \\ 1, & u_i \geqslant q_i\end{cases} \tag{2.2}$$

单调下降时，$\mu_i(u_i)$ 为

$$\mu_i(u_i)=\begin{cases}0, & u_i \geqslant m_i \\ L_i(u_i), & m_i > u_i > q_i \\ 1, & u_i \leqslant q_i\end{cases} \tag{2.3}$$

由上述两种方法即可定量得出权重及单因素模糊评判向量。

**3. 综合判断**

完成了对各评价指标单因素评定后，还需进行多指标综合评判。用 $w_i$ 表示因素 $u_i$ 权重，权重向量为 $\vec{A}=(w_1, w_2, \cdots, w_n)$；若单因素 $u_i$ 的正规化模糊评判向量为 $\vec{R}_i=(r_{i1}, r_{i2}, \cdots, r_{im})(i=1, 2, \cdots, n)$。

则单因素模糊矩阵为

$$R=\begin{bmatrix} r_{11} & r_{12} & \cdots & r_{1m} \\ r_{21} & r_{22} & \cdots & r_{2m} \\ \vdots & \vdots & & \vdots \\ r_{n1} & r_{n2} & \cdots & r_{nm} \end{bmatrix}$$

模糊综合评判向量：

$$S=\vec{A}\cdot\boldsymbol{R}=(s_1,s_2,\cdots,s_n)$$

式中，$s_i=\overset{n}{\underset{i=1}{\vee}}(w_i\wedge r_{ij})(j=1,2,\cdots,m)$。定义：

$$\begin{cases} x_1\wedge x_2=\min(x_1,x_2) \\ x_1\vee x_2=\max(x_1,x_2) \end{cases}$$

### 2.2.4　计算实例

以船舶设计项目选择设计人员为例，依据前文给出的评价体系对 4 个候选人员进行评价。

（1）定义方案集，由 4 个候选人员构成方案集 $\boldsymbol{V}=\{v_1,\ v_2,\ v_3,\ v_4\}$。

（2）确定指标权重集，以工作能力为例，建立判断矩阵：

$$\boldsymbol{B}_{C_2}=\begin{bmatrix} C_2 & u_4 & u_5 & u_6 & u_7 & u_8 \\ u_4 & 1 & 5 & 7 & 9 & 3 \\ u_5 & 1/5 & 1 & 3 & 5 & 1/3 \\ u_6 & 1/7 & 1/3 & 1 & 3 & 1/5 \\ u_7 & 1/9 & 1/5 & 1/3 & 1 & 1/7 \\ u_8 & 1/3 & 3 & 5 & 7 & 1 \end{bmatrix}$$

得到权重向量 $\vec{A}_{C_2}=(0.51,0.13,0.06,0.04,0.26)$，用同样方法可以求得其他指标的权重，如表 2.3 所示。

表 2.3　评价体系权重集

| 一级指标（权重） | 二级指标（权重） | 三级指标（权重） | 方案集 | | | |
|---|---|---|---|---|---|---|
| | | | $v_1$ | $v_2$ | $v_3$ | $v_4$ |
| $P_1$（0.35） | $C_1$（0.11） | $u_1$（0.50） | 0.26 | 0.06 | 0.56 | 0.12 |
| | | $u_2$（0.40） | 0.56 | 0.26 | 0.06 | 0.12 |
| | | $u_3$（0.10） | 0.26 | 0.06 | 0.56 | 0.12 |
| | $C_2$（0.56） | $u_4$（0.51） | 0.26 | 0.12 | 0.56 | 0.06 |
| | | $u_5$（0.13） | 0.56 | 0.26 | 0.06 | 0.12 |
| | | $u_6$（0.06） | 0.26 | 0.12 | 0.56 | 0.06 |
| | | $u_7$（0.04） | 0.26 | 0.06 | 0.56 | 0.12 |
| | | $u_8$（0.26） | 0.26 | 0.06 | 0.56 | 0.12 |

续表

| 一级指标（权重） | 二级指标（权重） | 三级指标（权重） | 方案集 | | | |
|---|---|---|---|---|---|---|
| | | | $v_1$ | $v_2$ | $v_3$ | $v_4$ |
| $P_1$（0.35） | $C_3$（0.33） | $u_9$（0.35） | 0.15 | 0.07 | 0.15 | 0.63 |
| | | $u_{10}$（0.35） | 0.15 | 0.07 | 0.15 | 0.63 |
| | | $u_{11}$（0.30） | 0.56 | 0.26 | 0.06 | 0.12 |
| $P_2$（0.30） | $C_4$（0.22） | $u_{12}$（0.10） | 0.25 | 0.10 | 0.55 | 0.10 |
| | | $u_{13}$（0.40） | 0.26 | 0.06 | 0.56 | 0.12 |
| | | $u_{14}$（0.50） | 0.25 | 0.10 | 0.55 | 0.10 |
| | $C_5$（0.11） | $u_{15}$（0.50） | 0.25 | 0.10 | 0.55 | 0.10 |
| | | $u_{16}$（0.50） | 0.26 | 0.06 | 0.56 | 0.12 |
| | $C_6$（0.67） | $u_{17}$（0.35） | 0.10 | 0.10 | 0.55 | 0.25 |
| | | $u_{18}$（0.30） | 0.10 | 0.10 | 0.55 | 0.25 |
| | | $u_{19}$（0.35） | 0.26 | 0.12 | 0.56 | 0.06 |
| $P_3$（0.35） | $C_7$（0.75） | $u_{20}$（0.38） | 0.25 | 0.10 | 0.55 | 0.10 |
| | | $u_{21}$（0.25） | 0.26 | 0.06 | 0.56 | 0.12 |
| | | $u_{22}$（0.04） | 0.26 | 0.06 | 0.56 | 0.12 |
| | | $u_{23}$（0.33） | 0.33 | 0.25 | 0.04 | 0.38 |
| | $C_8$（0.25） | $u_{24}$（0.33） | 0.26 | 0.12 | 0.56 | 0.06 |
| | | $u_{25}$（0.67） | 0.26 | 0.06 | 0.56 | 0.12 |

（3）确定单因素模糊评判向量。

船舶设计项目进行任务分解后，每个子任务由具体设计人员完成，任务完成后，经过校对、标检、审核、审定，主管人员要对各设计人员的任务完成情况按照指标进行逐项评价，并把评价结果记入评价数据库中，供随时调用查看。现以上述评价体系中的两个指标（设计能力、工作成本）为例，确定相应的单因素模糊评判向量，可以从评价数据库中调出各人员的评价结果，如表 2.4 所示。

表 2.4　人员评价表

| 指标 | $v_1$ | $v_2$ | $v_3$ | $v_4$ |
|---|---|---|---|---|
| 设计能力（$u_4$） | 较强 | 强 | 很强 | 一般 |
| 工作成本（$u_{23}$） | 3300 | 3500 | 4000 | 3200 |

相对设计能力（$u_4$），建立判断矩阵：

$$B_{u_4}=\begin{bmatrix} u_4 & v_1 & v_2 & v_3 & v_4 \\ v_1 & 1 & 3 & 1/3 & 1/5 \\ v_2 & 1/3 & 1 & 1/5 & 3 \\ v_3 & 3 & 5 & 1 & 7 \\ v_4 & 1/5 & 1/3 & 1/7 & 1 \end{bmatrix}$$

得到设计能力的正规化模糊评判向量：

$$\vec{R}_{u_4}=(0.263,0.118,0.564,0.055)$$

相对工作成本（$u_{23}$），建立满意度函数：

$$u_{23}(v_i)=\begin{cases} 0, & v_i \geqslant 4000 \\ \dfrac{1}{9}\left[\dfrac{8(4000-v_i)}{4000-3200}+1\right], & 4000 > v_i > 3200 \\ 1, & v_i \leqslant 3200 \end{cases}$$

计算得到工作成本模糊评判向量 $\vec{R}_{u_{23}}=(0.889,0.667,0.111,1)$，归一化后得到 $\vec{R}_{u_{23}}=(0.333,0.250,0.042,0.375)$，用同样方法可以求得其他的单因素模糊评判向量，如表 2.3 所示。

（4）综合判断，以工作能力为例，权重向量及模糊矩阵为 $A_{C_2}=(0.51,0.13,0.06,0.04,0.26)$，有

$$R_{C_2}=\begin{bmatrix} 0.26 & 0.12 & 0.56 & 0.06 \\ 0.56 & 0.26 & 0.06 & 0.12 \\ 0.26 & 0.12 & 0.56 & 0.06 \\ 0.26 & 0.06 & 0.56 & 0.12 \\ 0.26 & 0.06 & 0.56 & 0.12 \end{bmatrix}$$

用模糊矩阵乘法并进行归一化后得

$$\vec{S}_{C_2}=(0.25,0.13,0.50,0.12)$$

同理，其他二级指标的评判向量为 $\vec{S}_{C_1}=(0.31,0.20,0.39,0.09)$，$\vec{S}_{C_3}=(0.28,0.25,0.14,0.33)$，…。上一级指标的评判向量为 $\vec{S}_{P_1}=(0.21,0.18,0.37,0.24)$，$\vec{S}_{P_2}=(0.27,0.12,0.36,0.25)$，$\vec{S}_{P_3}=(0.26,0.19,0.29,0.26)$。整个船舶设计项目的人力资源模糊综合评判向量为 $\vec{S}=(0.25,0.18,0.33,0.24)$，根据最大隶属度法，最后的选择顺序为 $v_3,v_1,v_4,v_2$。图 2.4 为开发出的基于模糊综合评判法的船舶设计项目人力资源评价计算模块（只显示了整个界面的尾部部分）。

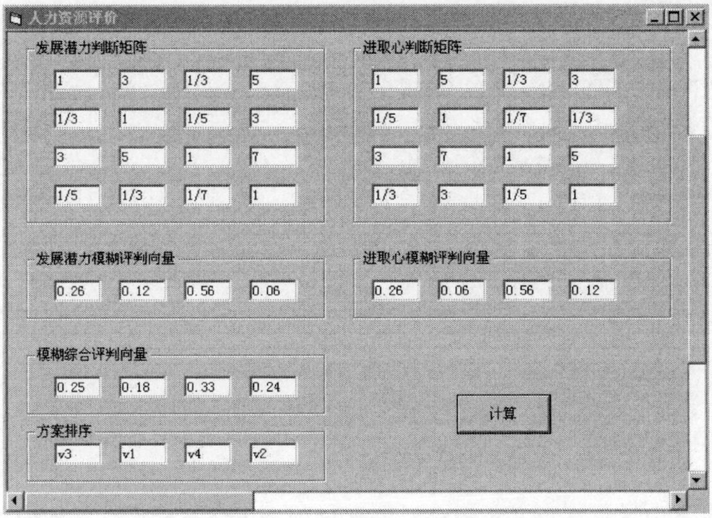

图 2.4　人力资源评价计算模块

## 2.3　任务规划及进度控制

目前，中国船舶设计通常采用人工编制方法进行任务规划，强制要求任务的开始与结束时间，各任务间没有特定的逻辑关系来约定进度，进度控制上也是采用手工填写进度跟踪表来控制，无法动态实施控制，这种方法常导致计划与实际进度存在偏差，各部门沟通混乱。因此，需要船舶设计单位改变传统管理方式的弊端，将先进的项目管理方法与信息化综合集成技术充分应用于船舶设计过程中，开发一体化、集成化的船舶设计管理系统，提高设计效率，增强企业竞争力；方便项目经理整体把握项目进度、提高管理水平；方便设计人员查询任务、明确责任、促进沟通[177]。

本书基于 Visual Basic 及 Microsoft SQL Server 设计开发的船舶设计项目任务规划及进度控制系统，成功应用到大连理工大学船舶 CAD 工程中心的船舶设计项目中。实现了设计任务的分解、逻辑关系的生成、任务关系矩阵的建立、任务甘特图的合理生成、设计任务自动提醒及查询、基于 SQL 数据库的文档管理和项目内部消息交流等功能，便于设计人员了解全局，把握进度重点。本节的主要内容如图 2.5 所示。

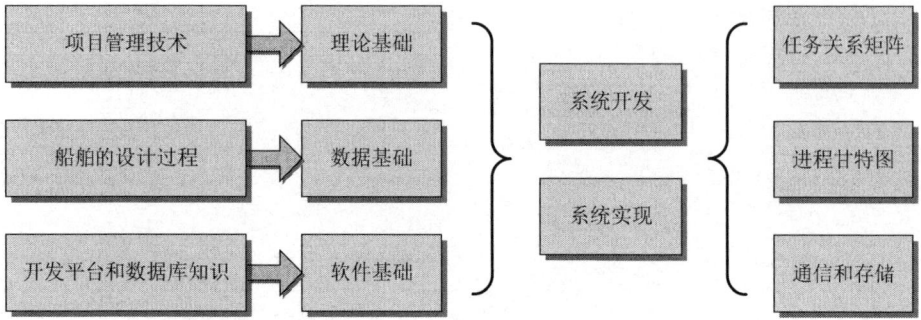

图 2.5　本节主要内容

## 2.3.1　项目工作分解

　　船舶设计项目范围定义是将项目要交付的图纸及文档进行更加细致的分解，从不同层面划分出较小单元，以便不同层面的管理者分别进行更加合理和科学的管理。

　　范围定义的主要工具是工作分解结构（work breakdown structure, WBS）[178]，图 2.6 显示的是一个典型的船舶设计项目的工作分解结构。

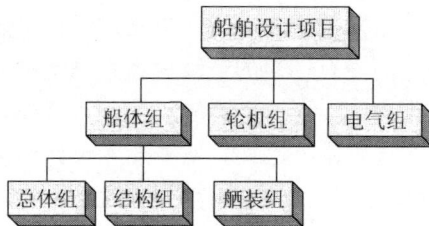

图 2.6　船舶设计项目工作分解结构

　　利用工作分解结构方法可以将整个项目的各项工作一层一层分离，使各段工作具有一定的独立性，便于分组制订工作计划，大大降低了任务规划的难度。就船舶设计项目而言，可以分解成船体组、轮机组和电气组三部分，其中船体组又可划分为总体组、结构组及舾装组。对各设计组进一步细分，可以划分为一个个子任务，具体表现为一系列图纸及文档任务。图 2.6 为树状结构形式表示的工作分解结构，在实际工作中，也可以采用列表方式表述工作分解结构，以结构组任务为例，表 2.5 为列表方式表述结构组的工作分解结构表。

#### 表 2.5　列表式工作分解结构表

| 任务编码 | 任务名称 | 任务编码 | 任务名称 |
|---|---|---|---|
| 10000 | 船舶设计项目 | 11205 | 机舱结构图 |
| 11000 | 船体组 | 11206 | 艉部结构图 |
| 12000 | 轮机组 | 11207 | 舭龙骨结构图 |
| 13000 | 电气组 | 11208 | 横舱壁结构图 |
| 11100 | 总体组 | 11209 | 外板展开图 |
| 11200 | 结构组 | 11210 | 主机座与轴承座结构图 |
| 11300 | 舾装组 | 11211 | 舷墙结构图 |
| 11201 | 船体结构规范计算书 | 11212 | 甲板室结构图 |
| 11202 | 典型横剖面图 | 11213 | 肋骨型线图 |
| 11203 | 基本结构图 | 11214 | 船体结构节点图册 |
| 11204 | 艏部结构图 | 11215 | 焊接规格表 |

### 2.3.2　任务关系矩阵

研究表明，船舶设计任务之间存在一定的逻辑关系[179]，通常可以分为表 2.6 中的几种形式。

#### 表 2.6　任务关系

| 相关性 | 关系 | 类型 | 图示 |
|---|---|---|---|
| 相关 | 串行 | 完成-开始 | 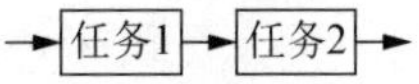 任务1 → 任务2 |
| 不相关 | 并行 | 开始-开始<br>完成-完成 |  任务1 / 任务2 |
| 相关 | 耦合 | 开始-完成<br>完成-开始 | 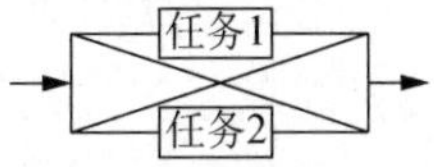 任务1 / 任务2 |

船舶设计任务之间的逻辑关系可以以矩阵形式表示，即任务关系矩阵。该矩阵是 $n×n$ 方阵，如图 2.7 所示，$n$ 表示项目的任务 $(a_i, i=1, 2, \cdots, n)$ 数目，主对角线元素取 0，其他元素 $a_{ij}$ 表示任务间联系的存在性，$a_{ij}=0$ 表示该元素所对应的任务间不存在信息联系，如艉部结构图与主配电板原理图没有关联；$a_{ij}=1$ 表示 $a_i$ 任务

的进行需要来自任务 $a_j$ 的信息，如基本结构图需要来自船体结构规范计算书的信息。任务之间的关系如表 2.7 所示，下对角线的非零元素表示信息从前一任务顺次流向后一任务，而上对角线非零元素表示信息从后一任务反馈流向前一任务，即沿 $Y$ 轴信息向后传播，沿 $X$ 轴信息向前反馈。

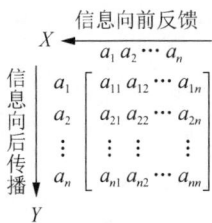

$$
\begin{array}{c|cccc}
 & a_1 & a_2 & \cdots & a_n \\
\hline
a_1 & a_{11} & a_{12} & \cdots & a_{1n} \\
a_2 & a_{21} & a_{22} & \cdots & a_{2n} \\
\vdots & \vdots & \vdots & & \vdots \\
a_n & a_{n1} & a_{n2} & \cdots & a_{nn}
\end{array}
$$

图 2.7　任务关系矩阵

通过确定船舶设计任务两两间的关系，可以组合出船舶设计中所有任务的关系矩阵，为生成合理的任务甘特图提供依据。

表 2.7　任务关系的矩阵表示

| 关系 | 串行 | | | 并行 | | | 耦合 | | |
|---|---|---|---|---|---|---|---|---|---|
| 矩阵表示 | | $a_i$ | $a_j$ | | $a_i$ | $a_j$ | | $a_i$ | $a_j$ |
| | $a_i$ | 0 | 0 | $a_i$ | 0 | 0 | $a_i$ | 0 | 1 |
| | $a_j$ | 1 | 0 | $a_j$ | 0 | 0 | $a_j$ | 1 | 0 |

## 2.3.3　系统开发

### 1. 系统功能设计

船舶设计项目任务规划及进度控制系统，应能在计算机中模拟手工进行项目任务规划及进度控制；计算机能够通过给定的算法程序控制，自动合理地分解任务，生成关系矩阵，安排任务计划，实时提醒进度要求，形成历史设计记录库。整个系统应具备以下几个功能。

（1）按人员权限登录功能：只有通过验证才能登录到系统中，并使用相应的功能，本系统根据船舶设计特点，分为项目主管、组长、组员 3 种权限。其中项目主管享有最高权限，可以规划、分配任务，监控其他成员的进度情况。组长可以在项目主管要求的基础上，进一步细化安排本组的任务，监控本组成员的进度情况。组员可以实时查看自己的任务要求。

（2）规划任务：系统可以模拟手工方法，进行任务的分解，生成关系矩阵，定义各任务的属性（负责人、开始时间、结束时间、下一步工作连接点等），指导工作人员的任务进程，以便更快更好地完成设计任务，还能提供进度计划的录入、修改功能，并通过程序控制，在计算机中自动绘出任务甘特图。

（3）进度控制：系统能实现任务计划完成信息的反馈，包括完成图纸及文档，完成时间等；对未按时完成的任务，系统能自动发送消息催促负责人上交图纸并自动修改进度甘特图。这些信息被及时反馈后，可便于管理者了解控制进度，也保留了历次设计信息，形成设计的历史记录库。

（4）信息查询：系统能实现项目信息、成员信息、任务分解表、任务关系、完成进度、反馈数据、自身任务及前期资料是否完备等信息的查询与统计功能。项目主管可以针对特定信息设定共享权限，也可以针对不同工作组设定共享权限。

（5）信息交流：由于船舶设计项目的任务相关性，系统能支持不同工作地点的设计人员之间的交流信息，传输和共享图纸及文档，以加强团队的合作能力。

**2. 系统结构设计**

系统结构设计是对系统的总体结构形式进行大致设计，是一种宏观、总体上的设计和规划。本系统采用结构化模块设计思想，以可视化编程技术实现，设计为一种层次结构形式，整个系统在主控模块的控制下，通过多个功能模块分级实现系统功能。系统的功能模块主要分为 5 部分：①系统身份验证；②任务规划，包括项目信息、图纸目录、任务分解、关系矩阵及甘特图显示；③进度控制，包括已经完成的任务的相关信息、进度偏差分析、进度更新；④信息查询，包括当前任务查询、前期资料是否完备，以及历史记录数据查询、统计及下载；⑤信息交流，包括收件箱及信息发送。其中身份验证模块是前置操作，通过"身份验证"来决定该用户可以应用系统的哪些功能，如组员身份只能有信息查询及信息交流功能，任务规划和进度控制功能不可用，系统整体结构如图 2.8 所示。

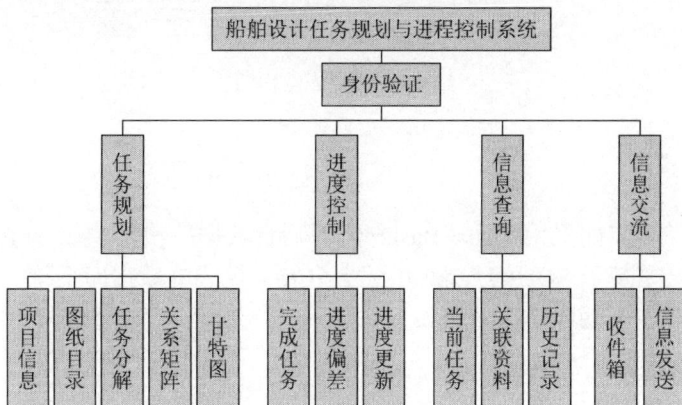

图 2.8　系统结构图

**3. 系统数据库设计**

数据库是系统的核心与基础，其结构与数据直接影响系统构建，甚至在一定程度上决定系统的功能。数据库把系统中大量的数据按一定的模式组织起来，提供存储、维护、检索数据的功能，因此，只有对数据库进行合理的逻辑设计才能开发出完善而高效的系统。

　　根据系统结构设计，将系统数据库分为 5 个部分，共 17 张数据表。数据库结构如图 2.9 所示。

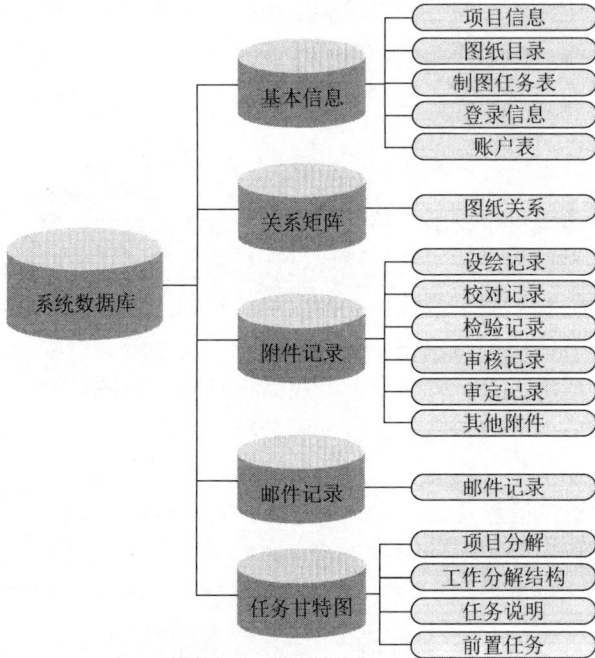

图 2.9　数据库结构图

### 2.3.4　系统实现

　　本系统前台界面采用 Visual Basic 开发，后台数据库使用 Microsoft SQL Server 数据库系统，是基于 SQL 客户端/服务器（C/S）模式的数据库系统。实现了预期的全部功能，主要功能实现效果如下。

　　1. 用户登录

　　主要实现用户身份的功能，不同人员具有不同权限，例如项目主管可进行所有操作，组长只能对本组部分进行操作，组员只能查询信息及留言。当系统运行时，首先弹出登录框，如图 2.10 所示，通过选择相应身份，输入正确密码就可进入系统，若密码错误，则弹出错误提示框。

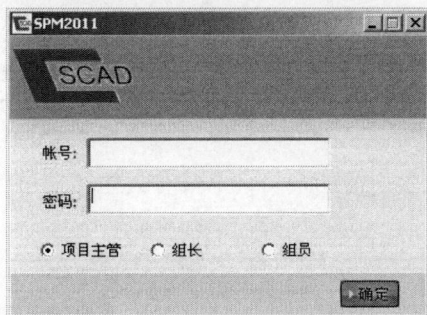

图 2.10　用户登录界面

## 2. 任务规划

项目主管通过权限验证，进入系统后，可以制定项目信息、任务信息等，还可以编辑或修改任务分解结构及关系矩阵，并根据关系矩阵查看相关任务集，以及生成任务甘特图，方便用户对项目整体有全局把握，深刻认识不同任务间的联系，进一步加深对工作的了解，提高工作效率。图 2.11 为某船舶设计项目的任务甘特图。

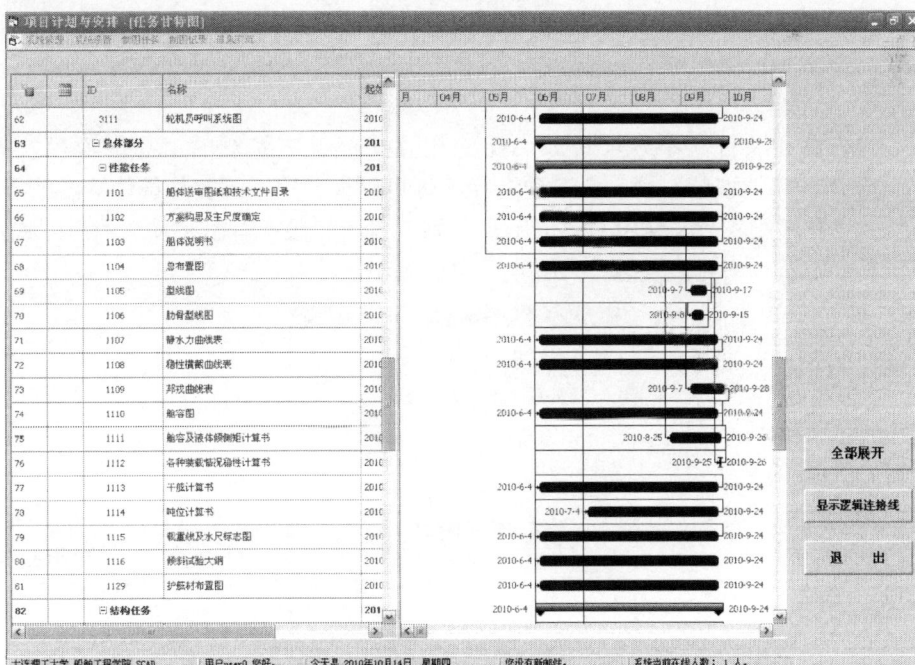

图 2.11　任务甘特图

### 3. 文档管理

任务规划好后，用户可以在工作过程中随时上传已经完成的图纸或下载设计所需要的文档资料，这些资料统一保存在数据库中，形成历史记录库。不同的工作人员只能查看自己职责所需的资料，无权对其他文档进行编辑。图 2.12 显示了用户下载文档资料。

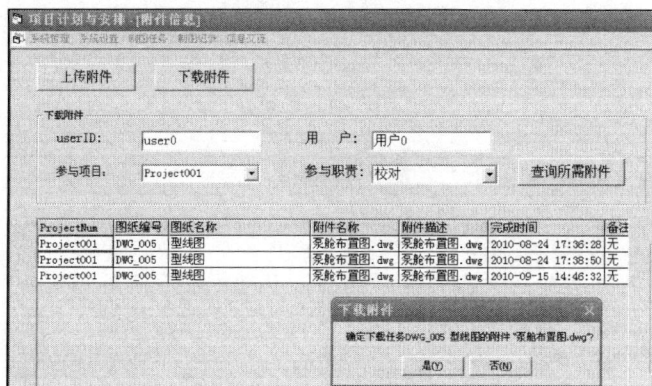

图 2.12　下载资料

### 4. 信息交流

船舶设计项目离不开项目成员间的相互交流，本系统的信息交流模块如图 2.13 所示，读取留言消息会自动进行，也可以根据用户的实际条件给出结果；每个用户有权删除只发送给自己的消息，别人没有权限；有两种发送消息方式，即一对一发送、一对多发送（只有项目主管及组长才具有）。

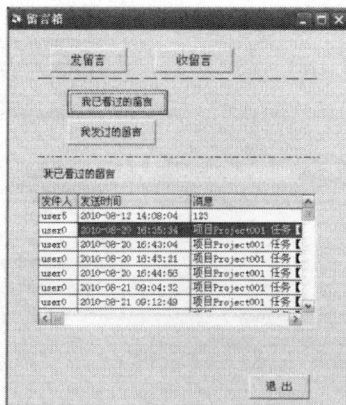

图 2.13　信息交流模块

# 2.4 本 章 小 结

　　船舶设计的质量必然会影响船舶业的发展，而对船舶设计项目高效合理的规划管理是船舶设计成功的关键之一。本章对人力资源规划和设计任务规划两方面进行了研究。在人力资源规划方面，本章建立了基于矩阵式组织结构和团队协调者领导的船舶设计项目团队组织模型，并采用模糊综合评判法对人力资源进行了定量计算，开发了船舶设计项目人力资源评价计算模块，根据计算结果可快速高效地择优资源，为船舶设计项目人力资源规划提供了一种定量决策方法，为人才选择提供了依据。在设计任务规划方面，本章利用当前先进的项目管理方法与信息化综合集成技术开发了船舶设计任务规划与控制系统，改进了传统的任务规划与控制方式，让设计人员有更多的时间参与到设计本身，而不是在任务协调上浪费时间，有助于设计任务有条不紊地进行，保证了设计进度。显然，高效的设计团队和合理的任务规划及控制管理必然有助于设计效率的大大提高。

# 第 3 章　基于能量优化法的船型快速设计

## 3.1　引　　言

　　船舶设计是船舶建造优劣的决定要素之一，船型设计是船体设计的重要组成部分，船型设计的好坏直接影响到后续船舶的性能计算、结构设计和建造工艺等方面。船型设计效率直接影响到整个船舶开发周期，是缩短造船周期的关键。

　　在船体型线设计方法中，改造母型法仍然是目前应用最广泛的方法。但在缺少合适母型资料时，设计人员就要根据设计船对型线的特殊要求自行设计，传统的自行设计方法是通过确定型值点来表达船型，这种方法数据处理量大、没有真正体现出船型特征、不便于船型修改，且过多的型值点会产生过多约束，给型线的光顺带来困难。因此，欲快速设计出有优秀航行性能、光顺的型线，就要实现基于约束、参数驱动的船舶型线设计。即以设计要求为约束条件，优化出船型设计参数，并根据设计参数生成光顺的船体型线。本节所要介绍的能量优化法参数化型线设计就是在这种背景下产生的。

　　在能量优化法造型方面，1987 年，Terzopoulos[180]率先将基于能量的可变形曲线造型技术引入计算机图形学中，引起了广泛重视。1991 年，Celniker 等[181]以能量模型为目标函数，以特征线为约束，利用 Hermit 函数求解参数曲线曲面。1992 年，Welch 等[182]研究了线性约束条件下，采用 B 样条描述能量曲线模型；Moreton 等[183]利用能量优化方法，以曲线曲率变化为目标函数，求解 Bezier 曲线。1997 年，Qin[184]采用能量优化模型构造动态 NURBS 曲线。国内在能量优化造型方面的研究刚刚起步，主要集中在北京航空航天大学和 721 研究所，两者均做出了有益的探索[57]。在参数化船型设计方面，现今国外仅德国一家研究机构做过研究。而国内，就这一问题研究极少[50]。2009 年，张萍等[74]提出了一种基于非均匀 B 样条表达的数学船型，通过求解具有最小二阶导矢模长的非均匀 B 样条来得到船体曲线。该方法可以获得满足设计参数要求的船体曲线，但在其优化模型中没有详细讨论曲率变化是否均匀，并且在船体曲面建模时，没有进一步对曲线簇之间的协调性进行研究，所以无法从理论上确保船体曲面光顺性不受此影响。2010 年，Kim 等[185]提出了基于径向函数的船舶曲面局部变换法，该方法面向 CFD 优化，变换过程中所应用的径向函数无法保证曲面的一阶导数和二阶导数连续，因此无法满足船体曲面的高光顺性要求。2013 年，于雁云等[186]提出了一种基于微分方程的船体曲面参数化变换方法，该方法可以在保证不改变母型船光顺性的前提下进行船体曲面变换。但该方法本质上还是一种基于母型改造法，并没有实现真正意义上的基于约束、参数驱动的船舶型线自行快速设计。

　　针对上述研究现状，本章在研究了能量优化法造型和参数化设计理论的基础上，基于对船体曲线特征的分析，给出了具体的船型设计参数，以主尺度、纵向特征线附加参数和横剖线附加参数代替 Harries 等[70-73]使用的位置参数、微分参数和积分参数，提出了利用能量优化方法，建立用船体曲线的曲率平方和表示的能量模型，生成满足曲线包围面积、形心、插值点、导矢、法矢、曲率等几何特征要求、基于 NURBS 表达、光顺的船体型线的设计方法，并利用能量优化方法进行船体曲面光顺表达。该方法可弥补传统船型设计方法的不足，提高船型的设计效率和设计质量。

## 3.2　基 础 知 识

### 3.2.1　利用 NURBS 构造船体组合曲线

　　船体型线及特征线包含了直线、解析曲线（圆弧和抛物线、自由曲线等）。由于权因子的引入和 NURBS 的优良特性，这些线型都可以由 NURBS 曲线精确表示，利用 NURBS 曲线的节点、升阶及插值算法可以用一条三次 NURBS 曲线 $p(u)$ 统一表达船体型线及特征线：

$$P(u)=\begin{bmatrix} x(u) \\ y(u) \end{bmatrix}=\frac{\sum\limits_{i=0}^{n} B_{i,3}(u)W_iV_i}{\sum\limits_{i=0}^{n} B_{i,3}(u)W_i} \tag{3.1}$$

式中，$V_i$ 为控制点；$W_i$ 为权因子；$B_{i,3}(u)$ 为三次 B 样条基函数；$u$ 为节点，由积累弦长法确定。

### 3.2.2　基于单一 NURBS 函数的船体曲面表达

　　在用三次 NURBS 曲线统一表达船体型线的基础上，可以应用蒙皮法构造单一 NURBS 函数表达的船体曲面 $S(u,v)$[37]：

$$S(u,v) = \frac{\sum_{i=0}^{n}\sum_{j=0}^{m} B_{i,3}(u) B_{j,3}(v) W_{i,j} V_{i,j}}{\sum_{i=0}^{n}\sum_{j=0}^{m} B_{i,3}(u) B_{j,3}(v) W_{i,j}} \qquad (3.2)$$

式中，$V_{i,j}$ 为控制点；$W_{i,j}$ 为权因子；$B_{i,3}(u)$ 和 $B_{j,3}(v)$ 分别为沿 $u$ 向的三次和沿 $v$ 向的三次 B 样条基函数，$u$、$v$ 分别为 $u$ 向和 $v$ 向的节点。

主要构造步骤如下。

（1）构造截面曲线。由于已经统一为三次 NURBS 曲线，所以这里只需统一截面曲线的节点矢量（设为 $u$ 向）。统一节点矢量后再反算出各截面曲线的控制点。

（2）由第（1）步生成的控制点确定 $v$ 向的节点矢量，以第（1）步生成的控制点为型值点反算 $v$ 向的控制点。

（3）由第（2）步生成的控制点即可得到控制多边形，从而根据式（3.2）生成单一 NURBS 函数表达的船体曲面。

### 3.2.3 能量优化法造型的基本原理

能量优化法造型方法发展历史短，目前没有统一的定义，常被描述为最优化造型，以曲线曲面具有的最小应变能为目标函数，以各种约束条件来控制曲线曲面形状的造型方法。能量优化法造型首先要确定优化目标函数，目前各文献中采用的能量模型种类主要分为物理变形能量模型和几何性质能量模型两类。前者借鉴弹性力学中的薄板弹性变形方程，公式为

$$E_{\text{curve}} = \int [\alpha w'(u)^2 + \beta w''(u)^2 - 2fw(u)] \mathrm{d}u \qquad (3.3)$$

$$E_{\text{surface}} = \iint \Big[ (\alpha_{11} w_u^2 + 2\alpha_{12} w_u w_v + \alpha_{22} w_v^2 + \beta_{11} w_{uu}^2 + 2\beta_{12} w_{uv}^2 + \beta_{22} w_{vv}^2) \\ - 2wf(u,v) \Big] \mathrm{d}u \mathrm{d}v \qquad (3.4)$$

式中，$w$ 为所求的以 $u$ 和 $v$ 为参数的曲线（面）；$\alpha$ 和 $\beta$ 为给定的参数，决定物体的抗变能力；$f$ 为给定的矢量函数，表示外载荷；$w_u, w_v, w_{uu}, w_{vv}, w_{uv}$ 分别表示曲线（面）沿 $u$ 方向的一阶导矢，曲面沿 $v$ 方向的一阶导矢，曲面沿 $u$ 方向的二阶导矢，曲面沿 $v$ 方向的二阶导矢和混合导矢。

后者是考虑长度、面积、形心、导矢、曲率等几何约束，来建立能量模型。采用这类模型，以曲率平方和为能量函数：

$$E_{\text{curve}} = \int \kappa^2 \mathrm{d}u \qquad (3.5)$$

$$E_{\text{surface}} = \int (\kappa_1^2 + \kappa_2^2) \mathrm{d}u \mathrm{d}v \qquad (3.6)$$

式中，$\kappa$ 为所求以 $u$ 为参数的曲线的曲率；$\kappa_1$ 和 $\kappa_2$ 为所求曲面的主曲率。

### 3.2.4　船体曲线曲面光顺判定准则

船体曲线曲面的光顺性，在船舶设计制造领域中是一个非常重要的概念，会影响到船舶外形的美观性、船舶航行性能和建造加工性等，是评价船型优劣的重要指标。关于光顺性的判定准则，由于涉及数学、美学和物理学等众多学科，目前存在很多种提法，还没有一个统一的定义。但对于船舶领域，国内外专家对船体曲线曲面的光顺性判定准则具有一定的共识[187]。

（1）光顺的平面曲线应满足如下条件：①曲线二阶参数连续，即 $C^2$ 连续（几何位置连接、相切且曲率连续）；②曲线不存在奇点和多余的拐点；③曲线曲率变化均匀；④曲线的变形能较小。

（2）光顺的空间曲线，除了要满足平面曲线的要求外，还要满足如下条件：①没有多余的变扰点（指扰率等于零的点）；②扰率变化均匀。

（3）光顺的曲面判定准则相对复杂，要满足如下条件：①主要曲线（如船体纵剖线、横剖线和水线等）二阶参数连续；②曲面的网格线不存在多余拐点及变扰点；③曲面的曲率（平均曲率、高斯曲率和主曲率等）变化均匀；④曲面的变形能较小。

采用以上船体曲线曲面的光顺性判定准则作为设计中船型光顺的条件。

### 3.2.5　优化方法

要实现基于能量优化法的船型快速设计，要解决的根本问题就是能量优化模型的求解，这是一个非线性规划问题（nonlinear programming, NLP），指优化模型中的目标函数或约束函数中含有至少一个自变量的非线性函数，其数学表达为

$$\min f(\vec{x})$$
$$\text{s.t.} \begin{cases} c_i(\vec{x}) = 0, & i \in E = \{1, 2, \cdots, m\} \\ c_i(\vec{x}) \leqslant 0, & i \in I = \{m+1, \cdots, p\} \end{cases} \quad (3.7)$$

式中，$\vec{x} = (x_1, x_2, \cdots, x_n)^{\mathrm{T}}$ 为设计变量；$f(\vec{x})$ 为优化目标函数；$c_i(\vec{x})$ 是第 $i$ 个约束函数 $(i \in E \bigcup I)$。

对于非线性规划问题的求解，发展至今已有很多算法，大致有惩罚函数法、可行方向法、二次逼近法、遗传算法等。其中，惩罚函数法是把约束问题转化为无约束问题处理，其优点是简单易行，缺点是当惩罚因子越来越大时，目标函数的 Hessian 矩阵越来越病态，使无约束优化的计算无法进行下去。可行方向法是应用线性规划问题的算法来处理问题，其优点是保持了迭代点的可行性，缺点是

由于约束条件的非线性，该方法的实现要比在线性条件上复杂得多，且收敛速度只能达到线性收敛。二次逼近法是应用二次规划来逼近非线性规划的方法，其优点是可以获得较好的搜索方向和步长，迭代次数少，具有超线性收敛速度，缺点是对于高度病态、不可微、函数梯度不易计算的优化问题，该算法无能为力。遗传算法是一种通过模拟自然生物进化过程搜索计算模型最优解的方法。其优点是适用范围广，适应函数不受连续可微的要求，定义域可以任意设定。缺点是采用概率变迁规则来指导搜索方向，计算效率较低。

对于采用的能量优化模型，其优化规模不是很大，目标函数连续可微，可以获得高精度的计算梯度。鉴于这些特点和对各优化求解算法的分析比较，本节选用二次逼近法来求解优化模型。很显然，对于求解该能量优化模型，二次逼近法在收敛速度、结果可靠性和计算稳定性上都要优于其他优化算法。具体求解步骤如下。

（1）选取初始点 $\vec{x}^{(1)}$，初始正定对称矩阵 $\boldsymbol{B}_1$（可取为单位阵），计算精度 $\varepsilon > 0$，取 $k=1$。

（2）为了避免二次规划子问题可行域为空集，对传统二次逼近法进行改进，把式（3.7）的不等式约束分为两类：

$$I_1 = \{i \mid c_i(\vec{x}^{(k)}) \geqslant 0, i \in I\}, \quad I_2 = \{i \mid c_i(\vec{x}^{(k)}) < 0, i \in I\}$$

建立如下的线性规划模型，设求解最优解为 $\left[\xi^*, (\vec{d}^*)^{\mathrm{T}}\right]^{\mathrm{T}}$：

$$\min z = -\xi$$

$$\text{s.t.} \begin{cases} \nabla c_i(\vec{x}^{(k)})^{\mathrm{T}} \vec{d} + \xi c_i(\vec{x}^{(k)}) = 0, & i \in E \\ \nabla c_i(\vec{x}^{(k)})^{\mathrm{T}} \vec{d} + \xi c_i(\vec{x}^{(k)}) \leqslant 0, & i \in I_1 \\ \nabla c_i(\vec{x}^{(k)})^{\mathrm{T}} \vec{d} + c_i(\vec{x}^{(k)}) \leqslant 0, & i \in I_2 \\ 0 \leqslant \xi \leqslant 1 \end{cases} \qquad (3.8)$$

（3）求解以下正定二次规划模型，得到最优解 $\vec{d}^{(k)}$ 及其相应的乘子向量 $\vec{u}^{(k)}$。若 $\vec{d}^{(k)} = 0$，则 $\vec{x}^{(k+1)} = \vec{x}^{(k)} + \vec{d}^{(k)}$ 为最优解，计算结束；否则转步骤（4）。

$$\min Q(x) = \frac{1}{2} \vec{d}^{\mathrm{T}} \boldsymbol{B}_k \vec{d} + \nabla f(\vec{x}^{(k)})^{\mathrm{T}} \vec{d}$$

$$\text{s.t.} \begin{cases} \nabla c_i(\vec{x}^{(k)})^{\mathrm{T}} \vec{d} + \xi^* c_i(\vec{x}^{(k)}) = 0, & i \in E \\ \nabla c_i(\vec{x}^{(k)})^{\mathrm{T}} \vec{d} + \xi^* c_i(\vec{x}^{(k)}) \leqslant 0, & i \in I_1 \\ \nabla c_i(\vec{x}^{(k)})^{\mathrm{T}} \vec{d} + c_i(\vec{x}^{(k)}) \leqslant 0, & i \in I_2 \end{cases} \qquad (3.9)$$

（4）从 $\vec{x}^{(k)}$ 出发，沿方向 $\vec{d}^{(k)}$，对目标函数 $\varphi(\alpha) = \omega(\vec{x}^{(k)} + \vec{d}^{(k)}, \vec{\lambda}^{(k)})$ 进行一维搜索，确定步长 $\alpha^{(k)}$，其中

第3章 基于能量优化法的船型快速设计 • 49 •

$$\omega(\vec{x}, \vec{\lambda}) = f(\vec{x}) + \sum_{i \in E} \lambda_i |c_i(\vec{x})| + \sum_{i \in I} \lambda_i \max\{0, c_i(\vec{x})\}$$

$\vec{\lambda}^{(k)} = (\lambda_1^{(k)}, \cdots, \lambda_m^{(k)}, \lambda_{m+1}^{(k)}, \cdots, \lambda_p^{(k)})^{\mathrm{T}}$ 由 $\vec{\mu}^{(k)}$ 和 $\vec{\lambda}^{(k-1)}$ 根据下式确定：

$$\begin{cases} \lambda_i^{(1)} = |\mu_i^{(1)}|, \ i \in E \bigcup I \\ \lambda_i^{(k)} = \max\{|\mu_i^{(k)}|, \dfrac{1}{2}(\lambda_i^{(k-1)} + |\mu_i^{(k)}|)\}, \ i \in E \bigcup I, k > 1 \end{cases}$$

（5）令 $\vec{x}^{(k+1)} = \vec{x}^{(k)} + \alpha_k \vec{d}^{(k)}$。

（6）若 $\| \vec{x}^{(k+1)} - \vec{x}^{(k)} \| < \varepsilon$，则取 $\vec{x}^{(k+1)}$ 为最优解，计算结束；否则转步骤（7）。

（7）按以下 BFGS 公式将 $\boldsymbol{B}_k$ 修正为 $\boldsymbol{B}_{k+1}$，即令

$$\boldsymbol{B}_{k+1} = \boldsymbol{B}_k - \frac{\boldsymbol{B}_k \vec{s}^{(k)} (\vec{s}^{(k)})^{\mathrm{T}} \boldsymbol{B}_k}{(\vec{s}^{(k)})^{\mathrm{T}} \boldsymbol{B}_k \vec{s}^{(k)}} + \frac{\vec{\eta}^{(k)} (\vec{\eta}^{(k)})^{\mathrm{T}}}{(\vec{\eta}^{(k)})^{\mathrm{T}} \vec{s}^{(k)}}$$

式中，

$$\vec{s}^{(k)} = \vec{x}^{(k+1)} - \vec{x}^{(k)}$$

$$\vec{\eta}^{(k)} = \theta \vec{y}^{(k)} + (1 - \theta) \boldsymbol{B}_k \vec{s}^{(k)}$$

$$\vec{y}^{(k)} = \nabla_x \boldsymbol{L}(\vec{x}^{(k+1)}, \vec{\mu}^{(k)}) - \nabla_x \boldsymbol{L}(\vec{x}^{(k)}, \vec{\mu}^{(k)})$$

$$\boldsymbol{L}(\vec{x}, \vec{\mu}^{(k)}) = f(\vec{x}) + \sum_{i=1}^{p} u_i^{(k)} c_i(\vec{x})$$

$$\vec{\mu}^{(k)} = (\vec{\mu}_1^{(k)}, \cdots, \vec{\mu}_p^{(k)})^{\mathrm{T}}$$

$$\theta = \begin{cases} 1, (\vec{y}^{(k)})^{\mathrm{T}} \vec{s}^{(k)} \geqslant 0.2 (\vec{s}^{(k)})^{\mathrm{T}} \boldsymbol{B}_k \vec{s}^{(k)} \\ \dfrac{0.8 (\vec{s}^{(k)})^{\mathrm{T}} \boldsymbol{B}_k \vec{s}^{(k)}}{(\vec{s}^{(k)})^{\mathrm{T}} \boldsymbol{B}_k \vec{s}^{(k)} - (\vec{y}^{(k)})^{\mathrm{T}} \vec{s}^{(k)}}, \ 其他 \end{cases}$$

（8）令 $k = k+1$，转步骤（2）。

# 3.3  设计方法及过程

基于能量优化法的船型设计，基本思想就是以优化模型为表达形式，以船体曲线曲面的几何变形能量最小为目标，运用各种约束方式控制船体曲线曲面形状的设计方法。也就是说，基于能量优化法的船型设计就是希望寻找到满足设计约束要求的几何变形能量最小的光顺的船体曲线曲面。具体的设计方法及过程如下。

## 3.3.1  设计参数的确定

为实现基于能量优化法的快速船型设计，设计参数的确定是关键。设计参数

的确定决定了设计船的纵向特征线、横剖线，进而决定了船体曲面。设计参数可以分为 A、B 和 C 三类。

A 类：船体主要参数。根据船东要求、设计任务书、船舶用途、航区、港口条件、设计航速等设计要求确定。

B 类：纵向特征线附加参数。根据先整体后局部的思路确定，首先由 A 类参数考虑整体性能来确定纵向特征线的整体参数，如棱形系数、水线面系数、浮心纵向坐标、漂心纵向坐标等，再考虑局部性能来确定进流段、平行中体、去流段的局部参数。

C 类：横剖线附加参数。由 A 类、B 类参数可得到纵向特征线，再考虑局部横剖面形状进而生成 C 类参数。表 3.1 给出了 A 类参数列表。

表 3.1　A 类参数列表

| 符号 | 参数说明 | 符号 | 参数说明 |
|---|---|---|---|
| $L_{pp}$/m | 垂线间长 | $d$/m | 设计吃水 |
| $L_{wl}$/m | 设计水线长 | $D$/m | 型深 |
| $B$/m | 型宽 | $C_b$ | 方形系数 |

纵向特征线包括横剖面面积曲线、设计水线、甲板边线、中纵剖面艏艉轮廓线、平边线和平底线等。每条特征线都有相应的附加参数，表 3.2 和图 3.1 为横剖面面积曲线附加参数。甲板边线、平边线和平底线等纵向特征线的附加参数与设计水线相似，也分为平行段、去流段、进流段相关参数和端点斜率等几部分，这里不再一一列出。

表 3.2　横剖面面积曲线附加参数

| 符号 | 参数说明 | 符号 | 参数说明 |
|---|---|---|---|
| $C_p$ | 棱形系数 | $K_R$ | 去流段端点斜率 |
| $C_m$ | 中横剖面系数 | $K_E$ | 进流段端点斜率 |
| $X_b$/m | 浮心纵向坐标 | $X_{bP}$/m | 平行中体浮心纵向坐标 |
| $C_{PR}$ | 去流段棱形系数 | $X_{BR}$/m | 去流段浮心纵向坐标 |
| $C_{PE}$ | 进流段棱形系数 | $X_{BE}$/m | 进流段浮心纵向坐标 |
| $L_P$/m | 平行中体长度 | $L_E$/m | 进流段长度 |
| $L_R$/m | 去流段长度 | $Am$/m | 中横剖面面积 |

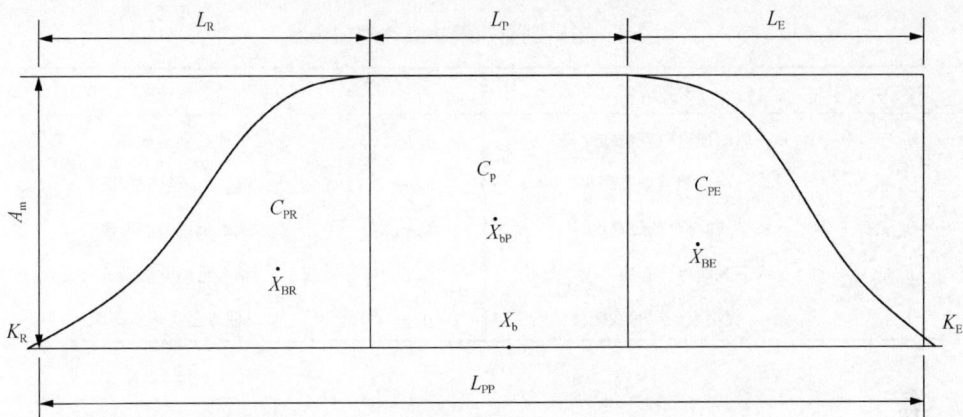

图 3.1 横剖面面积曲线附加参数

设计水线附加参数见表 3.3、图 3.2。

**表 3.3 设计水线附加参数**

| 符号 | 参数说明 | 符号 | 参数说明 |
|---|---|---|---|
| $C_{wP}$ | 水线面系数 | $X_{fP}$/m | 平行中体漂心纵向坐标 |
| $X_f$/m | 漂心纵向坐标 | $X_{fR}$/m | 去流段漂心纵向坐标 |
| $C_{wR}$ | 去流段水线面系数 | $X_{fE}$/m | 进流段漂心纵向坐标 |
| $C_{wE}$ | 进流段水线面系数 | $i_R$/° | 半去流角（端点斜率） |
| $r_f$/m | 前端倒角半径 | $i_E$/° | 半进流角（端点斜率） |
| $r_s$/m | 后端倒角半径 | $L_{wP}$/m | 平行段长度 |
| $L_{wE}$/m | 进流段长度 | $B_f$/m | 前端半宽 |
| $L_{wR}$/m | 去流段长度 | $B_s$/m | 后端半宽 |

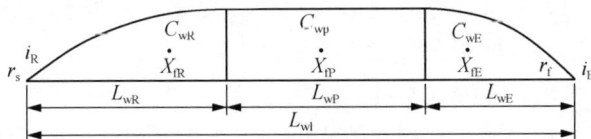

图 3.2 设计水线附加参数

中纵剖面艉艉轮廓线附加参数见表 3.4、图 3.3。

表 3.4　中纵剖面艏艉轮廓线附加参数

| 符号 | 参数说明 | 符号 | 参数说明 |
|---|---|---|---|
| $l_{fb}$/m | 球艏顶点至首垂线距离 | $h_{ab}$/m | 反曲点至基线高度 |
| $l_{fp}$/m | 端点至首垂线距离 | $h_{fb}$/m | 球艏顶点至基线高度 |
| $h_s$/m | 轴心至基线高度 | $l_{ap}$/m | 端点至尾垂线距离 |
| $h_{aa}$/m | 艉端点至基线高度 | $l_{sp}$/m | 轴心至尾垂线距离 |
| $l_{aa}$/m | 艉端点至尾垂线距离 | $l_{ab}$/m | 反曲点至尾垂线距离 |

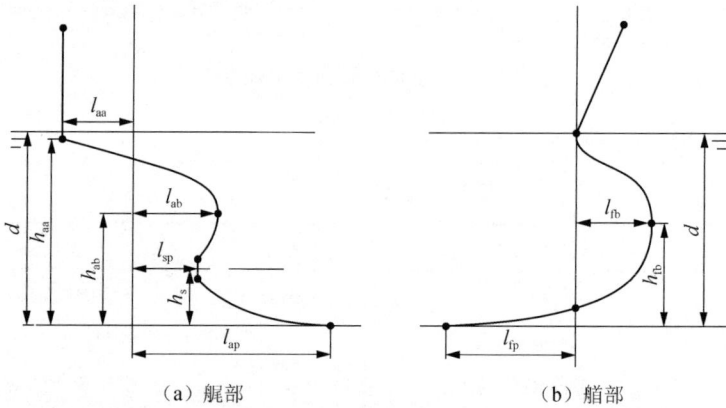

（a）艉部　　　　　　　　　　　（b）艏部

图 3.3　艏艉轮廓线附加参数

不同特征线的部分附加参数之间也存在着一定关联，如平边线与设计水线相交关系、平底线和艏艉轮廓线相交关系等，在确定各特征线相应参数时要考虑到参数之间的协调关系，不要产生过约束系统。

在确定了 A 类和 B 类参数后，可得到纵向特征线，再考虑局部横剖面形状进而可生成 C 类参数。将横剖线（主要讨论设计水线以下部分）分为以下四类。

（1）艏部横剖线，如图 3.4（a）所示。

（2）艉部横剖线，如图 3.4（b）所示。

（3）与平底线和平边线都相交的横剖线，如图 3.4（c）所示。

（4）靠近平行中心不与平边线相交的横剖线，如图 3.4（d）所示。

相关参数见表 3.5。

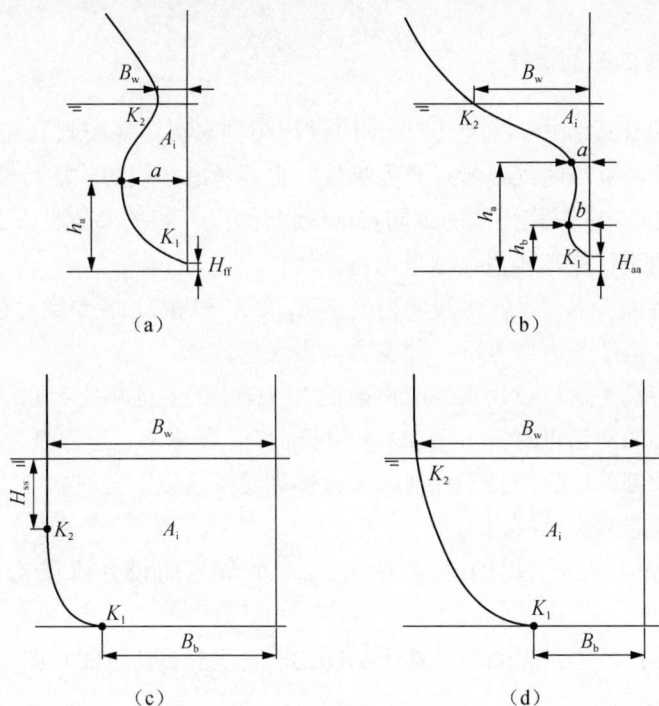

（a）　　　　　　　　　　　　（b）

（c）　　　　　　　　　　　　（d）

图 3.4　C 类参数

表 3.5　C 类参数列表

| 符号 | 参数说明 |
|---|---|
| $B_w$/m | 水线半宽，可由设计水线得到 |
| $B_b$/m | 平底半宽，可由平底线得到 |
| $A_i$/m$^2$ | 横剖线与水线和中纵剖线围成面积，可由横剖面面积曲线得到 |
| $H_{ss}$/m | 平边高度，可由平边线得到 |
| $K_1$ | 下端点斜率 |
| $K_2$ | 上端点斜率 |
| $H_{ff}$/m | 与中纵剖线交点高度，可由中纵剖线艏轮廓得到 |
| $H_{aa}$/m | 与中纵剖线交点高度，可由中纵剖线艉轮廓得到 |
| $a$/m | 上曲点至中纵剖面半宽 |
| $h_a$/m | 上曲点至基线高 |
| $b$/m | 下曲点至中纵剖面半宽 |
| $h_b$/m | 下曲点至基线高 |

### 3.3.2　纵向特征线的设计

在实际设计过程中，可根据具体的设计船型来决定需要设计哪些纵向特征线。设计纵向特征线时既要考虑整船特性，也要考虑各线的附加特性。以设计水线为例，说明基于能量优化法的纵向特征线设计方法，相关参数见表 3.3 及图 3.2。其他特征线的设计原理相似，这里不再赘述。

从整船特性考虑，设计水线应先确定 $C_{wp}$、$X_f$ 和 $B/2$，各参数对应于图 3.2 中的面积、形心沿船长方向坐标、船宽方向最大值。

从附加特性考虑，设计水线应再确定表 3.3 中的其他待定参数，这些参数应用平面几何学的知识可对应于图 3.2 中的子面积、子形心、型值点、导矢和曲率。这样相关参数都确定后相当于几何约束条件都已经建立，再根据 3.2.3 小节介绍的优化目标来建立优化模型。

设计变量：基于 NURBS 表达（3.2.1 小节）的设计水线的设计型值点 $(x(u), y(u))$。

优化目标：欲得到光顺的、基于 NURBS 表达的设计水线，就要使曲线的能量最小，即

$$\min E_{curve} = \int \kappa^2 \mathrm{d}u$$

$$= \int_0^1 \frac{\left(\dfrac{\mathrm{d}^2 y}{\mathrm{d}u^2}\dfrac{\mathrm{d}x}{\mathrm{d}u} - \dfrac{\mathrm{d}^2 x}{\mathrm{d}u^2}\dfrac{\mathrm{d}y}{\mathrm{d}u}\right)^2}{\left[\left(\dfrac{\mathrm{d}x}{\mathrm{d}u}\right)^2 + \left(\dfrac{\mathrm{d}y}{\mathrm{d}u}\right)^2\right]^3} \mathrm{d}u \qquad (3.10)$$

约束条件：设计参数所对应的基于 NURBS 表达的设计水线包围面积、形心、型点、导矢和曲率等几何约束条件。此外，根据光顺性判定准则（3.2.4 小节），为使获得的曲线光顺，还应该把曲线曲率均匀变化这一要求纳入约束条件中。

设计水线表示参见图 3.5。

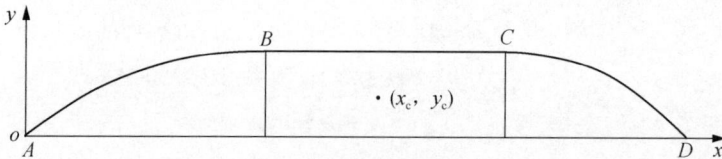

图 3.5　设计水线表示

各约束表达式如下。

（1）曲线包围面积 $S$ 表达式：

$$S = \int_0^1 y(u)\mathrm{d}x(u)$$

$$= \int_0^1 \left[ y(u)\frac{\mathrm{d}x}{\mathrm{d}u} \right]\mathrm{d}u \tag{3.11}$$

水线面面积为

$$A_{\mathrm{w}} = 2S \tag{3.12}$$

（2）曲线包围面积形心 $(x_{\mathrm{c}}, y_{\mathrm{c}})$ 表达式：

$$x_{\mathrm{c}} = \frac{\int_0^1 x(u)\mathrm{d}s}{S}$$

$$= \frac{\int_0^1 x(u)y(u)\dfrac{\mathrm{d}x}{\mathrm{d}u}\,\mathrm{d}u}{S} \tag{3.13}$$

$$y_{\mathrm{c}} = \frac{\int_0^1 \dfrac{1}{2}y(u)\mathrm{d}s}{S}$$

$$= \frac{\int_0^1 \dfrac{1}{2}y(u)\left[ y(u)\dfrac{\mathrm{d}x}{\mathrm{d}u} \right]\mathrm{d}u}{S}$$

$$= \frac{\int_0^1 y(u)^2 \dfrac{\mathrm{d}x}{\mathrm{d}u}\,\mathrm{d}u}{2S} \tag{3.14}$$

（3）曲线上型值点 $(x(u), y(u))$ 表达式：

$$x(u) = x_{\mathrm{u}} \tag{3.15}$$

$$y(u) = y_{\mathrm{u}} \tag{3.16}$$

（4）曲线导矢 $k(u)$ 表达式：

$$k(u) = \frac{\mathrm{d}y(u)}{\mathrm{d}x(u)} \tag{3.17}$$

（5）曲线曲率 $\kappa(u)$ 表达式：

$$\kappa(u) = \frac{\left| \dfrac{\mathrm{d}^2 y}{\mathrm{d}u^2}\dfrac{\mathrm{d}x}{\mathrm{d}u} - \dfrac{\mathrm{d}^2 x}{\mathrm{d}u^2}\dfrac{\mathrm{d}y}{\mathrm{d}u} \right|}{\left[ \left(\dfrac{\mathrm{d}x}{\mathrm{d}u}\right)^2 + \left(\dfrac{\mathrm{d}y}{\mathrm{d}u}\right)^2 \right]^{\frac{3}{2}}} \tag{3.18}$$

（6）曲率均匀变化表达：

为了与能量目标函数相适合，采用曲线的曲率跃度平方和作约束函数，如果曲线的曲率跃度平方和较小，那么曲线的曲率变化就比较均匀。

设 $P_i(0,1,\cdots,n)$ 为曲线上的型值点，则 $P_i$ 点的曲率跃度的表达式为

$$d_i=\left|\frac{\kappa_{i+2}-\kappa_{i+1}}{l_{i+1}}-\frac{\kappa_{i+1}-\kappa_i}{l_i}\right|,i=0,1,\cdots,n-2 \tag{3.19}$$

式中，$\kappa_i$ 为 $P_i$ 点的曲率；$l_i=|P_{i+1}-P_i|(i=0,1,\cdots,n-1)$ 为相邻型值点 $P_i$ 与 $P_{i+1}$ 间的弦长。曲线的曲率跃度表达式为

$$D_d=\sum_{i=0}^{n-2}d_i^2$$

$$=\sum_{i=0}^{n-2}\left|\frac{\kappa_{i+2}-\kappa_{i+1}}{l_{i+1}}-\frac{\kappa_{i+1}-\kappa_i}{l_i}\right|^2 \tag{3.20}$$

具体的约束条件表达为

$$D_d<\varepsilon \tag{3.21}$$

式中，$\varepsilon$ 为给定的容差，用来约束曲线曲率变化的均匀程度。

以上优化模型建立好后，即可使用 3.2.5 小节中介绍的二次逼近法求解优化模型，进而得到基于 NURBS 表达、满足设计参数要求、光顺的设计水线。

### 3.3.3　横剖线的生成

纵向特征线生成以后，即可开始横剖线的设计。如图 3.6 所示，实线为已设计的纵向特征线，虚线为欲生成的横剖线。横剖线的生成方法与纵向特征线相似，也是应用能量优化法，不同之处只是横剖线的部分约束条件由纵向特征线决定，举例说明，如图 3.6 所示，中纵剖线、平底线、平边线及设计水线分别约束了横剖线上 A、B、C、D 四点的坐标，横剖面面积曲线也约束了横剖线所围成的面积，表 3.5 中的参数确定后相当于优化模型的几何约束条件已经建立，再求解基于 NURBS 表达的能量最小的横剖线，即可得到满足设计参数要求的光顺的横剖线。

对于艉轴附近，横剖线有双反曲点，如图 3.4（b）所示，所以需要增加上曲点坐标约束和下曲点坐标约束，进而可以建立尾轴附近横剖线能量优化模型。

设计变量：基于 NURBS 表达的尾轴附近横剖线设计型值点 $(x(u),y(u))$。

优化目标：横剖线的曲率平方和最小。

约束条件：设计参数所对应的基于 NURBS 表达的尾轴附近横剖线包围面积、端点坐标、导矢、经过上曲点和下曲点、曲线曲率均匀等几何约束条件。各表达式已在 3.3.2 小节中介绍，这里不再赘述。

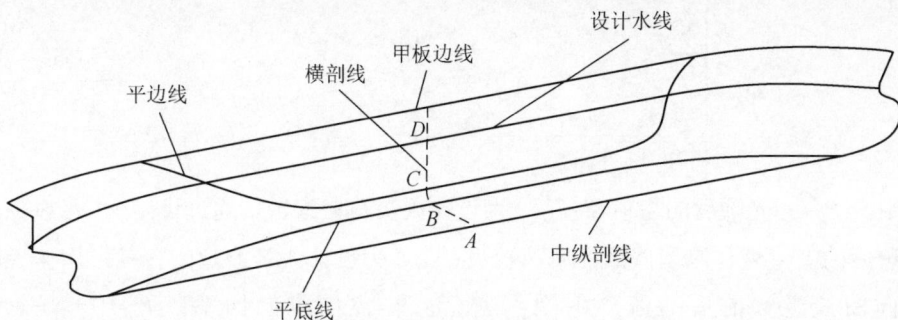

图 3.6 横剖线生成

应用二次逼近法求解优化模型后，即可得到基于 NURBS 表达、满足设计参数要求、光顺的尾轴附近横剖线。其他位置的横剖线比较简单，生成方法相似，只是约束条件不同，这里不再一一介绍。

### 3.3.4 船体曲面的生成

各横剖线生成后，即可开始构造基于 NURBS 表达［式（3.2）］的船体曲面。当然，传统的蒙皮法可以实现这一操作，但构造的船体曲面不一定光顺。因为在前面的设计过程中，只能确保横向的横剖线光顺，而无法保证反算插值出来的沿船长方向的纵向曲线光顺。因此，对传统的蒙皮法进行改进，在生成纵向曲线时，也应用能量法进行曲线优化。具体过程如下。

（1）应用 NURBS 反算法，算出各横剖线的控制点 $P_{ij}(i=0,1,\cdots,n;j=0,1,\cdots,m)$，$P_{ij}$ 表示第 $j$ 条横剖线反算出来的第 $i$ 个控制点。

（2）由步骤（1）生成的控制点为型值点反算沿船长纵向的控制点。为保证纵向曲线光顺，应用能量优化方法来建立优化模型，把步骤（1）生成的控制点作为型值点约束条件，进而得到光顺的纵向控制曲线，具体的优化模型如下。

设计变量：基于 NURBS 表达的纵向曲线的型值点。

优化目标：欲得到光顺的基于 NURBS 表达的纵向曲线，就要使曲线的能量最小，即

$$\min E_{vi} = \int \kappa^2 \mathrm{d}v , \quad i=0,1,\cdots,n \tag{3.22}$$

约束条件：主要包括纵向曲线偏离程度的约束和曲率均匀变化程度的约束。

$$\text{s.t.} \begin{cases} \displaystyle\sum_{j=0}^{m} \gamma_{ij}(P_{ij}^{*} - P_{ij})^2 < \varepsilon_{vi}, j=0,1,\cdots,m \\ \displaystyle\sum_{j=0}^{m-2} \left| \frac{\kappa_{i,j+2} - \kappa_{i,j+1}}{l_{i,j+1}} - \frac{\kappa_{i,j+1} - \kappa_{i,j}}{l_{i,j}} \right|^2 < \varepsilon_i, j=0,1,\cdots,m-2 \end{cases}$$

式中，$P_{ij}^{*}$ 为光顺后的型值点；$\gamma_{ij}$ 为设计人员给定参数，通过设定 $\gamma_{ij}$ 可以控制光顺后的型值点与原型值点的偏离程度；$\varepsilon_{vi}$ 为设计人员给定的容差，用来控制纵向曲线光顺前后的偏离范围；$\kappa_{i,j}$ 为 $P_{i,j}$ 点的纵向曲率；$l_{i,j}=\left| P_{i,j+1} - P_{i,j} \right|$（$j=0,1,\cdots,m-1$）为相邻型值点 $P_{i,j}$ 与 $P_{i,j+1}$ 间的纵向弦长；$\varepsilon_i$ 为给定的容差，用来约束曲线曲率变化的均匀程度。

应用二次逼近法求解该优化模型后，即可获得纵向控制曲线。

（3）由步骤（2）生成的纵向控制曲线插值得到控制多边形网格，从而根据式（3.2）生成单一 NURBS 表达的船体曲面。

以上过程为改进蒙皮法的实现步骤，由于采用了能量优化法，所以保证了船体横向曲线与纵向曲线的光顺性，其本质是一种基于控制网格线的船体曲面光顺造型方法，此方法认为只要两主方向的网格线光顺，那么曲面就光顺。但这个方法也有缺点：①对一个方向的网格线进行光顺时，往往会破坏另一个方向网格线的光顺性；②难以控制网格线间的协调性。因此，在应用改进蒙皮法对船体曲面进行初光顺设计后，还需要对船体曲面进行精光顺处理。采用直接对船体曲面进行能量优化法光顺的方法，建立光顺优化模型如下。

设计变量：基于 NURBS 表达的船体曲面的控制点。

优化目标：欲得到光顺的基于 NURBS 表达的船体曲面，就要使曲面的能量最小，即

$$\min E_{\text{surface}} = \int (\kappa_1^2 + \kappa_2^2) \mathrm{d}u \mathrm{d}v \tag{3.23}$$

约束条件：主要包括光顺后船体曲面与原曲面偏离程度的约束和曲面两个主方向曲率均匀变化程度的约束。

$$\text{s.t.} \begin{cases} \displaystyle\sum_{i=0}^{n}\sum_{j=0}^{m} \gamma_{ij}(P_{ij}^{*} - P_{ij})^2 < \varepsilon, i=0,1,\cdots,n; j=0,1,\cdots,m \\ \displaystyle\sum_{j=0}^{m}\sum_{i=0}^{n-2} \left| \frac{\kappa_{i+2,j}^{(u)} - \kappa_{i+1,j}^{(u)}}{l_{i+1,j}^{(u)}} - \frac{\kappa_{i+1,j}^{(u)} - \kappa_{i,j}^{(u)}}{l_{i,j}^{(u)}} \right|^2 < \varepsilon_u, i=0,1,\cdots,n-2; j=0,1,\cdots,m \\ \displaystyle\sum_{i=0}^{n}\sum_{j=0}^{m-2} \left| \frac{\kappa_{i,j+2}^{(v)} - \kappa_{i,j+1}^{(v)}}{l_{i,j+1}^{(v)}} - \frac{\kappa_{i,j+1}^{(v)} - \kappa_{i,j}^{(v)}}{l_{i,j}^{(v)}} \right|^2 < \varepsilon_v, i=0,1,\cdots,n; j=0,1,\cdots,m-2 \end{cases}$$

式中，$P_{ij}^{*}$ 和 $P_{ij}$ 分别为曲面光顺后的型值点和原型值点；$\gamma_{ij}$ 为设计人员给定参数，通过设定 $\gamma_{ij}$ 可以控制光顺后的型值点与原型值点的偏离程度；$\varepsilon$ 为设计人员给定的容差，用来控制纵向曲线光顺前后的偏离范围；$\kappa_{i,j}^{(u)}$ 和 $\kappa_{i,j}^{(v)}$ 分别为曲面在 $P_{i,j}$ 点处的 $u$、$v$ 方向的曲率；$l_{i,j}^{(u)} = \left| P_{i+1,j} - P_{i,j} \right| (i = 0,1,\cdots,n-1)$ 为相邻型值点 $P_{i,j}$ 与 $P_{i+1,j}$ 间的 $U$ 向弦长；$l_{i,j}^{(v)} = \left| P_{i,j+1} - P_{i,j} \right| (j = 0,1,\cdots,m-1)$ 为相邻型值点 $P_{i,j}$ 与 $P_{i,j+1}$ 间的 $v$ 向弦长；$\varepsilon_{u}$ 和 $\varepsilon_{v}$ 分别为给定的 $u$、$v$ 方向的容差，用来约束曲面主曲率变化的均匀程度。

应用二次逼近法求解该优化模型后，即可获得精光顺后的船体曲面。

### 3.3.5　设计步骤

前面介绍了基于能量优化法船型设计中的一些关键技术，下面总结具体的设计步骤，具体流程如图 3.7 所示。

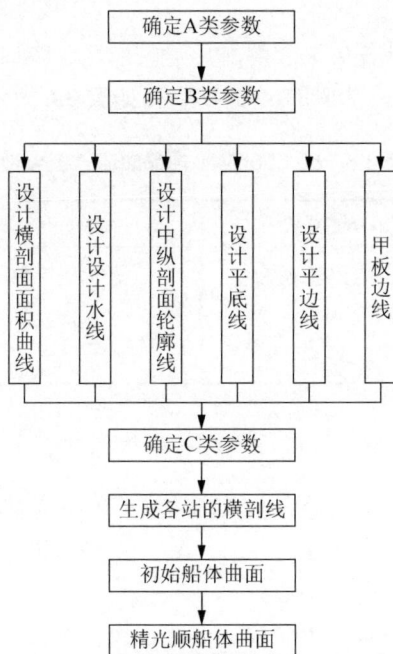

图 3.7　基于能量优化法的船型设计流程图

（1）根据设计任务书选择合适的 A 类参数。

（2）在确定 A 类参数后，便开始设计纵向特征线，纵向特征线的设计主要在于确定相应的 B 类参数，进而生成纵向特征线。

（3）在各类纵向特征线确定后，再根据给定的 C 类参数便可生成各站的横剖线。

（4）由步骤（3）生成的各站横剖线，应用改进蒙皮法构造初光顺的船体曲面。

（5）应用曲面能量优化法对船体曲面进行精光顺处理，最终生成光顺的船体曲面。

# 3.4　设计结果分析

## 3.4.1　设计实例

下面以某 50 000DWT[①]成品油船为例，说明应用能量优化法进行船型设计的具体流程。

1. 确定合理的 A 类参数

根据船东要求、设计任务书、船舶用途、航区、港口条件、设计航速等设计要求确定 50 000DWT 成品油船的 A 类参数，如表 3.6 所示。

表 3.6　50 000DWT 成品油船 A 类参数

| 符号 | 参数取值 | 符号 | 参数取值 |
|---|---|---|---|
| $L_{pp}$/m | 186 | $d$/m | 11.5 |
| $L_{wl}$/m | 190.5 | $D$/m | 18 |
| $B$/m | 34 | $C_b$ | 0.8168 |

2. 确定合理的 B 类参数，进行纵向特征线设计

根据先整体后局部的思路确定 B 类参数，首先由 A 类参数考虑整体性能来确定纵向特征线的整体参数，如 $C_p$、$C_{wp}$、$X_b$、$X_f$ 等。再考虑局部性能来确定进流段、平行中体、去流段的局部参数。

纵向特征线包括横剖面面积曲线、设计水线、甲板边线、中纵剖面艏艉轮廓线、平边线和平底线等。每条特征线都有相应的附加参数。下面举例介绍横剖面面积曲线和设计水线的设计过程，其他纵向特征线的设计过程相似，这里不再赘述。

---

① DWT 表示载重吨。

1）横剖面面积曲线

50 000DWT 成品油船的横剖面面积曲线附加参数的取值如表 3.7 所示。参数确定后，即可建立横剖面面积曲线的优化模型（3.3.2 小节），其中设计变量可取去流段上两个设计点和进流段上两个优化设计点（不含端点）；约束条件为表 3.7 中确定的参数建立面积、形心、型值点、斜率等几何约束条件，以及横剖面面积曲线曲率均匀变化要求、去流段与平行中体段相切连接要求、进流段与平行中体段相切连接要求。然后利用二次逼近法求解优化模型，可得到去流段上两个优化设计点分别为（0.0726，0.3341）、（0.1578，0.7808），进流段上两个优化设计点分别为（0.8495，0.8699）、（0.9082，0.6063）。再绘制 50 000DWT 成品油船的无因次化横剖面面积曲线如图 3.8 所示。

表 3.7　50 000DWT 成品油船横剖面面积曲线参数

| 符号 | 参数取值 | 符号 | 参数取值 |
|---|---|---|---|
| $C_p$ | 0.8197 | $K_R$ | 1 |
| $C_m$ | 0.9964 | $K_E$ | -6 |
| $X_b$/m | 3.25（距船中前） | $X_{Bp}$/m | 9.3（距船中前） |
| $C_{PR}$ | 0.3047 | $X_{BR}$/m | 38.7（距船中后） |
| $C_{PE}$ | 0.215 | $X_{BE}$/m | 54.7（距船中前） |
| $L_P$/m | 55.8 | $L_E$/m | 55.8 |
| $L_R$/m | 74.4 | — | — |

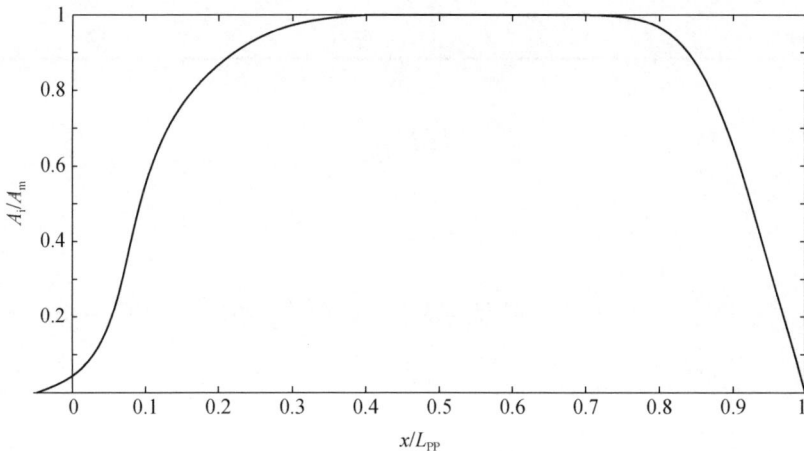

图 3.8　50 000DWT 成品油船横剖面面积曲线

2）设计水线

横剖面面积曲线设计完后，即可进行设计水线的设计。确定 50 000DWT 成品油船的设计水线附加参数的取值如表 3.8 所示。同样，参数确定后，即可建立设计水线的优化模型（3.3.2 小节），其中设计变量可取去流段上两个设计点和进流段上两个优化设计点（不含端点）；约束条件为表 3.8 中确定的参数建立面积、形心、型值点、斜率等几何约束条件，以及设计水线曲率均匀变化要求、去流段与平行中体段相切连接要求、进流段与平行中体段相切连接要求。然后利用二次逼近法求解优化模型，可得到去流段上两个优化设计点分别为（–82.4531，9.6233）、（–65.0001，15.4307），进流段上两个优化设计点分别为（74.3999，13.6761）、（84.7138，7.3788）。再绘制 50 000DWT 成品油船的设计水线，如图 3.9 所示。

表 3.8　50 000DWT 成品油船设计水线参数

| 符号 | 参数取值 | 符号 | 参数取值 |
|---|---|---|---|
| $C_{wp}$ | 0.8611 | $X_{fP}$/m | 4.65（距船中前） |
| $X_f$/m | –0.5 | $X_{fR}$/m | 66.2（距船中后） |
| $C_{wR}$ | 0.188 | $X_{fE}$/m | 70.1（距船中前） |
| $C_{wE}$ | 0.136 | $i_R$/ ° | 35 |
| $r_f$/m | 0.35 | $i_E$/ ° | 35 |
| $r_s$/m | 0.35 | $L_{wP}$/m | 102.3 |
| $L_{wE}$/m | 37.2 | $B_f$/m | 0.2 |
| $L_{wR}$/m | 51 | $B_s$/m | 0.2 |

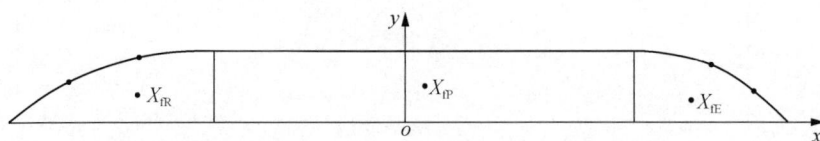

图 3.9　50 000DWT 成品油船设计水线

同样方法可以设计出其他纵向特征线，如图 3.10 所示。

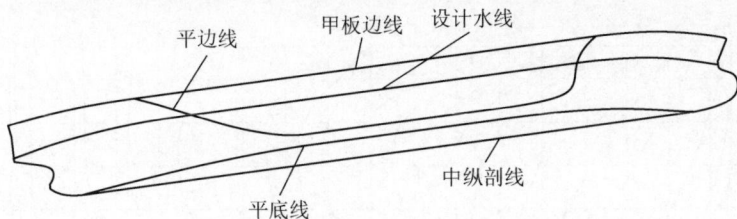

图 3.10　50 000DWT 成品油船纵向特征线

### 3. 确定合理的 C 类参数, 生成横剖线

纵向特征线生成以后, 即可开始横剖线的设计, 横剖线的形状较多 (图 3.4),
这里以一条舭部横剖线为例, 具体说明横剖线的设计过程, 其他形状的横剖线相
对比较简单, 这里不再一一介绍。设计前, 要先确定 C 类参数, 注意, 部分 C 类
参数的取值是由纵向特征线决定的, 具体见表 3.9。C 类参数确定后, 即可建立横
剖线的优化模型 (3.3.3 小节), 其中设计变量可取横剖线上 4 个优化设计点 (不
含端点); 约束条件为表 3.9 中确定的 C 类参数建立面积、形心、型值点、斜率及
曲率等几何约束条件, 以及横剖线曲率均匀变化要求。然后利用二次逼近法求解
优化模型, 可得到横剖线上的优化设计点, 分别为 (1.5620, 3.3039)、(1.3032,
4.6053)、(0.9927, 6.3587)、(2.2416, 8.7863)。再绘制 50 000DWT 成品油船的
横剖线, 如图 3.11 所示, 三维横剖线如图 3.12 所示。

表 3.9　50 000DWT 成品油船 C 类参数

| 符号 | 参数取值 |
| --- | --- |
| $B_w$/m | 7.757 (由设计水线得到) |
| $B_b$/m | 0 (由平底线得到) |
| $A_i$/m$^2$ | 23.102 (由横剖面面积曲线得到) |
| $H_{ss}$/m | 0 (由平边线得到) |
| $K_1$ | 0 |
| $K_2$ | 0.532 |
| $H_{aa}$/m | 1.041 (由中纵剖线尾轮廓得到) |
| $a$/m | 0.9~1.2 |
| $h_a$/m | 6.1~6.8 |
| $b$/m | 1.5~1.8 |
| $h_b$/m | 3.2~3.8 |

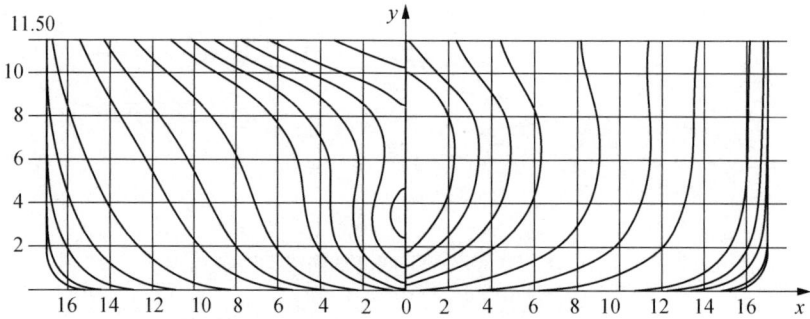

图 3.11　50 000DWT 成品油船横剖线

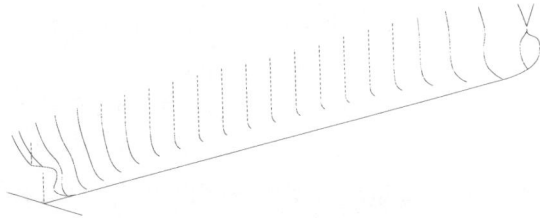

图 3.12　50 000DWT 成品油船三维横剖线及中纵剖线

**4. 根据横剖线构造船体曲面**

（1）根据 NURBS 反算算法，算出各横剖线的控制点，如图 3.13 所示。

（2）由步骤（1）生成的控制点为型值点反算沿船长纵向的控制点。为保证纵向曲线光顺，可建立优化模型［式（3.22）］，应用二次逼近法求解该优化模型后，即可获得纵向控制曲线，如图 3.14 所示。

（3）由步骤（2）生成的纵向控制曲线插值得到控制多边形网格，如图 3.15所示。

（4）对船体曲面进行精光顺处理，建立曲面能量优化模型［式（3.23）］，求解该优化模型后，再根据式（3.2），即可生成单一 NURBS 表达的光顺的船体曲面。船体曲面可以利用通用平台 CATIA 软件来构建。由于应用能量优化法已经获得了精光顺的船型数据，将此数据保存到 Access 数据库中，通过 activeX 数据对象（activeX data objects，ADO）技术建立 Visual Basic 与 Access 数据库的链接，自动读取 Access 数据库中的数据，再根据此数据通过 Visual Basic 与 CATIA 系统提供的自动化应用接口宏，实现数据驱动船体曲面三维模型的生成。如图 3.16 和图 3.17 所示。

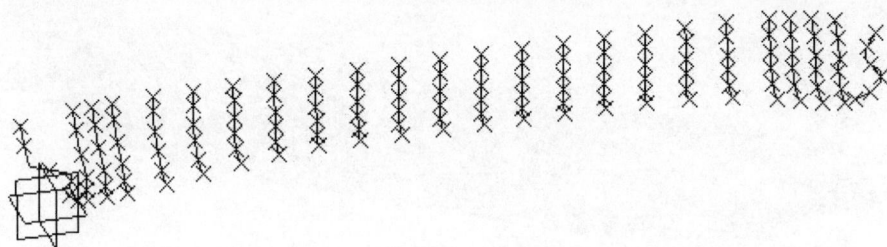

图 3.13　50 000DWT 成品油船横剖线控制点

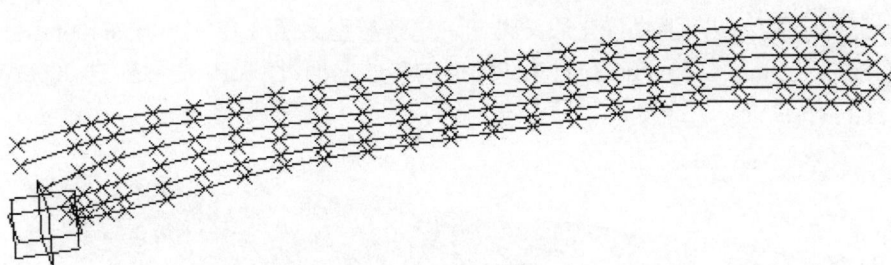

图 3.14　50 000DWT 成品油船纵向控制曲线

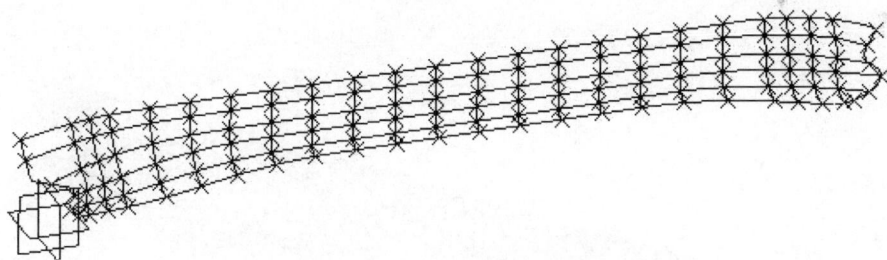

图 3.15　50 000DWT 成品油船控制网格

图 3.16　50 000DWT 成品油船船体曲面

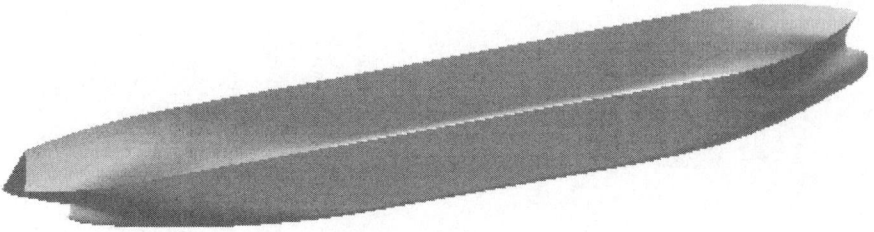

图 3.17　整船船体曲面

　　另外，本章应用能量优化法又设计了几条船型。图 3.18 是一条 6400m³ 小型液态天然气（liquefied natural gas，LNG）船的船体曲面；图 3.19 是一条 76 000DWT 散货船船体曲面。

图 3.18　6400m³ LNG 船船体曲面

图 3.19　76 000DWT 散货船船体曲面

## 3.4.2　方法分析

### 1. 与传统方法比较

　　传统船型设计方法通过确定型值点来表达船型，这种方法数据处理量大、没有真正体现船型特征、不便于船型修改和变换新船型，而且过多的型值点会产生过多约束，给型线的光顺带来困难。

与传统方法相比，本章所提方法主要有以下几方面优点。

（1）不依赖母型资料，可通过确定少量参数自行生成船型，突破了母型设计的局限，节省了寻求完全合适的母型船的时间。

（2）设计可变性、模型重塑性较好。通过修改少量设计参数，即可快速获得新船型的设计方案，实现参数驱动船型的变形设计，这样对于相似的船型，通过修改参数便可实现船型重塑，大大减少了重复工作量，提高了设计效率。

（3）参数化技术的应用可以较好地支持船型优化设计。可以将相关参数作为优化变量，把期望的船型目标通过设计参数表达成目标函数，再设定相关约束进行求解，即可获得期望的优化船型。当然，为了后续船型设计的便利，可以将这些参数建立数据库进行分类储备，供后续设计参考；也可以利用知识工程理论将这些参数表达成知识建立知识库，为实现基于知识工程的船型设计奠定基础。

（4）能量优化法的应用，实现了船体曲面的精光顺设计，避免了传统设计方法由于过多的型值点约束，不易光顺，获得的船型需要在生产设计阶段进行二次光顺才能使用的弊端，从而节省了传统方法在生产时进行二次光顺的时间，提高了船体曲面的设计效率和质量。图 3.20 和图 3.21 分别为应用能量优化法设计的50 000DWT 成品油船的站线曲率分析图和船体曲面高斯曲率分析图，图 3.22 和图 3.23 分别为应用传统型值点设计的 50 000DWT 成品油船的站线曲率分析图和船体曲面高斯曲率分析图。通过对比，可以看出能量优化法获得的船型光顺性较好，曲率变化比较均匀，特别是艏艉部分，通过局部放大图可以看出，能量优化法在光顺性上明显好于传统方法。

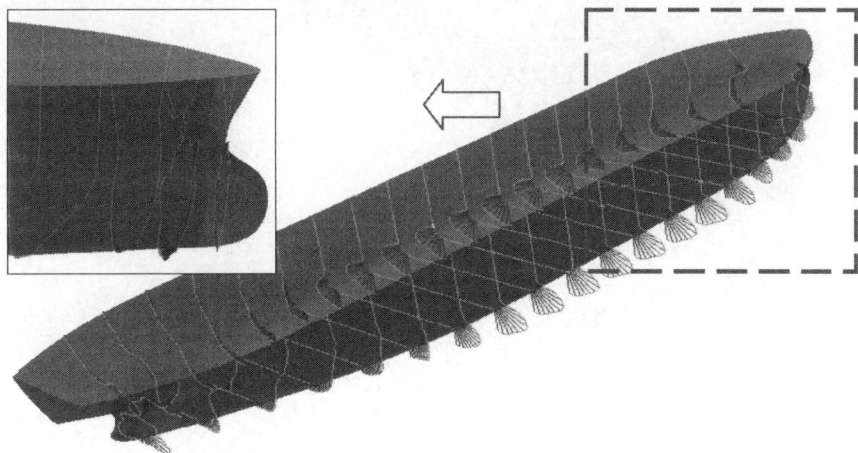

图 3.20　能量优化法设计的站线曲率

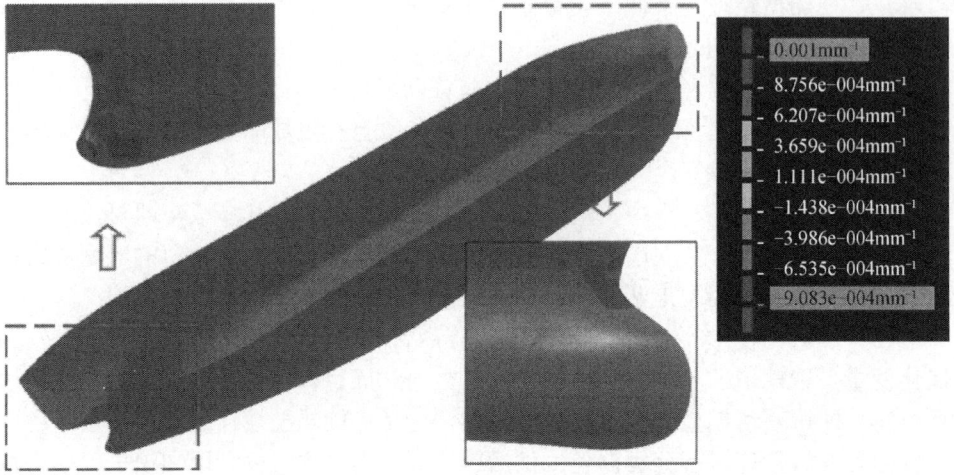

图 3.21　能量优化法设计的船体曲面高斯曲率

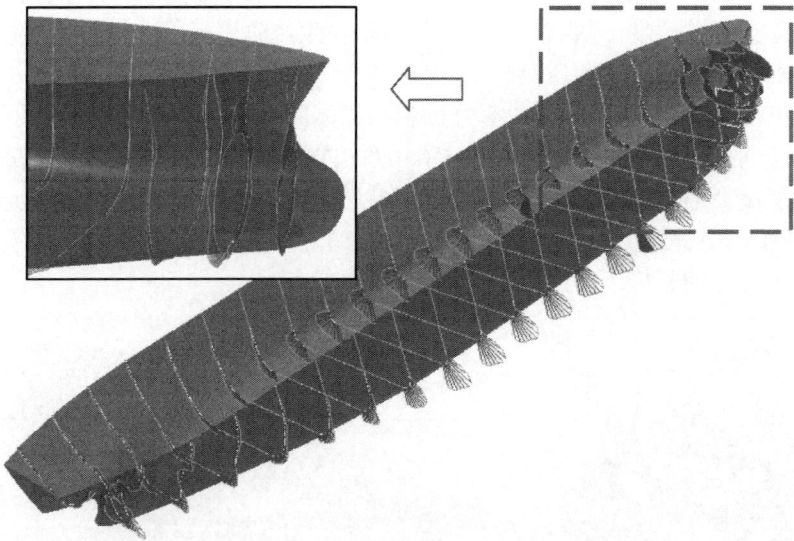

图 3.22　传统方法设计的站线曲率

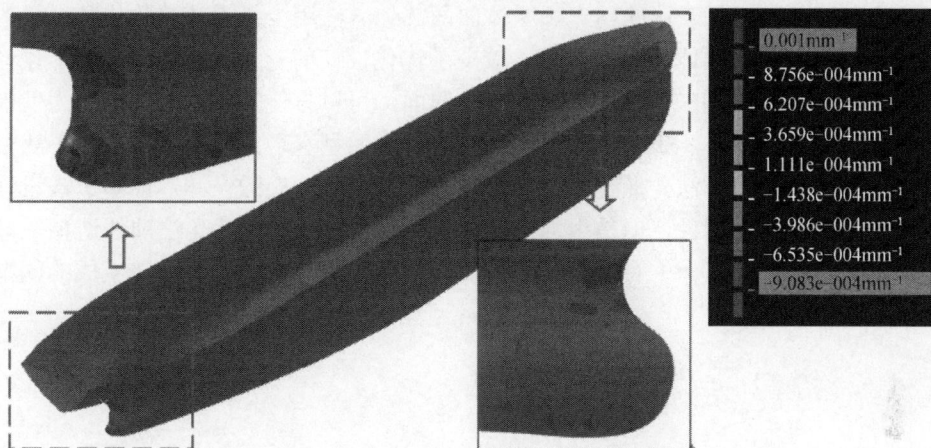

图 3.23　传统方法设计的船体曲面高斯曲率

#### 2. 权因子的处理

在应用能量优化法设计船体曲线时，权因子基本上假设为 1，本质是应用非均匀 B 样条。从实例来看，求解效果还是可以的，因此，在应用过程中，为了减少计算量可以这样处理。但是，NURBS 在曲线曲面造型方面有其强大的优良特性，在有些情况下，为了提高船型设计的灵活性，必须采用 NURBS，如果不能很好地处理权因子，将成为能量优化法的缺陷，因此，本章提出以下两种处理方法。

（1）严格遵守能量优化模型，将权因子纳入设计变量中，各约束条件函数和目标函数也要代入权因子进行求解。但这样处理会增加计算量，有些计算式的处理难度也会加大，导致无法求解。

（2）将能量模型表达式推广至齐次坐标系下求解，即原坐标系下的坐标($x,y$)，权值 $w$，推广至齐次坐标系下的坐标（$xw$，$yw$，$w$），将目标函数和约束函数都转化为齐次坐标系表示，再进行求解。这样处理可以提高计算速度，算法也较简单，但并不是所有表达式都可以转化为齐次坐标系表示，这时就要用步骤（1）中的处理方法。

## 3.5　本　章　小　结

本章提出了一种快速设计船型的方法，列出了具体的设计参数，通过确定设计参数，根据能量优化法曲线造型的原理，生成船体纵向特征及各站横剖线，进而生成基于 NURBS 表达的精光顺船体曲面。该方法用少量设计参数代替大量的型值点数据来驱动船体曲面的生成,减少了优化设计的变量计算量,提高了设计速度;该方法采用 NURBS 技术表达船体曲面,可以方便地导入后续水动力性能分析软件,如 Fluent、Shipflow 和 NAPA 等,为船型水动力性能分析提供了船型快速建模与变换的方法。通过对某 50 000DWT 成品油船的设计,证明了该设计方法的可行性和实用性,但是生成船型的光顺性是基于能量优化法曲线造型原理保证的,在以后的工作中有必要再增加船模实验来进一步评价该方法生成的船型的水动力性能。

# 第4章 主船体快速分舱

## 4.1 引  言

船舶分舱是整个船舶设计过程的重要部分，主船体分舱既是对船体功能空间的划分布置，又是后续性能计算及结构设计的基础。分舱周期的长短直接影响整个船舶设计周期，对船舶经济性影响很大，缩短分舱周期可以显著提高投资收益率，船舶舱室划分及建模过程的快速性直接影响设计过程的经济性[84]。因此，研究船舶快速分舱方法，对提高船舶设计效率，增强行业的竞争力，具有重大意义[188]。

主船体分舱的本质是在船体曲面给定的情况下对船体空间进行合理划分，其理论发展至今已经相当完善。船舶界目前普遍采用自底向上逐一生成舱室的分舱方法，该方法通过手工交互式输入获得舱室定义数据，再通过计算校核、反复修改进而完成分舱设计，是一个螺旋式上升式的设计过程。然而，船舶舱室众多，倘若整个分舱过程都采取手动方式完成，必定相当繁琐，需要耗费大量重复劳动且容易出错，尤其是在设计初期，舱室的形状及位置数据还不明确，设计人员很难给出精确的分舱数据，只能假定一组数据使设计进行下去，再通过反复修正数据完成设计。这种自底向上的设计模式与正常设计思维不符，无法将设计人员的设计概念直观地表现在设计模型上，制约了设计理念的发挥，严重降低设计效率。

为了克服这些问题，本章在船体曲面表达的基础上（第3章），提出了一种自顶向下的主船体参数化分舱方法，该方法利用内壳折点及舱壁位置参数驱动生成分舱理论面，再用分舱理论面切割主船体，利用非流形造型技术及其集合运算生成舱室，并计算舱容，本质上相当于将一个"西瓜"切割出若干"小块"作为舱室。再将分舱约束要求与舱室几何模型相链接，以约束知识指导分舱方案优化修正，进而获得满足全部约束要求的分舱方案并计算舱容要素。该方法只需内壳折点及舱壁位置信息，即可进行参数化分舱，避免了大量舱室型值信息的输入，降低了舱室定义的复杂性；通过非流形造型及其集合运算记录分舱时的过程信息，修改模型时只需对这些信息重组，实现了分舱模型的快速修改。可见，该方法能够实现主船体快速分舱设计及修改，自顶向下的设计过程也更符合正常的设计思路，使设计人员头脑中的分舱方案即时反馈到计算机图形上，实现实时交互，分舱表达更直观生动。

# 4.2　分舱理论面及其参数化实现

## 4.2.1　分舱理论面概念及其分类

所谓分舱理论面，就是指对船舶舱室划分起到边界作用的型表面，其数学本质是一张参数化的曲面，能够描述船体舱室的空间位置关系及设计意图的曲面。它包括船体外板理论面、尾封板理论面、甲板理论面、内壳理论面和舱壁理论面等。

分舱理论面可分为 3 类：①船体外板理论面、尾封板理论面、甲板理论面等船体外壳对应的型表面；②双层底理论面、双层壳理论面、底边斜板理论面、顶边斜板理论面、纵舱壁顶凳理论面及纵舱壁底凳理论面等船体内壳对应的型表面；③横舱壁理论面、横舱壁顶凳理论面、横舱壁底凳理论面及纵舱壁理论面等舱壁对应的型表面。

## 4.2.2　参数化分舱约束

参数化技术旨在通过尽量少的输入参数快速设计出产品模型。通过添加几何约束来控制舱室几何图元的拓扑关系与尺寸信息可以减少参数的输入量，达到快速设计的目的。利用参数化系统可对双层底添加水平约束，对双层壳添加竖直约束，对各剖面相同的图元构件添加三维投影相合约束，对梁拱线等由船体外曲面确定的图元添加固定约束，对各剖面不相同的底边斜板添加空间平行约束以保证其为平面结构，对各剖面纵舱壁顶凳及底凳添加等长度约束以保证其在纵向范围内形状一致，对各剖线的连接关系添加相合约束以保证其相连，添加对称约束来表示左右舷的图元对称，对舱壁添加距离约束以保证舱长固定。以上约束的添加体现设计人员对内壳形状控制的设计意图。当然，不同船型也可以采用不同的约束方法，设计人员可以灵活地设置约束以实现设计目标。但是，在设置约束时要注意避免出现过约束情况，过约束会导致约束等式个数大于待定设计参数的个数，使约束方程组无法求解。下面给出几种常见的几何约束表达式。

1. 水平、竖直约束

对于由端点定义的直线段 $L(x_s, y_s, z_s, x_e, y_e, z_e)$，水平约束方程为 $z_s - z_e = 0$，竖直约束方程为 $y_s - y_e = 0$。

2. 相合约束

对于两个点 $P_1(x_1, y_1, z_1)$ 与 $P_2(x_2, y_2, z_2)$，相合约束方程为

$$\begin{cases} x_1 - x_2 = 0 \\ y_1 - y_2 = 0 \\ z_1 - z_2 = 0 \end{cases} \tag{4.1}$$

投影相合约束方程，以 $x$ 轴投影为例：

$$\begin{cases} y_1 - y_2 = 0 \\ z_1 - z_2 = 0 \end{cases} \tag{4.2}$$

3. 直线夹角约束

对于两条直线 $L_1(x_{s1}, y_{s1}, z_{s1}, x_{e1}, y_{e1}, z_{e1})$ 与 $L_2(x_{s2}, y_{s2}, z_{s2}, x_{e2}, y_{e2}, z_{e2})$，夹角 $\varphi$ 对应的约束方程为

$$\frac{(x_{e1} - x_{s1})(x_{e2} - x_{s2}) + (y_{e1} - y_{s1})(y_{e2} - y_{s2}) + (z_{e1} - z_{s1})(z_{e2} - z_{s2})}{\sqrt{(x_{e1} - x_{s1})^2 + (y_{e1} - y_{s1})^2 + (z_{e1} - z_{s1})^2} \cdot \sqrt{(x_{e2} - x_{s2})^2 + (y_{e2} - y_{s2})^2 + (z_{e2} - z_{s2})^2}} \tag{4.3}$$
$$= \cos\varphi$$

4. 平行约束

对于两条直线 $L_1(x_{s1}, y_{s1}, z_{s1}, x_{e1}, y_{e1}, z_{e1})$ 与 $L_2(x_{s2}, y_{s2}, z_{s2}, x_{e2}, y_{e2}, z_{e2})$，平行约束方程为

$$\frac{x_{e1} - x_{s1}}{x_{e2} - x_{s2}} = \frac{y_{e1} - y_{s1}}{y_{e2} - y_{s2}} = \frac{z_{e1} - z_{s1}}{z_{e2} - z_{s2}} \tag{4.4}$$

5. 距离约束

对于点 $P_1(x_1, y_1, z_1)$ 与直线 $L_1(x_{s1}, y_{s1}, z_{s1}, x_{e1}, y_{e1}, z_{e1})$，$P_1$ 到 $L_1$ 距离为 $d$ 的约束方程为

$$\frac{\begin{vmatrix} \vec{i} & \vec{j} & \vec{k} \\ x_{e1} - x_{s1} & y_{e1} - y_{s1} & z_{e1} - z_{s1} \\ x_1 - x_{s1} & y_1 - y_{s1} & z_1 - z_{s1} \end{vmatrix}}{\sqrt{(x_{e1} - x_{s1})^2 + (y_{e1} - y_{s1})^2 + (z_{e1} - z_{s1})^2}} = d \tag{4.5}$$

式中，$\vec{i}$、$\vec{j}$、$\vec{k}$ 为三个坐标轴上的单位矢量；"$|\cdot|$" 表示矢量的模。

6. 对称约束

对于两个点 $P_1(x_1, y_1, z_1)$ 与 $P_2(x_2, y_2, z_2)$，关于 $xoz$ 面对称约束方程为

$$\begin{cases} x_1 = x_2 \\ y_1 = {}^- y_2 \\ z_1 = z_2 \end{cases} \quad\quad (4.6)$$

7. 固定约束

对于这类约束，直接将对应的参数设置为给定的固定值即可。

8. 其他约束

除了上述约束外，还有很多几何约束，但在分舱参数化系统中并不多见，这里不再一一介绍。

### 4.2.3　第 1 类分舱理论面

第 1 类分舱理论面研究的分舱主要是指在船体曲面给定的情况下如何对船体空间进行快速合理的划分。因此，第 1 类分舱理论面在型线设计阶段已经确定（见第 3 章），不需要在分舱阶段建模，这里主要介绍第 2 类和第 3 类分舱理论面的快速设计方法。

### 4.2.4　第 2 类分舱理论面

第 2 类分舱理论面在船舶平行中体处与船体基线平行，而在船首和船尾处往往会因为船型变化而与船体基线不平行，设计参数较多，是空间三维结构，在分舱过程中往往需要频繁调整。

图 4.1 为某成品油船的内壳折角线图，图中数据为内壳折角点的横向与垂向坐标，单位为 mm，FR 表示肋位。在传统船舶设计过程中，通常采用图 4.1 来表达船体内壳的几何外形[189]，通过二维横剖面与尺寸标注来表达内壳的形状信息。这种方法基于二维表达，很不直观，无法使设计人员清楚直观地看到分舱效果；而且文字性的尺寸标注没有实现参数化驱动造型的功能，设计模型无法动态变换和快速修改。针对这一问题，本节建立了基于几何约束的第 2 类分舱理论面的三维参数化设计系统，见图 4.2，坐标系定义为原点取自基平面、0 号肋位和中纵剖面的交点，$x$ 轴沿船长方向，船首为正；$y$ 轴沿船宽方向坐标，右舷为正；$z$ 轴沿型深方向，向上为正。图 4.2 中 $O_0$ 表示坐标原点，$V$ 表示竖直约束，$H_0$ 表示水平约束，$O$ 表示相合约束，尺寸标注表示距离约束，// 表示平行约束。图 4.3 为生成的第 2 类分舱理论面模型。

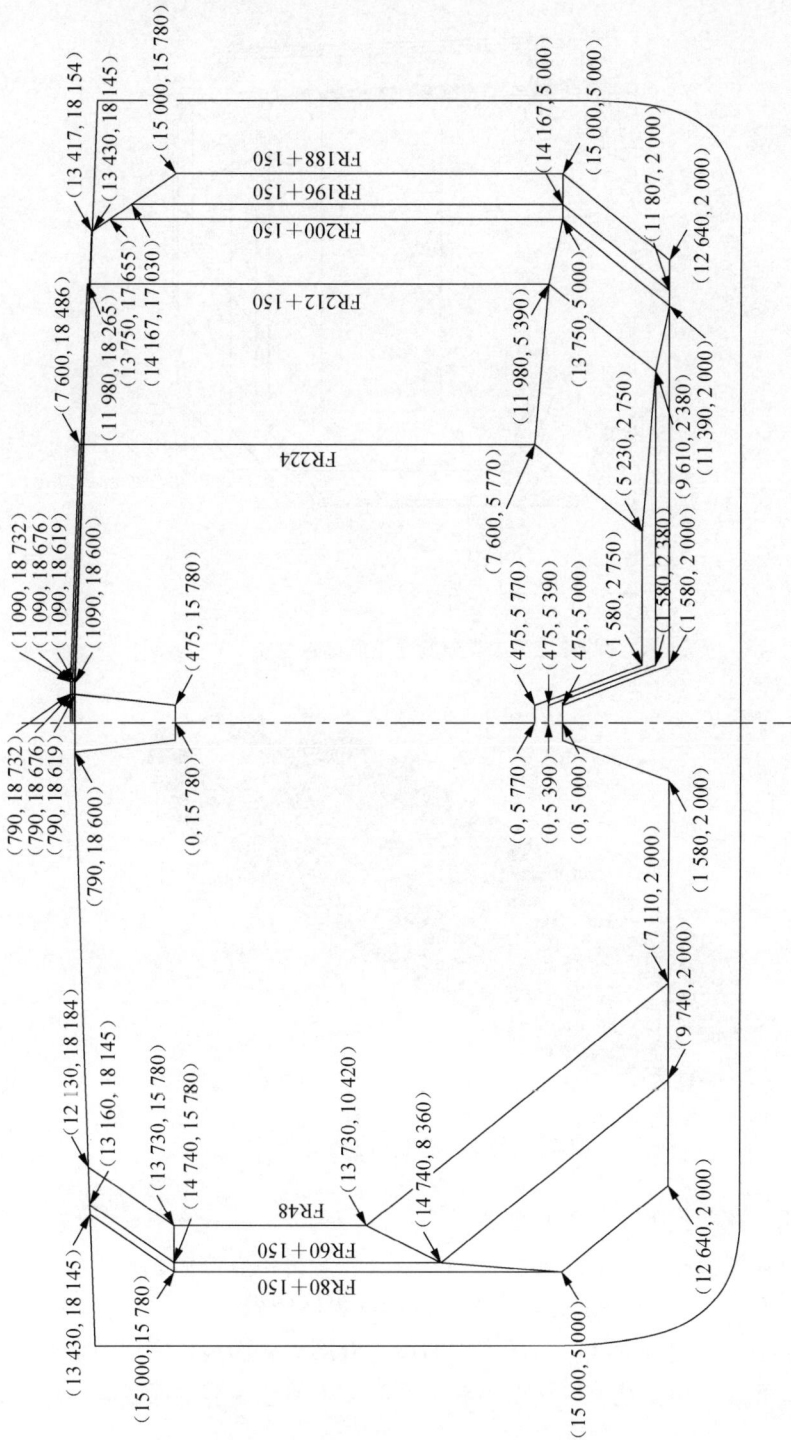

图 4.1 某成品油船内壳折角线图

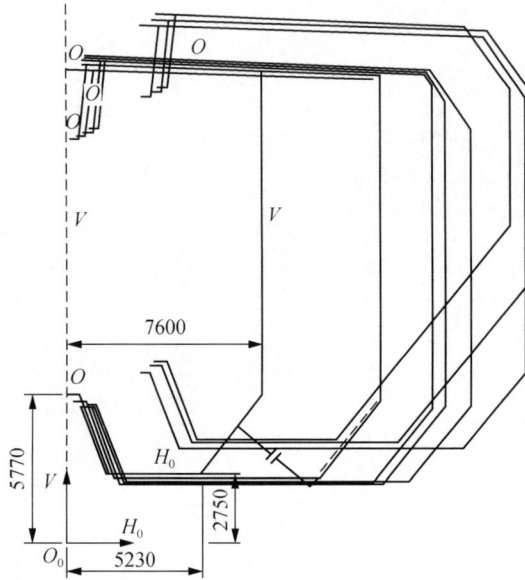

图 4.2　第 2 类分舱理论面参数系统

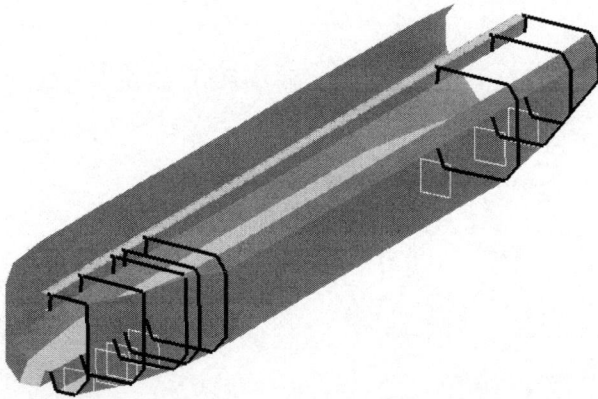

图 4.3　第 2 类分舱理论面模型

参数化系统包括如下 3 类几何图元。

（1）点：主要指折角点。通过位置参数来表达折角点位置 $P(x_i, y_i, z_i)$。

（2）线 $L(x_s, y_s, z_s, x_e, y_e, z_e)$：主要分横向及纵向两类。

内壳各横向位置剖面线：双层底剖面线、双层壳剖面线、底边斜板剖面线、顶边斜板剖面线、梁拱线、纵舱壁顶凳剖面线及纵舱壁底凳剖面线等。通过纵向位置参数确定各横剖面纵向位置，通过在各横剖面上、各对应折角点之间创建线来表达内壳各横向位置剖面线。

内壳沿船长方向的边对应的直线段：通过在相邻横剖面上相互对应的折角点间创建线来表达内壳沿船长方向的边。

（3）面 $A(L_1, L_2, L_3, L_4)$：双层底面、双层壳面、底边斜板面、顶边斜板面、甲板面、纵舱壁顶凳面及纵舱壁底凳面等内壳面。内壳面均由（2）中的 4 条线围成，即相邻横剖面对应的两条边线和连接这两条边线的沿船长方向的边线。因此，通过平面填充运算即可获得内壳面。

通过对上述几何图元添加 4.2.2 小节中介绍的相关约束控制，设计人员只需要确定少量输入参数即可建立完备约束方程组（约束等式个数等于待定设计参数的个数）进行求解。图 4.4 为采用编程语言 VB.NET 设计的约束设置程序界面，添加的约束将会显示在程序界面的右边。本章所有约束控制由程序建立完成，选用编程语言 VB.NET 调用通用平台 CATIA 软件来实现模型的约束设置，从而可以对模型进行约束控制。CATIA 软件作为本章研究的图形平台，提供了几百个 API 函数，这些函数是 CATIA 软件的 OLE 或 COM 接口，CATIA 中显示交互设计用的三维模型，由 VB.NET 调用 API 函数来控制和传输数据，并设置相关的约束信息。由于约束方程组都是简单的解析几何表达式，而且通过观察图形可以很容易地获得良好的初值，因此可采用拟牛顿迭代法（具体流程参见 4.5.3 小节）求解约束方程组，进而快速生成第 2 类分舱理论面。改变这些参数即可快速重建模型。添加约束控制后，需要输入的参数主要有以下几种。

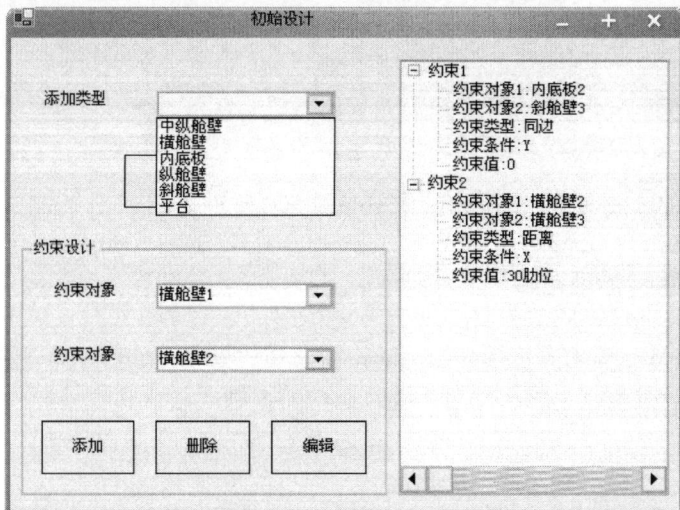

图 4.4　约束设置程序界面

（1）有折点的横剖面的纵向位置参数。

（2）内壳宽度参数、内底高度参数。

（3）顶边斜板折点定位参数、底边斜板折点定位参数。

（4）纵舱壁顶凳及底凳的形状及位置参数。

可见，添加约束后，需设计人员确定的参数量远远少于传统二维非参数化内壳折角线图所需确定的参数量。图 4.5 为采用编程语言 VB.NET 设计的分舱参数定义程序界面。应用三维参数化设计系统确定的第 2 类分舱理论面包含了传统二维内壳折角线图的全部信息，而且第 2 类分舱理论面的三维参数化表达更直观，为内壳的可变性与可重用性等提供了手段，提高了设计效率。

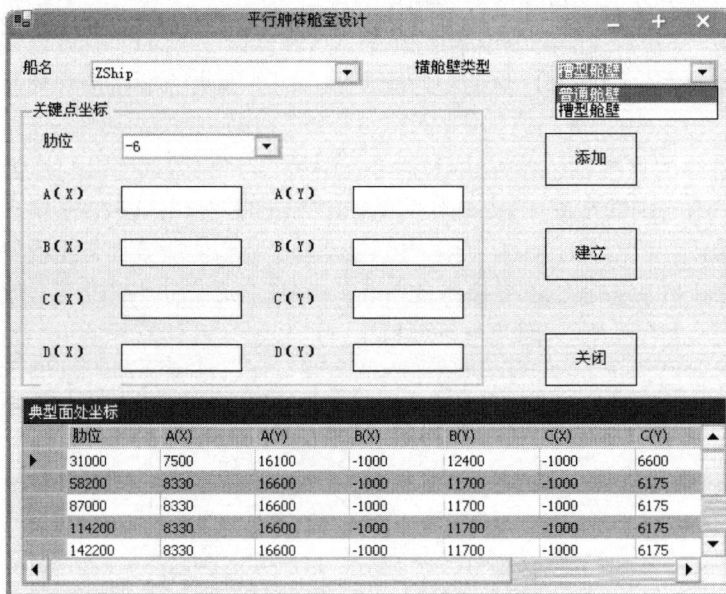

图 4.5　分舱参数定义程序界面

## 4.2.5　第 3 类分舱理论面

第 3 类分舱理论面包括纵舱壁理论面及横舱壁理论面（包括顶凳及底凳）。按结构形式可分为平面形和槽形。同样，应用参数化技术进行设计，对于平面形比较简单，只需给出其横向或纵向的位置参数即可生成分舱理论面。下面详细介绍槽形形式。

1. 槽形舱壁理论面参数化定义

需要定义的参数有以下几种。

（1）位置参数——CL：对于横舱壁，要给出距船中纵向距离参数；对于纵舱壁，要给出距中纵剖面横向距离参数；当然，也可以根据具体情况添加等距约束，这样修改一个舱壁位置，其他舱壁位置也会随之移动，提高修改效率。

（2）形状参数：槽形面板宽度（$a$）、槽形宽度（$b$）、槽形斜板宽度（$c$）、槽形深度（$d$）。其中，$c=(b-a)/2$。因此，在实际设计中只需输入其中三个参数即可确定槽形形状。

（3）端点参数：用来定义单位槽形的折曲方向（$T$）及起始位置的相关参数（$F$）。各参数代表的具体几何信息如图 4.6 所示。

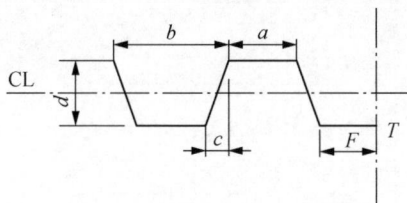

图 4.6　横舱壁理论面参数

2. 顶凳及底凳理论面参数化定义

需要定义的参数有以下几种。

（1）位置参数：由于横舱壁位置参数已经确定，所以这里只需给出距基线的垂向距离参数 $H_{bl}$，如图 4.7 所示。

（2）形状参数：主要由图 4.7 中的 4 个参数（$a,b,h,H$）确定形状。

同样，设计人员只需要确定这些参数即可快速生成第 3 类分舱理论面，改变这些参数即可快速地重建模型。当然，如果想始终保持某一舱长不变，也可以对舱壁添加距离约束，图 4.8 为距离约束定义程序界面。添加距离约束后，如果其中一个舱壁位置改变，另一个舱壁的位置也会随之改变，两个舱壁之间的距离始终不变，如图 4.9 所示，圆圈中的两个横舱壁间添加距离约束 28 000mm，移动舱壁 A 后这两个舱壁之间的距离仍然是 28 000mm。当然，设计人员也可以根据不同的设计需求设置不同的约束以实现第 3 类分舱理论面的参数化设计。

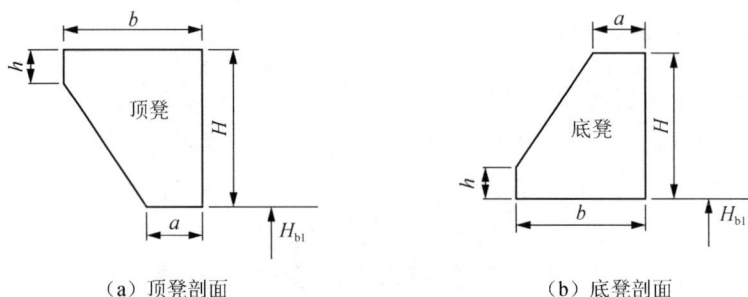

（a）顶凳剖面　　　　　　　　　　（b）底凳剖面

图 4.7　顶凳及底凳理论面参数

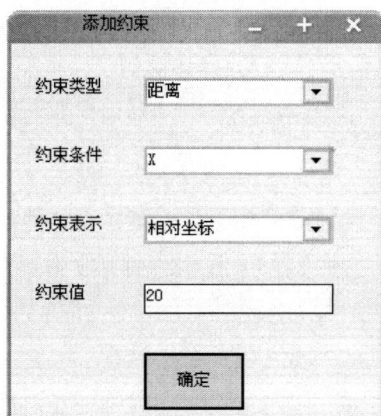

图 4.8　分舱参数定义程序界面

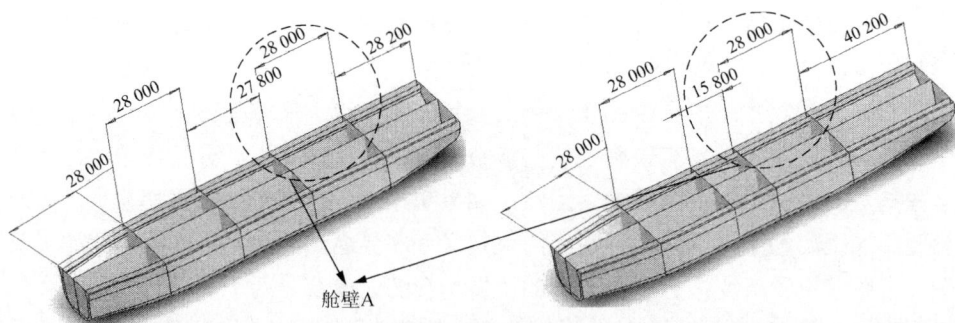

图 4.9　横舱壁移动

　　根据前面的介绍即可建立第 2、3 类分舱理论面，图 4.10 为第 2、3 类分舱理论面及船体曲面模型，其中局部图展示了第 3 类分舱理论面的三维参数驱动部分（折线部分），以及特征造型生成的槽形横舱壁、顶凳及底凳理论面模型。

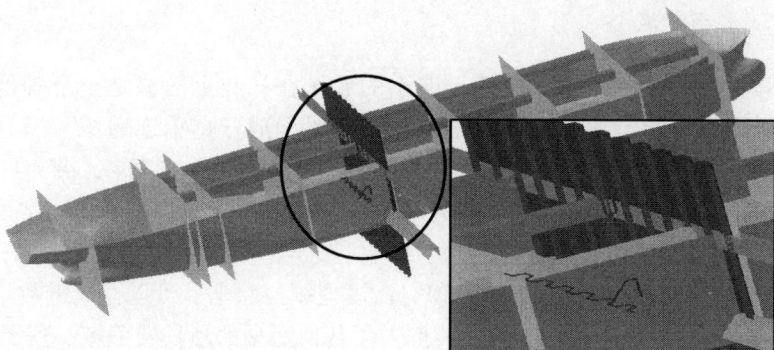

图 4.10　第 2、3 类分舱理论面及船体曲面模型

## 4.3　非流形造型及其集合运算

有了分舱理论面后，即可用其切割主船体以生成各舱室。可以利用非流形造型技术及其集合运算实现这一步操作。

### 4.3.1　非流形造型

传统三维几何造型技术是将几何模型表达为线框模型、曲面模型或实体模型。其中 B-rep（边界表达法）和 CSG（实体几何法）是目前实体造型主流的表示方法，在各工程领域中应用广泛。但船舶工程对三维造型所提出的要求也不断显现出传统造型技术的局限性，其主要表现在以下 3 个方面。

（1）B-rep 和 CSG 分别以二维表面流形和 r_set 集为其数学基础，理论上讲，实体模型的表示并不完整。

（2）传统实体造型覆盖域有限，要求模型边界必须等价于流形。这样就对许多船舶工程需要的形体不能提供必要的支持。

（3）传统实体造型没有将线框、表面和实体统一在同一框架中表达，无法满足在船舶设计过程中对不同表达模型的需要。

对主船体进行舱室划分并生成舱室模型必然会混合使用到线框、曲面、实体模型；在模型建立过程中，常常会出现非流形模型，而且需要利用集合运算通过多次修改操作建立或修改舱室模型。非流形几何造型可以很好地满足这些造型要求。

1. 流形与非流形

流形要求形体上任意一点的足够小的领域在拓扑上应该是一个等价的封闭圆，即围绕该点的形体领域在二维空间中可以构成一个单连通域，满足这个定义的形体称为流形。与此相对应，不满足上述定义的称为非流形。图 4.11（a）和图 4.11（b）为流形，图 4.11（c）为非流形。在几何造型领域中，通常说的非流形是对流形的扩充，既包括流形又包括非流形。

非流形造型技术将线框、曲面和实体模型统一起来，可以存取维数不一致的几何元素，并可对其进行求交分类，扩大了几何造型的形体覆盖域。基于点、边、面几何元素的流形和非流形的区别如表 4.1 所示。由表 4.1 可见，非流形可以表达边界边仅属于一个面的开放式曲面，如无甲板的船体曲面；也可以表达边被多个面共享的形体，如船体分舱模型和结构模型。而流形只能表达每条边只被两个面共享的封闭式形体。图 4.12 给出了流形与非流形模型的对比，可见，非流形可以有效地表达船舶设计过程中各阶段的船体模型，包括船体曲面模型、分舱模型和结构模型。

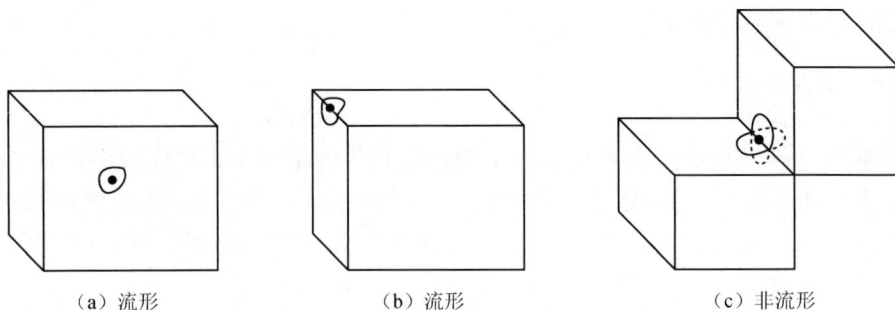

（a）流形　　　　　　　　　　（b）流形　　　　　　　　　　（c）非流形

图 4.11　流形与非流形

表 4.1　流形与非流形中几何元素的区别

| 几何元素 | 流形 | 非流形 |
| --- | --- | --- |
| 面 | 形体表面的一部分 | 可以是形体表面的一部分，也可以是形体内一部分，也可以与形体分离 |
| 边 | 只有两个邻面 | 可有多个、1 个邻面或无邻面 |
| 点 | 至少和 3 个面（或 3 个边）邻接 | 可与多个面（边）邻接，可以是聚集体、聚集面、聚集边或孤立点 |

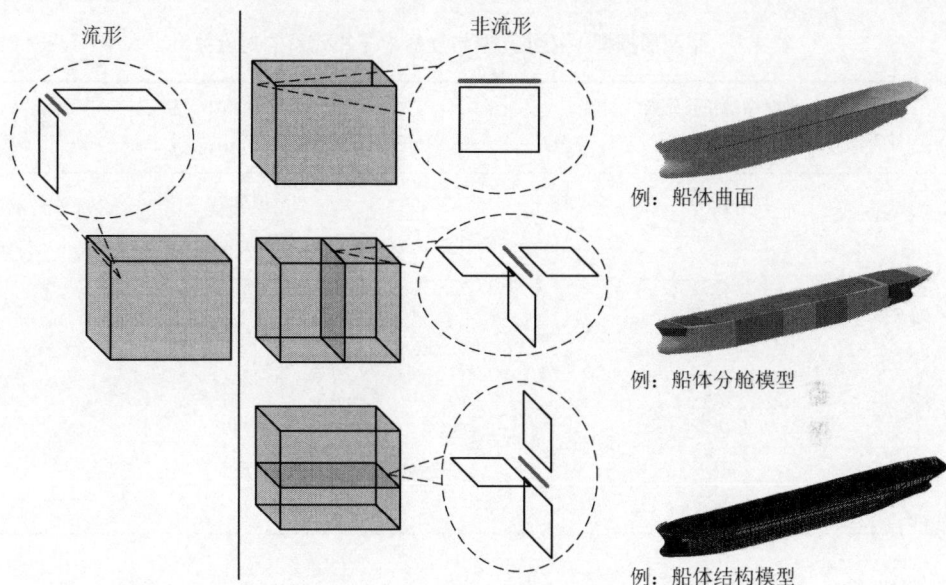

图 4.12　流形与非流形模型对比

## 2. 数学定义

随着工业产品模型造型技术的发展，代数拓扑学中复形等概念被引入三维几何造型中，因而产生了非流形造型理论[190]。表 4.2 为非流形模型中拓扑元素与复形中拓扑元素的对应关系。

1）单形、复形与骨架

单形：在欧氏空间 $\mathbf{R}^n$ 中，称点集 $\left\{\mathbf{x}=\sum_{i=0}^{q}\lambda_i a_i \left| \sum_{i=0}^{q}\lambda_i=1, \lambda_i \geqslant 0\right.\right\}$ 为由顶点 $a_0, a_1, \cdots, a_q$ 张成的 $q$ 维单形，$q=\dim(\mathbf{x})$。

复形：$\mathbf{K}$ 为欧氏空间 $\mathbf{R}^n$ 中有限个单形的集合，若满足① $s \in \mathbf{K}$ 且 $t < s$，则 $t \in \mathbf{K}$；② $s \in \mathbf{K}$，$t \in \mathbf{K}$，且 $s \bigcap t = \phi$ 或是一个公共面，则 $\mathbf{K}$ 为复形。$\dim(\mathbf{K}) = \max\{\dim(s) | s \in \mathbf{K}\}$。

骨架：若 $\mathbf{K}$ 为 $n$ 维复形，令 $\mathbf{K}^r = \{s \in \mathbf{K} | \dim(s) \leqslant r\}$ 为子复形，称为 $\mathbf{K}$ 的 $r$ 维骨架。

表 4.2　非流形模型中拓扑元素与复形中拓扑元素的对应关系

| 数学中的拓扑元素<br>（复形） | 造型中的拓扑元素<br>（非流形结构物体） |
| --- | --- |
| 0-骨架 | 顶点集 |
| 1-骨架 | 线框模型 |
| 2-骨架 | 曲面模型 |
| 3-骨架 | 实体模型 |
| 0-单形 | 顶点 |
| 1-单形 | 边 |
| 2-单形 | 面 |
| 3-单形 | 体 |

2）非流形模型

非流形模型是指三维欧氏空间的不同维数的单元复形的集合。其以数学方式表达为满足以下 3 个条件的 $n$ 维单元复形的集合。

（1）$\mathbf{C}=\bigcup\limits_{\lambda=\Lambda}\mathbf{e}_\lambda$ 。

（2）$[\mathbf{e}_\lambda]^-\mathbf{e}_\lambda \subset \{\mathbf{e}_\mu \big| \dim(\mathbf{e}_\mu)<\dim(\mathbf{e}_\lambda),\mu\in\Lambda\}\ \lambda\in\Lambda$ 。

（3）$\mathbf{e}_\lambda\bigcap\mathbf{e}_\mu=\phi,\lambda\neq\mu,\lambda\in\Lambda,\mu\in\Lambda$ 。

其中，$\mathbf{C}$ 为单元复形；$\mathbf{e}_\lambda$ 为 $\lambda$ 维单形；$\dim(\mathbf{e}_\lambda)$ 为 $\mathbf{e}_\lambda$ 的维数；$[\mathbf{e}_\lambda]$ 为 $\mathbf{e}_\lambda$ 的闭包；$\Lambda$ 为 $\mathbf{C}$ 中单元的最大维数。条件（1）表示三维单元复形可以由 0 维单元、1 维单元、2 维单元和 3 维单元的集合表达。在非流形造型中可以包括点、边、面和体；条件（2）表示每个单元的全部边界都是由低维的单元构成，单元复形总是封闭的；条件（3）表示非流形模型中所有拓扑元素不能两两相交，也不能自相交。

非流形模型的层次结构如图 4.13 所示。该结构使用统一的数据结构来表示线框、曲面和实体模型，比传统流形表示法提供了更强的形体定义功能。低维拓扑元素可以与多种高维拓扑元素相连，可作为高维元素的边界，容纳了悬点、悬边、悬面等情况。

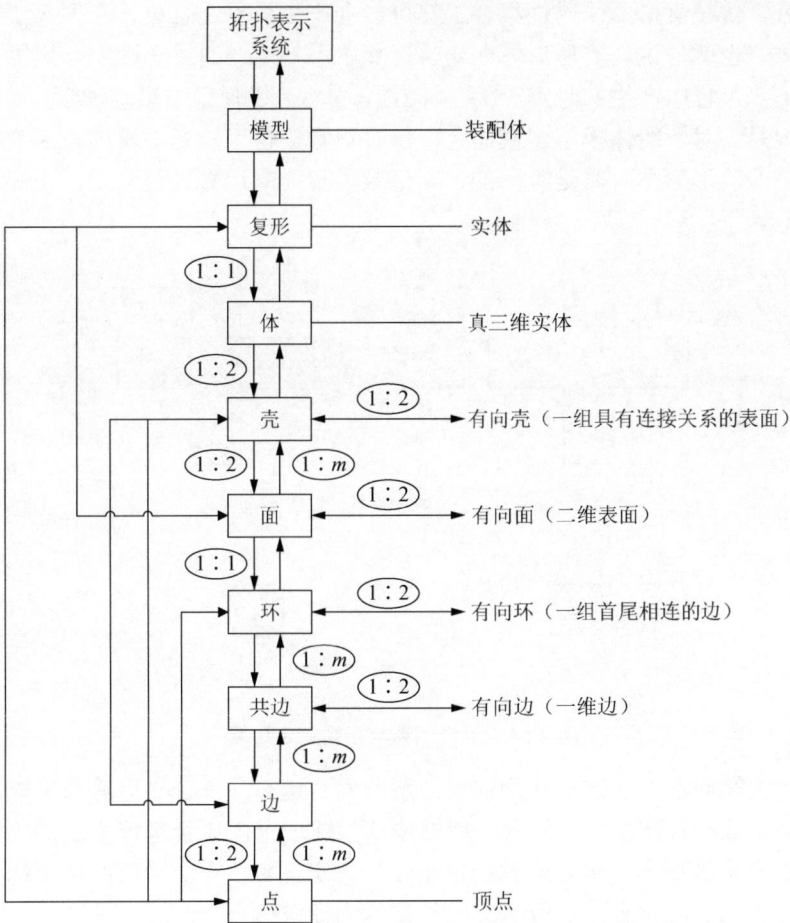

图 4.13　非流形模型的层次结构

## 4.3.2　非流形造型集合运算

从代数拓扑学看，集合运算是通过几何运算及拓扑运算重新生成新的结构。集合运算有三种类型：并集运算、差集运算和交集运算。集合运算在实体造型中被普遍运用。一个复杂形状的模型可以通过几个简单模型的集合运算获得。但传统的集合运算存在一些弊端：中间步骤执行的集合运算如果被修改，全部集合运算必须重新执行，这样就会导致重生成一个由集合运算得到的 B-rep 模型非常耗时；对于 CSG 模型，虽然通过修改 CSG 树来重生成模型很容易，但新边界的表达同样非常耗时。可见，频繁运用传统集合运算来建成一个复杂模型是非常繁琐的。而且，传统流形形体通过集合运算可能会产生悬点、悬边、悬面等低维的非流形形体，也就是说，流形形体在集合运算下不封闭。通过正则集合运算，即丢弃集合运算过程中产生的悬点、悬边、悬面，固然可以保证结果是流形，如图 4.14 所示，但是，对于船体模型建模而言，仅有正则集合运算是不够的，因为集合运算产生的非流形形体有时是有用的，其记录了相关的运算过程信息，不应该过早将其删除。

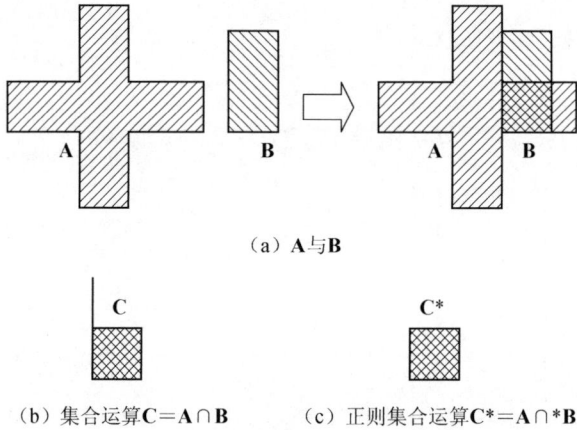

（a）A 与 B

（b）集合运算 C＝A∩B          （c）正则集合运算 C*＝A∩*B

图 4.14　集合运算与正则集合运算

　　针对上述问题，非流形造型应用分解的集合运算——合交运算与提取运算实现了集合运算的快速执行与重做，能够快速生成一个由集合运算生成的实体边界模型，如图 4.15 所示。集合运算的第 1 步为合交运算，合交运算的结果称为合交体；第 2 步为提取运算，提取运算的结果称为提取体。

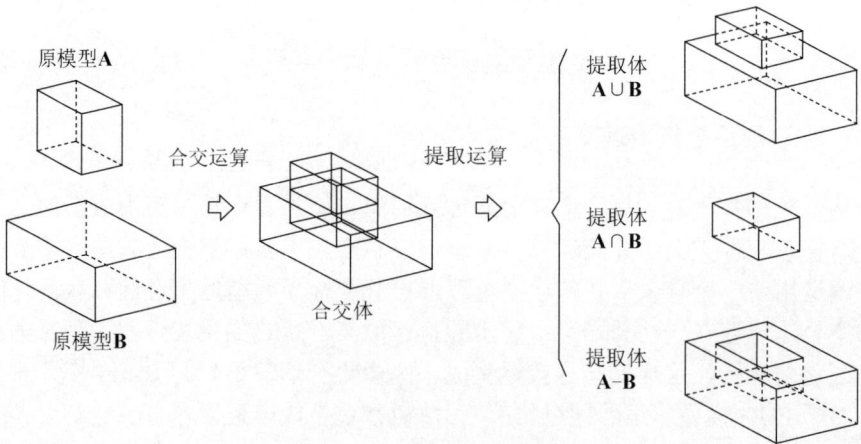

图 4.15　非流形集合运算的执行

1. 合交运算

合交运算计算实体的交，拓扑结构随之修改。合交体的所有拓扑元素都与原模型的相应属性关联。每次修改，相应属性也随之修改。合交体充分利用了非流形造型的能力，记录了合交运算过程中的所有相交附加拓扑元素。

传统几何造型中，原模型不在集合运算后的结果体中保留，原模型在合交体内的元素将被删除，部分原模型的拓扑信息将丢失。因为，若不删除这些元素，集合运算过程中将可能产生非流形形体，运算的正则性无法保证。非流形造型技术产生后，合交体可以保存原模型的信息，具体合交算法说明如下。

如图 4.16 所示，假设原模型 **A** 和 **B** 合交，$F_A$ 和 $F_B$ 分别为原模型 **A** 和 **B** 的面，如图 4.16（a）所示。首先，在每个模型上生成相交的点和边，如图 4.16（b）所示，若某个原模型的拓扑元素被分割，其全部属性也要复制到分割出的拓扑元素上；然后，合并在点、边和面序列上一致的拓扑元素及其属性，如图 4.16（c）所示。合交体的所有拓扑元素都给出指示 **A**、**B** 拓扑元素的属性。若有多面共享一边，就要将这些面的序列记录下来。当然，合交运算中，原模型也可能被分割，可以通过检测被分割体的分界面来重建，重建模型的属性也要记录下来。

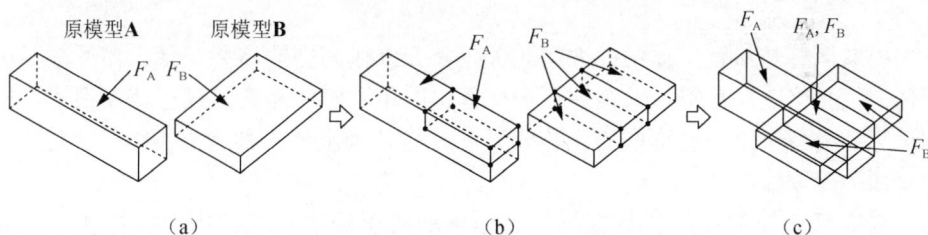

图 4.16　合交运算过程

在整个合交运算中，原模型的拓扑元素无论被分割或是合并，都不被删除，也就是说，合交体和其原模型一直保持关联，合交体中任一拓扑元素都至少与一个原模型相联系。图 4.17 为原模型与合交体之间的关系图，a 为原模型拓扑元素列表；b 为由交集运算产生的拓扑元素列表。原模型作为合交体的拓扑元素组保存。$V_A$、$V_B$ 和 $IE_{A1}$、$IE_{B1}$ 分别为原模型 **A**、**B** 的体和交边，$V_1$、$V_2$、$V_3$ 和 $IE_1$ 分别为合交体的三个体和一条边。

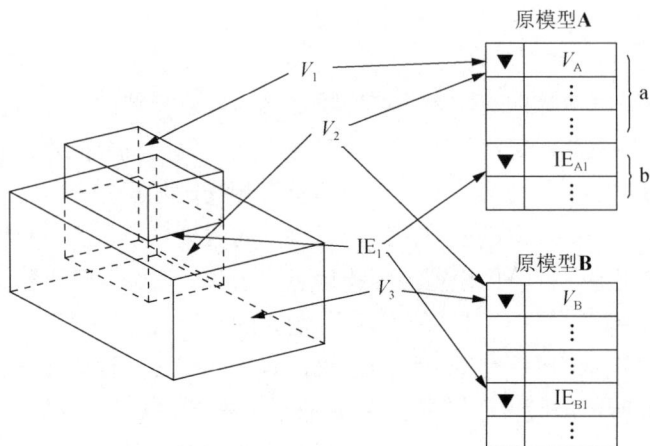

图 4.17　原模型和合交体之间的关系

由图 4.17 可见，合交运算记录了原模型的拓扑元素和相交出的子拓扑元素间的联系。产生的相交元素都加入到了相交拓扑元素列表中。由于相交元素只在多个原模型相交时存在，所以原模型拓扑元素和相交拓扑元素要分别保存。

2. 提取运算

提取运算是从合交体中抽取出相关拓扑元素作为提取体并记录。该过程不执行任何拓扑修改及计算，只是遍历合交体中的相关拓扑元素，执行速度很快。提取运算的类型决定了被提取的拓扑元素。图 4.15 列出了三种运算类型并、交和差运算后的提取体。

提取运算的主要任务是根据提取运算的类型确定合交体中哪些拓扑元素被提取。为完成这一任务，首先要对拓扑元素进行分类，即把每个原模型经合交运算后被分割的几何元素与另一原模型进行分类，以确定这些元素是在另一模型形体的内部（in）、外部（out），还是外界上（on）。

假设合交体由原模型 A 和 B 定义，则 A、B 中所有元素可以分类为如下 8 种标记：令元素原来所属形体总是分类为 on，则 A 的元素标记为（onAinB）、（onAoutB）、（onAonB+）、（onAinB-），B 的元素标记为（inAonB）、（outAonB）、（onA+onB）、（onA-inB）。这 8 个分类标记本质上只代表 6 种不同情况。其中（onAonB+）和（onAinB-）都是指位于 B 边界上的 A 的部分组成，但前者共享面外法向相同，后者共享面外法向相反。

所有拓扑元素被分类之后，3 种提取运算并、交、差对分类结果的提取规则可列表指定，见表 4.3。根据表 4.3 可确定提取哪些分类结果以构成提取体。

表 4.3　提取运算规则

| A | B | A∪B | A∩B | A−B |
|---|---|---|---|---|
| on | in | 提取 | 提取 | 不提取 |
| on | on+ | 提取 | 提取 | 不提取 |
| on | on− | 不提取 | 提取 | 提取 |
| on | out | 提取 | 不提取 | 提取 |
| in | on | 不提取 | 提取 | 提取 |
| on+ | on | 不提取 | 不提取 | 不提取 |
| on− | on | 不提取 | 不提取 | 不提取 |
| out | on | 提取 | 不提取 | 不提取 |

### 3. 补交运算

　　船舶分舱模型固然可以通过前面介绍的集合运算获得。但是，为了进一步提高分舱建模的效率，本节提出一个新的运算——补交运算。补交运算是通过对合交体中拓扑元素分类结果指定新的提取规则而产生的。表 4.4 给出了补交运算对分类结果指定的提取规则。图 4.18 显示了补交运算的执行过程。由图 4.18 可见，补交运算应用模型 **B** 来切割模型 **A**，模型 **B** 在 **A** 中的边界被提取保留，并移入 **A** 中，将 **A** 切割成两个区域。补交运算记作 **A∩⁺B**。

表 4.4　补交运算规则

| A | B | A∩⁺B |
|---|---|---|
| on | in | 提取 |
| on | on+ | 提取 |
| on | on− | 提取 |
| on | out | 提取 |
| in | on | 提取 |
| on+ | on | 不提取 |
| on− | on | 不提取 |
| out | on | 不提取 |

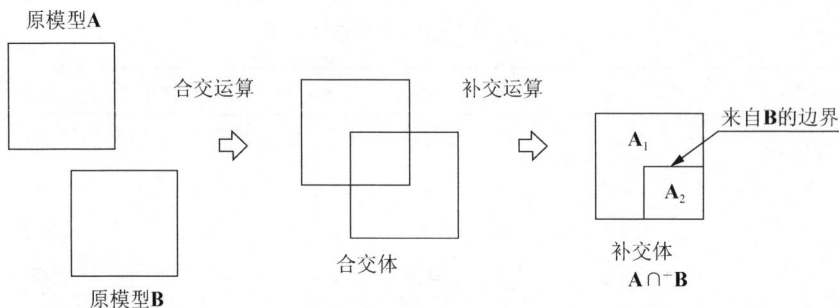

图 4.18　补交运算的执行

　　图 4.19 为应用补交运算进行船舶分舱建模的全过程。在图 4.19（a）中，模型 **A** 代表 1 个舱室，模型 **B** 代表分舱理论面，假设要应用分舱理论面 **B** 将舱室 **A** 切分成两个舱室 **A₁** 和 **A₂**：第 1 步，先对 **A** 和 **B** 进行合交运算，获得相交信息，相交元素被附加到 **A**、**B** 模型上，如图 4.19（b）所示；第 2 步，应用补交运算将模型 **B** 在 **A** 中的元素补交到 **A** 中，如图 4.19（c）所示，最后 **A** 被分成两个舱室 **A₁** 和 **A₂**。

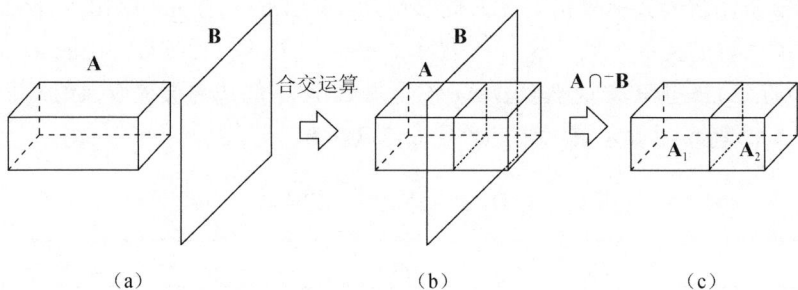

图 4.19　应用补交运算进行分舱全过程

　　为了对比说明，应用传统非流形集合运算对上述实例进行分舱。图 4.20 为应用传统非流形集合运算进行分舱建模的全过程：第 1 步，对 **A** 和 **B** 进行合交运算，获得相交信息，相交元素被附加到 **A**、**B** 模型上，如图 4.20（b）所示；第 2 步，应用提取运算中的交运算，求得 **A** 与 **B** 的交集 **C**，如图 4.20（c）所示；第 3 步，应用并运算求得 **A** 与 **C** 的并集，如图 4.20（d）所示，最后 **A** 被分成两个舱室 **A₁** 和 **A₂**。

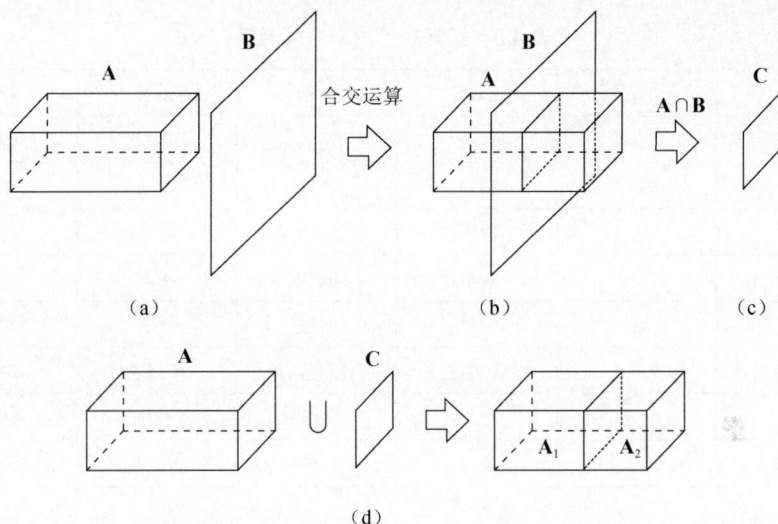

（a）　　　　　　　　　　　　（b）　　　　　　　　　　　　（c）

（d）

图 4.20　应用传统集合运算进行分舱全过程

与图 4.19 对比可见，补交运算在分舱建模中更加高效，比传统非流形集合运算节省了一步操作。因此，补交运算更适用于船舶分舱建模，有效地提高了分舱效率。

当然，补交运算可以看成对原非流形集合运算的扩充，图 4.21 为扩充后的非流形集合运算执行图，表 4.5 为扩充后的提取运算规则。

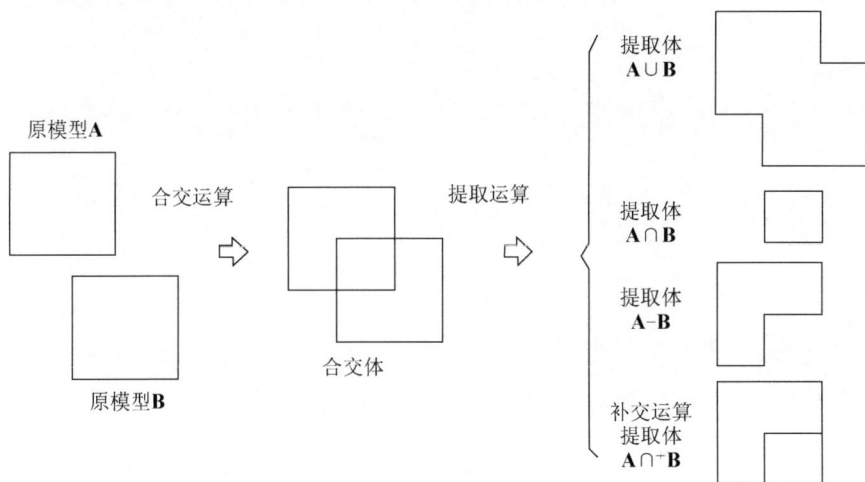

图 4.21　扩充后的非流形集合运算的执行

表4.5　扩充后的提取运算规则

| A | B | A∪B | A∩B | A–B | A∩⁺B |
|---|---|---|---|---|---|
| on | in | 提取 | 提取 | 不提取 | 提取 |
| on | on+ | 提取 | 提取 | 不提取 | 提取 |
| on | on– | 不提取 | 提取 | 提取 | 提取 |
| on | out | 提取 | 不提取 | 提取 | 提取 |
| in | on | 不提取 | 提取 | 提取 | 提取 |
| on+ | on | 不提取 | 不提取 | 不提取 | 不提取 |
| on– | on | 不提取 | 不提取 | 不提取 | 不提取 |
| out | on | 提取 | 不提取 | 不提取 | 不提取 |

4. 返回运算

在进行船体分舱设计时，难免要对分舱模型进行反复修改。对于传统集合运算，中间步骤执行的集合运算如果被修改，全部集合运算必须重新执行，如图 4.22（a）所示。因此，通过频繁运用集合运算修改建立一个船体分舱模型是非常繁琐的。

如果能够实现集合运算的返回运算，如图 4.22（b）所示，即可实现集合运算的任意重做，那么即使分舱模型十分复杂，也能够快速修改和重塑模型。

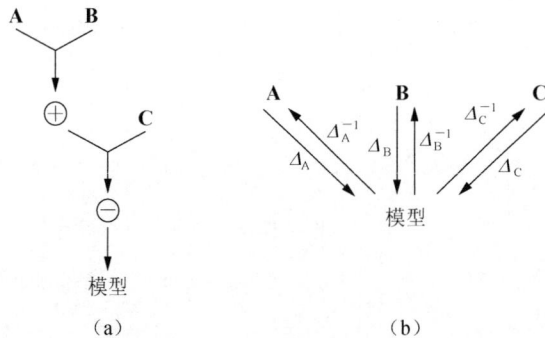

（a）　　　　　　　　　　　（b）

图4.22　传统重做全部运算和返回运算

传统集合运算之所以修改费时，是因为对运算的前后顺序依赖过强。如果集合运算能够不受运算顺序制约，可任意快速地被返回，那么船体分舱模型就可以通过多次修改而建立。利用非流形的合交运算和提取运算可实现快速修改原模型。因为原模型是由合交体的拓扑元素组保存的，所以系统可以轻松地找到要修改的拓扑元素，通过修改指向原模型的拓扑元素，进而重塑拓扑结构，生成新的分舱模型。

分舱模型通过修改原模型（分舱理论面）来重塑。因此，前面描述的返回运算非常有效。具体过程如下：

（1）应用返回运算，删除合交体中要被修改的原模型的拓扑元素；

（2）将修改后的原模型合交到合交体中；

（3）将修改后的原模型放到集合表达式中旧模型的位置处；

（4）通过计算新的提取运算获得最终的分舱模型。

可见，应用以上非流形集合运算可快速建立并任意修改船体分舱模型，使设计人员可以反复交互修改分舱设计。可将以上算法通过二次开发技术嵌入三维造型软件（CATIA、UE、SolidWorks 等）中，实现分舱模型的快速建立，具体效果如 4.7.1 小节实例所示。在未来应用中，可将非流形集合运算嵌入船舶全生命数字化设计制造系统，提高分舱设计效率，为实现数字化快速造船奠定基础。

### 4.3.3　非流形造型在船舶分舱上的应用

在船舶分舱领域中，非流形造型为下述各方面的应用提供了技术支持。

#### 1. 实现几何信息完整表达

传统实体造型只表示舱室模型的边界信息，缺少附加线面信息，如对称轴面、开孔中心线等，而这些信息对设计过程具有重要意义，非流形造型可以表示各维几何信息，实现了完整几何信息的表达。

#### 2. 对分舱设计方法的支持

基于三维几何约束及特征造型的参数化设计是当今先进的分舱设计技术。目前，舱室形状特征表达一般是基于传统实体造型，主要是 B-rep 和 CSG 存在两方面问题：①舱室形状特征的形式一般是线框、曲面、实体或彼此组合，相互之间不是孤立的，而是存在拓扑关系的，建模中应把这些关系作为约束用于控制舱室造型；②舱室造型过程中会有特征相交的情况，传统造型方法会因此丢失部分信息，也会改变拓扑关系。针对上述问题，非流形造型提供了良好的技术支持。对于问题①，将非流形模型和基于约束的参数化设计技术相结合，建立并求解约束模型即可，这样提高了分舱造型的快速性，更直接地表达了设计意图，支持船舶概念设计；对于问题②，应用非流形造型技术可以完整表达舱室建模过程中的几何信息，几何图元间的拓扑关系也可以得到很好的维护。

### 3. 支持分舱方案的快速修改

船舶舱室划分处于船舶设计的初期，是螺旋上升逐步修改完善的设计过程[59]。因此，反复的模型修改是必不可少的。集合运算是三维建模中运算量最大的操作。只要集合运算可以快速执行，模型修改就可以快速完成。传统实体造型的记录方法只记录造型结果，而不记录造型过程中各图元边界分割后的交信息，因此模型重塑时需要重新计算边界，非常耗时。而基于非流形的集合运算记录了造型过程中的全部信息，因而修改模型时只需对现有信息重组即可，实现了分舱模型的快速重塑。

### 4. 支持二维工程图纸到三维模型建立

目前，船舶二维工程图仍被广泛使用。若能实现二维工程图快速转换为三维模型，那船舶设计环境就可以提高到空间三维化。转换过程中，要依次生成线框、曲面、实体模型，而且生成的三维模型要满足原二维图的三向约束关系。传统的转换方法很费时，由于最终的三维模型要从大量候选形体中选择，是一个 NP 问题。为解决这一搜索问题，可利用非流形模型作为中间统一模型，用该模型来维护约束关系，最终的三维模型从中间模型中通过抽取运算获得。

### 5. 支持后期有限元模型的自动生成

根据船级社规范要求，部分船型要进行有限元计算。传统实体模型生成的有限元网格只能是单一类型的，难以处理由多种有限单元组成的模型。而非流形造型可以实现混合维有限单元的自动生成，非流形舱室模型自动生成有限元网格后可以用于后期有限元计算。

### 6. 支持全过程设计

在船舶设计过程中，不同阶段需要不同层次的模型，即自由曲线面、实体的各种表示。基于实体造型的船舶 CAD 系统只能表达各阶段独立的模型，也就是说只能支持部分设计过程。而不同模型间的数据转换是不可避免的，这种转换应该是双向的。因此，为了实现并行设计，这些模型应该集成起来。虽然 STEP 标准在产品信息建模方面提供了一种独立于任何系统而又能完整描述产品信息的表达机制，实现了不同模型间的数据传递，但传统的造型技术还是无法将多个应用模型统一为一个集成模型，无法实现设计的双向并行。而基于非流形的船舶 CAD 集成模型可以支持船舶全过程设计。对集成模型进行抽取运算即可获得各设计阶段的应用模型。集成模型利用非流形技术在拓扑上将应用模型各自的约束关系关联，构成一个完整的约束空间，对其求解，进而可以得到满足全过程设计要求的设计结果。

## 4.4　舱室实体建模

应用分舱理论面切割主船体后生成的分舱模型是由若干张离散曲面组成的曲面模型，可用于船体结构设计和分舱信息储存。为了完成舱容、容心和自由液面惯性矩等相关舱容要素计算，还需要根据分舱曲面模型生成舱室实体计算模型。这一过程本质上相当于给定一组由 $n$ 张曲面组成的曲面集 $\mathbf{s}=\{s_1,s_2,\cdots,s_n\}$，生成由 $\mathbf{s}$ 围成的实体模型。如图 4.23 所示，某成品油船的甲板面、船体曲面、内壳面、两道横舱壁和中桁材可以生成由其围成的 No.3 压载水舱的实体模型。具体的生成步骤如下。

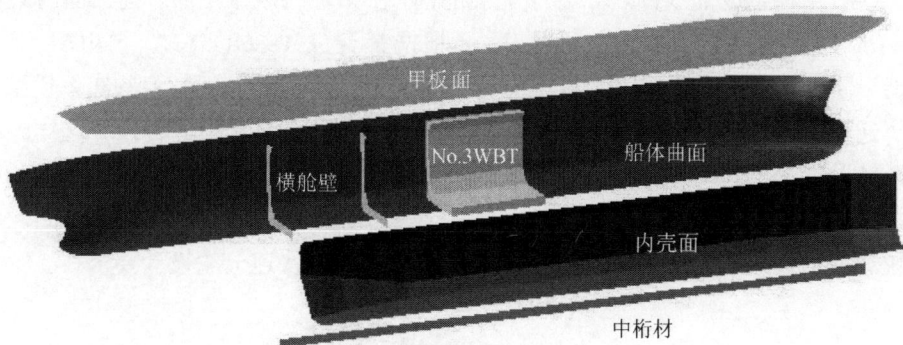

图 4.23　某成品油船 No.3 压载水舱实体模型及相关曲面

（1）根据分舱曲面模型，由于非流形集合运算记录了所有交线信息，所以可以快速获得曲面的交线集 $\mathbf{E}$。

（2）用 $\mathbf{E}$ 中的曲线分割分舱曲面模型中的每张曲面，得到面片集 $\mathbf{S}$。

（3）将面片集 $\mathbf{S}$ 中的面片根据各舱室分类，把同一舱室的边界面片选取出来，构成一个面片子集 $\mathbf{s}^i=\{s_1^i,s_2^i,\cdots,s_n^i\}$，（$i$ 表示舱室的编号，如果有 $m$ 个舱室，$1\leqslant i\leqslant m$，$n$ 表示 $i$ 号舱室由 $n$ 个面片围成）。

（4）以 $i$ 号舱室为例进行说明：由面片 $s_j^i(1\leqslant j\leqslant n)$ 获得对应的边集合 $\mathbf{es}_j^i=\{es_{j,1},es_{j,2}\cdots,es_{j,ei}\}$，其中，$ei$ 为面片 $s_j^i$ 对应的边的数目。

（5）求所有边 $\mathbf{es}_j^i(1\leqslant j\leqslant n)$ 的并集 $\mathbf{e}^i=\{e_1^i,e_2^i,\cdots,e_t^i\}$，$t$ 为 $i$ 号舱室实体模型边的总数；再求所有边的顶点集合 $\mathbf{p}^i=\{p_1^i,p_2^i,\cdots,p_k^i\}$，$k$ 为 $i$ 号舱室实体模型顶点的总数。这样 $p^i$、$e^i$、$s^i$ 构成了 $i$ 号舱室实体模型的几何元素，下面开始构造拓扑

元素。

（6）建立拓扑顶点（vertex）集合 $\mathbf{V}^i = \{V_1^i, V_2^i, \cdots, V_k^i\}$，$V_j^i$ 与 $p_j^i$ 相对应 $(1 \leqslant j \leqslant k)$。

（7）建立拓扑边（edge）集合 $\mathbf{E}^i = \{E_1^i, E_2^i, \cdots, E_t^i\}$，$E_j^i$ 与 $e_j^i$ 相对应 $(1 \leqslant j \leqslant t)$。

（8）建立环（loop）集合 $\mathbf{L}^i = \{L_1^i, L_2^i, \cdots, L_n^i\}$，对于无孔的实体模型，1 个环对应 1 个面。$L_j^i$ 包含的边 $\mathrm{EL}_j^i = \{\mathrm{EL}_{j,1}^i, \mathrm{EL}_{j,2}^i \cdots, \mathrm{EL}_{j,\mathrm{ei}}^i\} \in \mathbf{E}$，$\mathrm{EL}_j^i$ 与 $\mathbf{es}_j^i$ 中的边对应。$L_j^i$ 由首尾相连的共边（coedge）组成 $\mathrm{CO}_j^i = \{\mathrm{CO}_{j,1}^i, \mathrm{CO}_{j,2}^i \cdots, \mathrm{CO}_{j,\mathrm{ei}}^i\}$。$\mathrm{CO}_j^i$ 的建立过程如下：$\mathrm{CO}_{j,1}^i$ 对应 $\mathrm{EL}_{j,1}^i$，方向为 $s_j^i$ 所在面内逆时针方向，令当前链尾为 $\mathrm{CO}_{j,c}^i (1 \leqslant c \leqslant \mathrm{ei})$，从 $\mathrm{EL}_j^i$ 中找到与 $\mathrm{CO}_{j,c}^i$ 共点的边，当 $c = \mathrm{ei}$ 时，$\mathrm{CO}_j^i$ 建立完毕，进而建立 $L_j^i$。

（9）由环组成面（face），对于无孔的面，1 个环构成 1 个面。建立面的集合 $\mathbf{F}^i = \{F_1^i, F_2^i, \cdots, F_n^i\}$，与 $\mathbf{L}^i$ 中的环对应。再根据 $\mathbf{F}^i$ 建立（shell）$\mathbf{SL}^i$，再由 $\mathbf{SL}^i$ 即可构造 $i$ 号舱室实体模型。图 4.24 为建立的某成品油船货油舱（3S）的实体模型。

通过上述方法，可实现分舱曲面模型向舱室实体计算模型的转换。这样，修改分舱曲面模型时，如改变舱壁位置参数等，舱室实体计算模型会自动更改。基于非流形的舱室实体模型，相关舱容要素通过非流形的实体运算完成，因此，可以快速获得修改后的舱容要素，从而更好地满足船体快速分舱设计要求。

图 4.24　某成品油船货油舱（3S）实体模型

# 4.5　约 束 管 理

在船体分舱设计过程中，设计人员必须要考虑船级社规范、国际法定规则及船东需求等要求。这些要求一般指定了舱壁数量、舱壁位置、舱室总体布置、完整（破舱）稳性、干舷、总纵强度、浮态、压载水置换和舱室容积等要求。

这些要求是对分舱设计的约束，也可以用来指导分舱设计。其中，一部分要求在分舱前已经明确，如舱壁数量、舱壁位置、舱室总体布置和舱室容积等，这类要求表达明确，可以在设计初期方便地约束指导设计；另一部分要求需要在分舱设计后逐步校核明确，如完整（破舱）稳性、浮态、干舷、总纵强度、压载水置换等，这类要求计算量大，一般用于分舱后校核分舱结果并指导分舱设计的修正。单从计算难度来看，这些要求的计算理论已经很成熟，并不存在任何问题。但是，从计算时间上看，后一类要求的计算仍然需要几个小时来完成。因此，为了将约束加入初步设计阶段，实现以约束知识实时指导分舱快速设计，暂时对后一类要求不做考虑，以满足实现实时操作的处理时间。目前，仅考虑舱壁数量、舱壁位置、平台面积和舱室容积这些约束。这些约束都可以在初步分舱阶段明确，如《钢质海船入级规范》（2009 版）规定了水密舱壁的数量要求和防撞舱壁的位置要求；船东编制的设计任务书中一般规定了平台面积和舱室容积的要求。

## 4.5.1　约束表达

为了便于对不同设计约束的管理，本节建立了一种约束列表方式来表达船级社规范和船东需求等设计约束。首先，将约束项目按下列四组进行分组（group）：

（1）数量（amount），例如，横舱壁数目、纵舱壁数目等；

（2）位置（position），例如，横舱壁位置、纵舱壁位置、防撞舱壁位置等；

（3）面积（area），例如，工作平台面积等；

（4）体积（volume），例如，燃油舱容积、压载水舱容积等。

然后，将每个约束的取值界定按下列三类进行分类（type）：

（1）最小（min）；

（2）最大（max）；

（3）两者之间（minmax）。

当约束分组和取值界定分类完成之后，便可将两者组合进行列表表达。表 4.6 为约束列表表达实例。

**表 4.6　约束列表表达实例**

| 约束 | group | type | min | max |
|---|---|---|---|---|
| 至少布置 5 道横舱壁 | amount | min | 5 | — |
| 防撞舱壁为 168.2～172.0m | position | minmax | 168.2 | 172.0 |
| 甲板面积不超过 2500m² | area | max | — | 2500 |
| 燃油舱容积不少于 950m³ | volume | min | 950 | — |

其中，约束取值的边界值是通过计算或是船东要求给定的。可以利用外部数学公式编辑器计算获得，再通过使用动态数据交换（dynamic data exchange，DDE）的通信信道，将计算结果发送到约束列表中作为下限或上限边界的数值。

### 4.5.2　约束链接模型

对于船体分舱模型，模型中包括切割主船体的分舱理论面，其中水平面可以对应平台，竖直面可以对应横舱壁或纵舱壁，实体模型可以对应舱室，实体模型中包含一些属性（名称、数量、位置、角点、面积、体积等）。因此，可从设计约束列表中选择相应的约束链接到对应的模型部件及其属性上，即可实现分舱模型与约束的相互关联。

### 4.5.3　数学模型表达

分舱模型与约束关联后，相当于必需的输入数据都已给定，之后就是建立合理的数学模型表达式，求解出分舱设计方案。

基于约束知识的分舱设计与标准的优化设计问题不同。标准的优化设计问题是寻求满足约束条件下的最小化目标函数，但基于约束知识的分舱设计是为了寻求满足约束条件下的可行解，其重点不是为了得到最优目标函数，而是为了满足所有约束条件，优化目标只是一个次要角色。从本质上讲，这不是一个最优化问题，而是一个求解约束优化可行点问题。具体数学模型建立如下。

1. 设计变量

以向量形式表达设计变量，设有 n 个独立的变量，定义为

$$\vec{X}=\{x_1,x_2,\cdots,x_n\} \tag{4.7}$$

对于设计模型，每个 x 代表一个分舱理论面的位置，n 表示被考虑在内的分舱理论面的个数。分舱理论面的位置决定了舱室的布置，通过调整其位置，相应的模型部件属性都会被更新计算。

2. 目标函数

在分舱设计阶段，设计人员对舱室划分往往已有一个设计思想，不妨将这个设计思想作为首选分舱设计方案，因为其没有受到约束的限制，而且设计过程中为了避免重复工作，不希望对原始方案做过大修改。因此，目标函数为在满足约束条件的同时，尽量减少分舱理论面位置的调整以与设计人员的舱室布局意图最好地匹配。具体数学表达为

$$f(x)=q\sum_{i=1}^{n}(x_{i,\text{old}}-x_{i,\text{new}})^{\gamma} \tag{4.8}$$

式中，$q$ 和 $\gamma$ 为比例因子，用以控制目标函数在优化过程中的重要程度。

3. 约束条件

根据标准优化模型的数学表达，约束条件通常为一系列不等式约束 $g(x)\leqslant 0$。因此，可将约束列表中的约束统一改写成这种形式，如最大值约束 $x\leqslant x_{\max}$ 可改写为

$$g(x)=x-x_{\max}\leqslant 0 \tag{4.9}$$

其他约束也可以表示成这种形式，这里不再赘述。

船舶分舱设计的目标是找到满足所有约束条件的可行域，而不需要在可行域内求得精确的最优解。因此，可用惩罚函数法来逐步搜索可行点，惩罚函数表达为

$$p(x)=r\sum_{i=1}^{m}\alpha_i\left\{\max[0,g_i(x)^2]\right\}^{\beta_i} \tag{4.10}$$

式中，

$$\max[0,g_i(x)^2]=\begin{cases}0, & g_i(x)\leqslant 0\\ g_i(x)^2, & g_i(x)>0\end{cases} \quad i=1,2,\cdots,m$$

其中，$m$ 为约束不等式的个数；$r$ 为惩罚因子，用以控制惩罚函数在优化过程中的惩罚程度；$\alpha_i$ 和 $\beta_i$ 用以控制惩罚函数中每个惩罚项在优化过程中的惩罚程度。

可见，对于满足式（4.9）的约束，相应的惩罚项取值为 0，也就是不受惩罚；对于不满足式（4.9）的约束，相应的惩罚项取值为实际面位置与约束要求边界差值的平方，也就是说，不满足约束的程度越厉害，惩罚就越厉害。由此可见惩罚函数法的意义。

最后，将目标函数与惩罚函数结合统一为惩罚目标函数，具体数学表达为

$$\varphi(x)=f(x)+p(x)$$

$$=q\sum_{i=1}^{n}(x_{i,\text{old}}-x_{i,\text{new}})^{\gamma}+r\sum_{i=1}^{m}\alpha_{i}\left\{\max[0,g_{i}(x)^{2}]\right\}^{\beta_{i}} \qquad (4.11)$$

该函数可描述分舱设计的整体功能目标，其最小值表示舱室的划分很好地满足了各约束的要求。

4. 模型求解

上述数学模型都是由一些简单的数学表达式组合而成的典型的非线性无约束优化问题，而且通过设计人员直观分析可以很容易地获得良好的初值，因此，可采用拟牛顿法求解该数学模型，拟牛顿法数值计算稳定性好，收敛速度快，能够克服典型牛顿法求二阶偏导矩阵及逆矩阵难的缺点，被认为是目前较好的求解非线性无约束优化问题的算法之一，具体步骤如下。

（1）选取初始 $\vec{x}^{(0)}$，初始正定对称矩阵 $\boldsymbol{H}_0$（单位阵），计算精度 $\varepsilon>0$，取 $k=0$。

（2）计算 $\vec{s}^{(k)}=-\boldsymbol{H}_k\nabla\varphi(\vec{x}^{(k)})$，沿 $\vec{s}^{(k)}$ 一维搜索，确定步长 $\lambda_k$，使

$$f(\vec{x}^{(k)}+\lambda_k\vec{s}^{(k)})=\min_{\lambda\geq0}f(\vec{x}^{(k)}+\lambda\vec{s}^{(k)})$$

令

$$\vec{x}^{(k+1)}=\vec{x}^{(k)}+\lambda_k\vec{s}^{(k)}$$

（3）若 $\|\nabla\varphi(\vec{x}^{(k+1)})\|<\varepsilon$，则取 $\vec{x}^{(k+1)}$ 为最优解，计算结束；否则转步骤（4）。

（4）计算 $H_{k+1}$，即令

$$\boldsymbol{H}_{k+1}=\boldsymbol{H}_k-\frac{\boldsymbol{H}_k\Delta\vec{g}_k(\boldsymbol{H}_k\Delta\vec{g}_k)^{\mathrm{T}}}{\Delta\vec{g}_k^{\mathrm{T}}\boldsymbol{H}_k\Delta\vec{g}_k}+\frac{\Delta\vec{x}_k\Delta\vec{x}_k^{\mathrm{T}}}{\Delta\vec{x}_k^{\mathrm{T}}\Delta\vec{g}_k}+\alpha_k(\Delta\vec{g}_k^{\mathrm{T}}\boldsymbol{H}_k\Delta\vec{g}_k)\vec{v}_k\vec{v}_k^{\mathrm{T}}$$

式中，

$$\Delta\vec{g}_k=\nabla\varphi(\vec{x}^{(k+1)})-\nabla\varphi(\vec{x}^{(k)})$$

$$\vec{v}_k=\frac{\Delta\vec{x}_k}{\Delta\vec{x}_k^{\mathrm{T}}\Delta\vec{g}_k}-\frac{\boldsymbol{H}_k\Delta\vec{g}_k}{\Delta\vec{g}_k^{\mathrm{T}}\boldsymbol{H}_k\Delta\vec{g}_k}$$

$$\alpha_k=\frac{\Delta\vec{x}_k^{\mathrm{T}}\Delta\vec{g}_k}{\Delta\vec{x}_k^{\mathrm{T}}\Delta\vec{g}_k+\Delta\vec{g}_k^{\mathrm{T}}\boldsymbol{H}_k\Delta\vec{g}_k}$$

若 $k\neq n-1$，则令 $k=k+1$，转步骤（2）；若 $k=n-1$，令 $\boldsymbol{x}^{(0)}=\boldsymbol{x}^{(k+1)}$，$k=0$，转步骤（2）。

### 4.5.4　约束冲突

通过求解上述数学模型可以自动获得船体分舱方案，通过检查惩罚函数的值可以判断获得设计方案是否可行。如果设计方案不可行，说明有两个或两个以上的约束是相互冲突的，也就是说数学模型中产生了过约束，可行域不存在。出现

这种情况，可以通过调整 $\alpha_i$ 和 $\beta_i$ 的取值来适当地减小对应约束条件的约束程度。如果无论如何调整 $\alpha_i$ 和 $\beta_i$ 的取值都无法得到可行解，说明存在不合理的设计要求，可以与船东商谈，更改相关不合理的设计要求。

## 4.6　分　舱　流　程

本章介绍的分舱方法具体步骤如下。

（1）根据设计要求，建立三维约束系统。

（2）确定第 2 类分舱理论面的输入参数，生成第 2 类分舱理论面。

（3）确定第 3 类分舱理论面的输入参数，生成第 3 类分舱理论面。

（4）利用非流形造型及其集合运算，得到分舱理论面与船体曲面相交的补交结果。

（5）显示三维分舱曲面模型。

（6）利用非流形造型，生成舱容实体计算模型。

（7）将分舱约束列表与舱室几何模型相链接，以约束知识指导分舱方案优化修正，进而获得满足全部约束要求的分舱方案。

（8）显示最终的分舱模型。得到修正后的舱容、容心及自由液面惯性矩等舱容要素。具体流程见图 4.25。

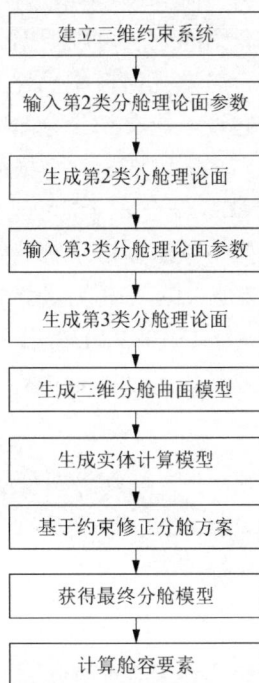

图 4.25　分舱流程

# 4.7　设计结果分析

## 4.7.1　设计实例

下面以 50 000DWT 成品油船（3.4.1 小节）的舱室划分为例，说明本章所提出的分舱方法的具体应用流程。预计主要划分 12 个货油舱与 2 个污油舱。

图 4.26～图 4.32 显示了整个分舱的过程。首先，设计人员根据设计要求输入参数，生成第 2、3 类分舱理论面，图 4.26 为第 2 类分舱理论面，图 4.27 为第 3 类分舱理论面。利用非流形造型及其集合运算获得各分舱理论面和船体曲面相交切割后的分舱模型，图 4.28～图 4.30 为一个槽形横舱壁（包括顶凳及底凳）的生成过程。以底凳的生成过程为例进行详细说明（图 4.28），如果设计人员定义了一个底凳分舱理论面并使其与船体内壳理论面做补交运算［图 4.28（a）］，即可在船体内生成底凳［图 4.28（b）］。也就是说，通过补交运算，底凳分舱理论面在内壳理论面边界以外的部分不被提取，而相对应的在内壳理论面边界以内的部分被提取保留在船体内。最终，在主船体内生成了底凳。应用同样的方法，图 4.29 为生成一个顶凳的实例，图 4.30 为生成一个槽形横舱壁的实例，图 4.31 为生成的分舱曲面模型。应用 4.4 节介绍的方法可以根据分舱曲面模型生成舱室实体计算模型，如图 4.32 所示。这样，舱室几何模型已建立完毕。下面说明如何基于约束要求实现分舱方案的修正，假设本船在初步分舱时还要求考虑表 4.7 中列出的分舱设计要求，根据初始设计方案，可选择 9 个横舱壁的纵向坐标作为设计变量 $X=\{x_1,x_2,\cdots,x_9\}$，根据 4.5.3 小节，结合表 4.7 可建立约束条件函数，结合原设计方案可建立目标函数，再应用拟牛顿法即可求解该数学模型，进而修改横舱壁的纵向位置，获得修正后的分舱方案。图 4.33 为最终修改后的满足约束要求的横舱壁位置，$X=\{8.4,35.6,41.92,64.04,86.16,108.28,130.4,152.52,174.64\}$。根据最终的分舱方案，可以计算出本船的舱容要素信息，如表 4.8 所示。

图 4.26　50 000DWT 成品油船第 2 类分舱理论面

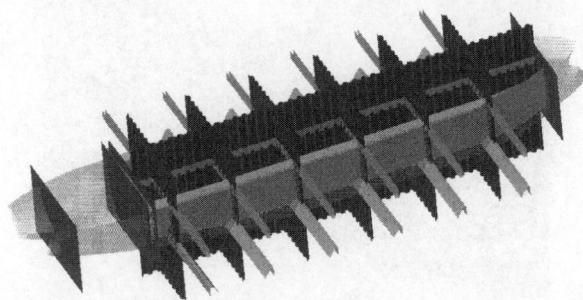

图 4.27    50 000DWT 成品油船第 3 类分舱理论面

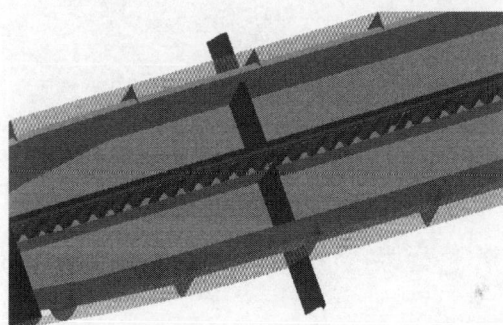

（a）底凳理论面

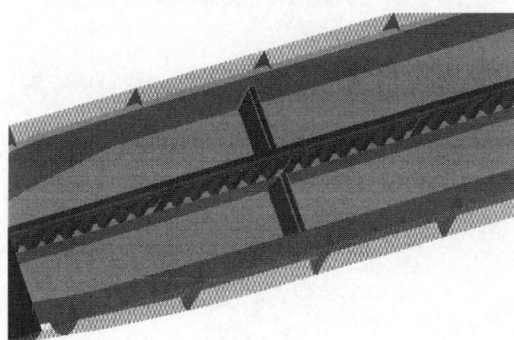

（b）生成底凳

图 4.28    50 000DWT 成品油船底凳生成

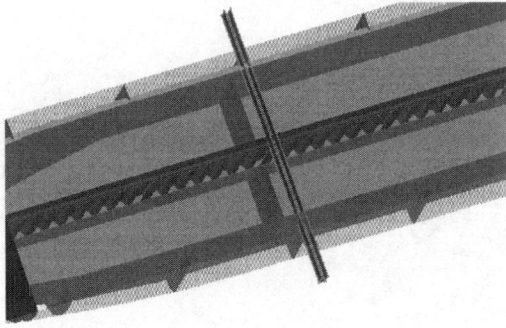

（a）顶凳理论面

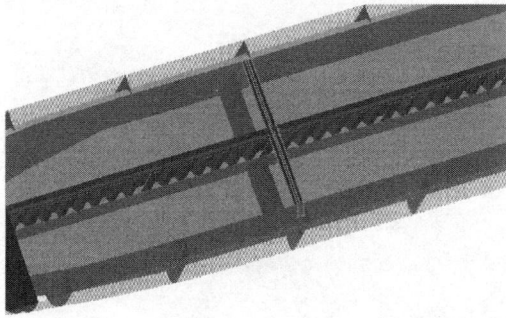

（b）生成顶凳

图 4.29　50 000DWT 成品油船顶凳生成

（a）槽形横舱壁理论面

图 4.30　50 000DWT 成品油船槽形横舱壁生成

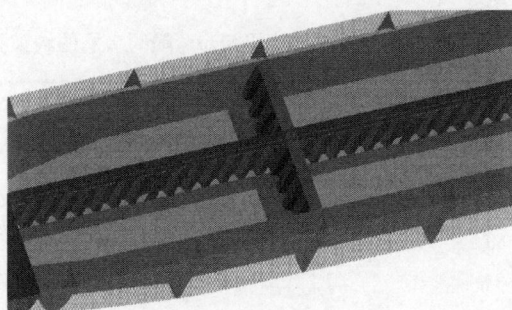

（b）生成槽形横舱壁

图 4.30　50 000DWT 成品油船槽形横舱壁生成（续）

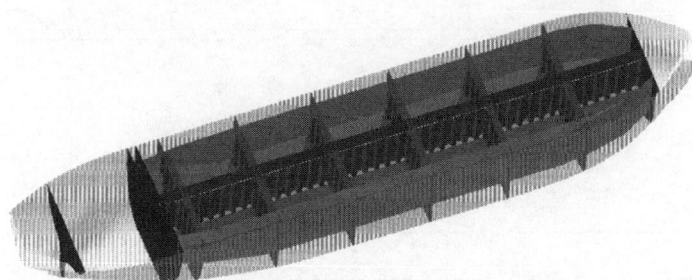

图 4.31　50 000DWT 成品油船三维分舱模型

图 4.32　50 000DWT 成品油船舱容计算模型

表 4.7　50 000DWT 成品油船初步分舱时考虑的约束列表

| 约束 | group | type | min | max |
|---|---|---|---|---|
| 至少布置 8 道横舱壁 | amount | min | 8 | — |
| 防撞舱壁为 167.4～176.7m | position | minmax | 167.4 | 176.7 |
| 舱长不大于 27.9m | position | max | — | 27.9 |
| 污油舱总容积不少于 2 000m³ | volume | min | 2 000 | — |
| 货油舱总容积不少于 55 000m³ | volume | min | 55 000 | — |

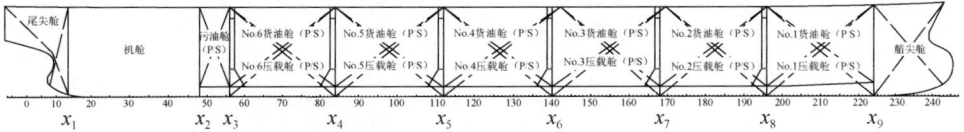

图 4.33　50000DWT 成品油船舱壁位置

表 4.8　50 000DWT 成品油船货舱舱容表

| 舱名 | 舱容/m³ | 容心 | | | 惯性矩/m⁴ |
|---|---|---|---|---|---|
| | | $x$/m | $y$/m | $z$/m | |
| 货油舱 1P | 3981.0 | 162.42 | −6.08 | 10.40 | 3488.84 |
| 货油舱 1S | 3981.0 | 162.42 | 6.08 | 10.40 | 3488.83 |
| 货油舱 2P | 4889.0 | 140.92 | −7.46 | 10.10 | 5954.69 |
| 货油舱 2S | 4889.0 | 140.92 | 7.46 | 10.10 | 5954.69 |
| 货油舱 3P | 4915.1 | 118.85 | −7.49 | 10.10 | 6050.89 |
| 货油舱 3S | 4915.1 | 118.85 | 7.49 | 10.10 | 6050.89 |
| 货油舱 4P | 4915.1 | 96.73 | −7.49 | 10.10 | 6050.9 |
| 货油舱 4S | 4915.1 | 96.73 | 7.49 | 10.10 | 6050.9 |
| 货油舱 5P | 5085.1 | 75.00 | −7.49 | 10.09 | 6328.57 |
| 货油舱 5S | 5085.1 | 75.00 | 7.49 | 10.09 | 6328.57 |
| 货油舱 6P | 4676.0 | 53.14 | −7.31 | 10.20 | 5955.65 |
| 货油舱 6S | 4676.0 | 53.14 | 7.31 | 10.20 | 5955.63 |
| 污油舱 P | 1251.6 | 38.81 | −6.53 | 10.67 | 1453.01 |
| 污油舱 S | 1251.6 | 38.81 | 6.53 | 10.67 | 1452.99 |

由于生成的三维模型保存了约束条件及非流形造型全过程，如果要修改模型，设计人员只需通过输入新参数即可实现快速修改。例如，要修改底凳面板高度，设计人员只需输入新的底凳面板高度，约束系统便会自动求解出新的底凳理论面，非流形造型系统便会自动修改与其相交的构件，以生成新模型，如槽形舱壁会自动变形与新底凳匹配，无需人工参与交互修改，这就是因为非流形造型技术保存了设计过程（槽形舱壁与底凳的补交运算），而不仅是设计结果，所以当底凳改变时，槽形舱壁便可以自动变形与新底凳匹配了。可见，本章所提方法可以实现主船体的快速分舱及修改。

另外，本章应用所提分舱方法又设计了几条船的分舱模型。图 4.34 是一条 6400m³ 小型 LNG 船的分舱模型，图 4.35 是一条 76 000DWT 散货船分舱模型。

图 4.34　6400m³ LNG 船分舱模型

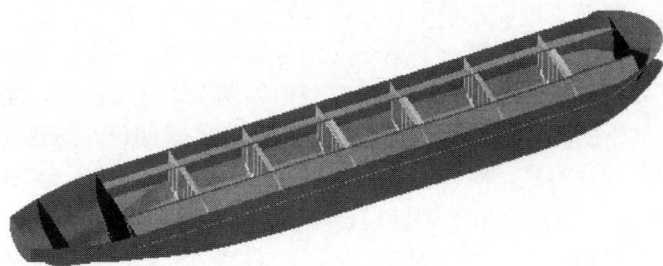

图 4.35　76 000DWT 散货船分舱模型

## 4.7.2　方法分析

与传统分舱方法相比，本章所提方法的优势主要体现在以下几方面。

### 1. 参数化技术的应用

传统分舱方法需要输入每个舱室的型值信息，而且模型参数传递主要通过设计人员手工实现，人工工作量很大，而本章所提方法应用基于几何约束的参数化技术实现了参数驱动舱室模型的生成，只需输入舱壁位置及内壳折点参数，即可进行参数化分舱，避免了大量舱室型值信息的输入，降低了舱室定义的复杂性。对舱室几何图元添加约束后可实现舱室拓扑关系的关联修改，可用于舱室建立后的修改问题。

2. 非流形造型技术的应用

传统分舱造型方法往往只记录造型结果，而不记录造型过程中各图元边界分割后的相交信息，这样就导致模型的可变性差，每次少量的参数修改都需要重新计算这些过程信息，非常耗时。而应用非流形造型技术记录分舱时的过程信息，修改模型时只需对这些信息重组即可，实现了分舱模型的快速重塑。另外，本章提出了补交运算，这是对传统非流形集合运算的扩充，非常适用于分舱理论面切割主船体操作，大大提高了主船体分舱建模的效率。

3. 自顶向下设计模式的支持

传统分舱方法是一种自底向上的设计模式，在分舱设计阶段，设计人员往往先假定一组参数展开设计，而这些假定需要后续工作才能确定是否合适，如果计算后发现设计方案不满足某一船舶性能指标的要求，就需要重新修改设计参数再次展开设计，如此反复直到找到一组满足设计要求的设计参数。这个过程与正常设计思维不符，制约了设计人员设计才能的发挥。而本章所提方法的设计思想是一种自顶向下的设计模式，第一，通过应用分舱理论面切割主船体的方式来进行舱室划分，可以将设计人员的设计思想直观地体现在设计模型中，是一种从整体到局部，自顶向下的建模方法，建模过程也与人们常规的设计思路相符；第二，将分舱约束加入设计阶段，实现以约束知识指导分舱快速设计，弥补了传统方法只利用约束来校核，而没有用于辅助设计，因而需要螺旋式修改优化设计的不足。该方法可以看成对知识工程技术的变形应用，将相关分舱约束建立表格存储，作为分舱设计的知识库，再应用该知识库来推理获得满足所有约束的分舱设计方案。当然，也可以应用该知识库来检验设计，如果有设计约束没有满足，有问题的地方可反馈给设计人员，方便设计人员自行修改设计，这个功能实现了对传统方法校核过程的补充改进，为实现基于知识工程的船舶分舱设计奠定了基础。

# 4.8　本章小结

为了提高船舶分舱的设计水平和效率，本章将三维参数化技术、非流形造型技术、基于约束知识的设计方法与船舶舱室的具体特点相结合，提出了一种自顶向下的快速分舱方法。该方法定义了分舱理论面的概念，利用参数化技术生成分舱理论面模型。利用非流形造型技术及其扩展的集合运算建立分舱理论面与主船体相交后的分舱曲面模型与实体计算模型。再将分舱约束与舱室几何模型相链接，以约束知识指导分舱方案优化修正，进而获得满足全部约束要求的分舱方案，并计算舱容要素。非流形造型技术和参数化设计结合使分舱模型保存了设计全过程的信息，而不只是设计结果，这样可以使模型具有很强的重塑性，便于分舱方案的快速修改与新分舱方案的快速建模，解决了传统方法修改费时、模型可重用性差、重复性劳动量大等问题。实例表明，设计人员应用该方法可以快速有效地执行分舱设计。

# 第5章　知识驱动船体结构快速设计及优化

## 5.1　引　　言

船体分舱设计完成后，进入船体结构设计阶段。船体结构设计的质量和效率是影响船舶开发周期的重要因素，如何在确保安全的前提下，快速生成船体结构，并能实现结构快速修改与方案变换，是船舶设计人员关注的主要问题。

传统的船体结构设计是以数据作为主要处理对象，是一种交互的绘图操作。设计人员仅描述船体结构的可视外形及尺寸，不包含设计思想、专家经验、母型船信息及相关规范等知识，因而不便于对设计模型的修改及检查。针对上述问题，国内外学者开始研究如何将设计方法、规范及专家经验结合到设计过程中去，使操作人员只需输入少量参数及应用要求，系统即可依据相关知识，自动快速开发出高质量的设计模型。对此，基于知识工程的船舶设计方法，以知识作为主要处理对象，成为船舶设计方法发展的新方向，降低了对设计人员知识水平的要求，可实现"傻瓜"设计，提高设计效率。

如今，知识工程在汽车、机械等行业已经发展成熟，取得较大成果[191]。而在船舶行业中，由于设计的多样性和复杂性，对知识工程的研究应用还处于起步阶段。本章引入船体结构知识本体的概念，将知识工程原理和参数化技术相结合，建立船体结构设计知识库，通过位置参数确定结构构件位置，通过母型知识库运用 NUBRS 函数插值结合规范确定构件尺寸，并采用量子行为遗传算法对关键结构进行优化，最终实现三维船体结构的自动优化设计。

## 5.2　基　本　原　理

### 5.2.1　知识工程

知识工程最早由美国专家 Feigenbaum 提出。知识工程是研究知识信息的新兴学科，其将具体的智能系统研发中的那些共性问题提取出来，作为知识工程的核心，使之成为指导研发智能化系统的基本工具和一般方法[192]。知识工程本质是研究如何挖掘并积累产品开发中的知识，并对其进行表达、应用及维护，以用于产品开发相关问题的自动求解。知识工程研究的主要内容包括知识的获取、知识的表示和知识的应用与处理，旨在知识的再利用，以实现快速开发出高质量的产品。

### 1. 知识的获取

知识获取是指从设计手册、规范、成功先例及专家经验等获取解决开发中相关问题的知识的过程。即知识源到知识库的知识移动。

### 2. 知识的表示

知识表示是指将解决问题的相关知识以计算机能够识别的语言表达出来，并最终存储到计算机中，以便于计算机利用这些知识处理产品开发过程中的问题。

### 3. 知识的应用与处理

有了知识的获取及表达之后，就可以应用知识来解决问题。显然，知识应用过程中也需要知识处理。知识处理主要包括知识的推理、搜索、管理及维护等。

推理指按照某一策略由已知判断推出其他判断的过程；搜索指从一个知识空间中搜索出满足给定条件的对象；知识的管理及维护指对知识库的检索、增加、修改或删除等操作。

## 5.2.2　知识本体

船舶有各种船型，不可能为每条船都开发相应的船舶设计模块。但同系列船型往往具有相似的结构。新船的开发一般都是以原有母型船为基础，船体结构构件设计往往也是参考原有母型船结构改进变形出来的。针对上述事实，结合知识工程，本节提出了船体结构设计知识本体的概念。

在研究某一系列船型结构的基础上，去除其特殊结构，提取出共性结构，建立基于知识的三维参数化船体结构模型，称为船体结构知识本体。有了知识本体，即可快速开发出新船结构。

结构知识本体属于对船体结构的高度集成，是一种结合专业知识、专家经验并内嵌船级社规范的知识模型。基于知识的船体结构设计系统，其设计思想本质就是构建这种知识驱动的知识本体，即通过计算机技术将船舶相关知识集成到船体模型中，实现船体结构设计的智能化、参数化和自动化。使设计人员能得到丰富的船舶知识支持，从而提高船舶设计能力。

# 5.3　知识库的建立

知识库是指知识工程中结构化、易应用、易操作、有组织的知识集合。知识库包括理论知识、技术规则、专家经验、成功案例和构件标准等。构建知识库时，将理论知识、技术规则、专家经验、成功案例和构件标准等知识收集、组织、管理并归纳成可用于解决产品开发的策略，以知识表示方式存储在计算机中，为设计人员提供查找和利用知识的手段。船体结构设计目前正朝着智能化、模块化的三维设计方法发展。由于船体结构构件数量大，为避免重复建模工作，可将船体结构构件归类建立构件库。另外，船体结构都是根据结构设计规范和经验等知识进行设计的，因此，可用设计规范、经验、标准和母型船数据等知识建立规则库，进而构成知识库，如图 5.1 所示。

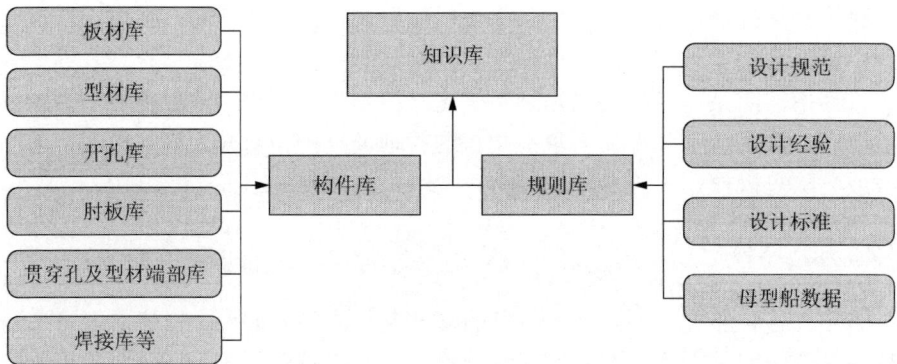

图 5.1　知识库结构

知识库建立后，将其嵌入船体结构 CAD 系统中，使设计人员只需输入基本的工程参数和应用需求，CAD 系统便会在知识库的帮助下，自动推理出设计依据，帮助设计人员完成设计，降低设计出错的概率，提高设计效率和质量。

## 5.3.1　船体结构构件库

船体结构复杂、构件种类多、尺寸信息量大，但其相似结构多。为减少船体结构设计的重复工作，可以对全船构件进行规划，提取构件特征，创建船体结构构件库。通过参数化技术实现参数驱动构件模型的建立，将知识库内嵌到构件模型中，构建标准构件库，在构件库中可以根据国家标准、尺寸约束及构件外形特征等，通过电子表格调整构件参数，从而实现知识驱动生成构件。

研究的构件库主要包括板材库、型材库、开孔库、肘板库、贯穿孔及型材端部库和焊接库等。

1. 板材库

船体结构中板材应用电子表格驱动板材参数化设计，将板材厚度参数以表格形式存储，将表格中参数与板材外形关联，修改表中参数即可生成相应板材。板材参数表如图 5.2 所示。

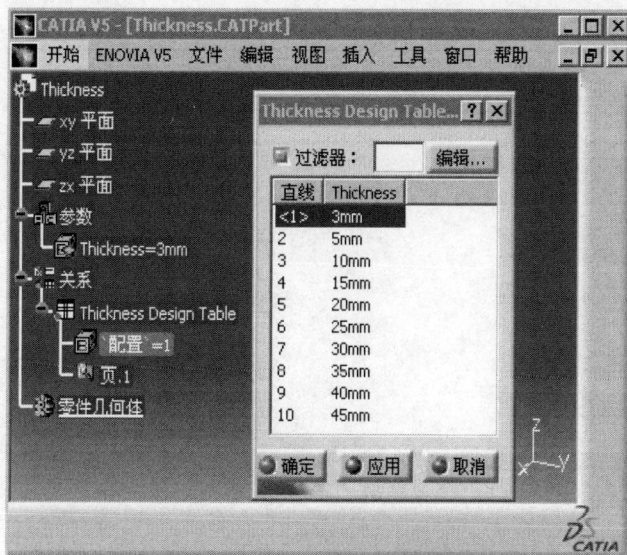

图 5.2　板材参数表示意图

2. 型材库

船体结构中型材同样应用电子表格驱动型材参数化设计，将型材外形参数以表格形式存储，将表格中参数与型材外形关联，修改表中参数即可生成相应型材。型材库包括 T 型材、角钢、球扁钢和扁钢等。其中，主要参数包括型材号、腹板高度、腹板厚度、面板厚度和面板宽度等。球扁钢剖面参数草图如图 5.3 所示，参数表如图 5.4 所示。

3. 开孔库

船体结构中含有大量开孔，主要包括圆孔、长圆孔和矩形孔等。同样应用电子表格驱动开孔参数化设计。长圆孔参数草图如图 5.5 所示，参数表如图 5.6 所示。

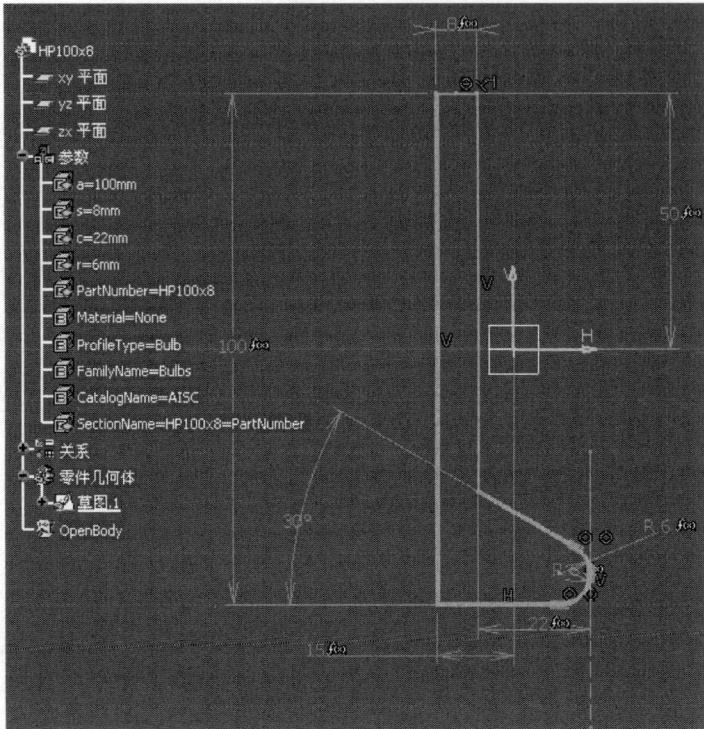

图 5.3　球扁钢剖面示意图

图 5.4　球扁钢参数表

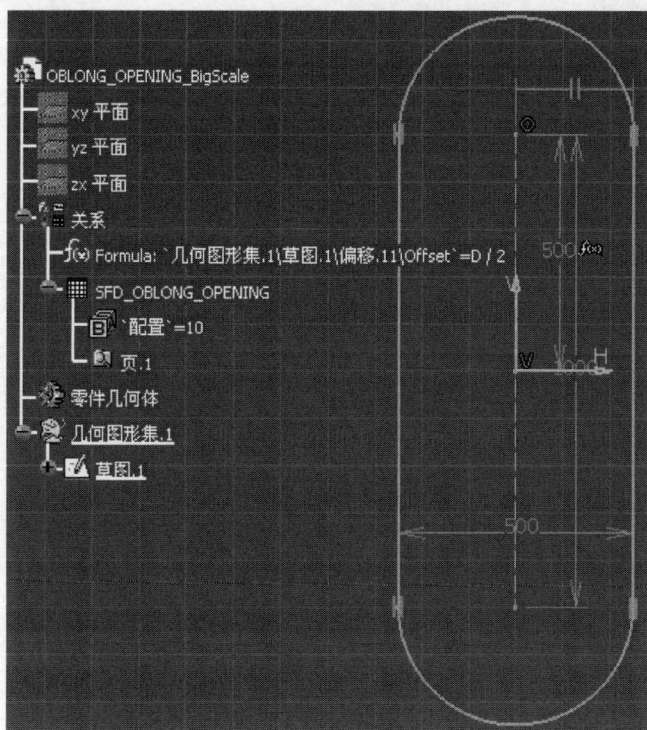

图 5.5　长圆孔参数示意图

图 5.6　长圆孔参数表示意图

4. 肘板库

船体结构中有大量肘板，需对肘板进行分类归纳，建立小装配件库。建库过程如下：

（1）确定肘板边界，即肘板连接构件；

（2）确定肘板位置；

（3）创建肘板几何形状；

（4）确定肘板的尺寸输入输出参数；

（5）将肘板参数模型实例化；

（6）将实例化后的肘板模型添至肘板库。

肘板库管理界面如图 5.7 所示。

图 5.7　肘板库管理界面

5. 贯穿孔及型材端部库

船体结构中有大量贯穿孔及型材端部，需对贯穿孔及型材端部进行分类归纳，应用知识模板或用户定义特征技术建立贯穿孔及型材端部库。建库过程如下：

（1）确定需要端部处理或建贯穿孔的型材；

（2）在支持型材上建封闭几何体，利用布尔运算，将封闭几何体从型材中删除，用于贯穿孔及型材端部建模；

（3）建立用户定义特征，发布型材端部形式或贯穿孔的特征参数；

（4）保存贯穿孔或型材端部定义文档，并将知识模板或用户定义特征保存入库。

型材端部库管理界面如图 5.8 所示，贯穿孔库管理界面如图 5.9 所示。

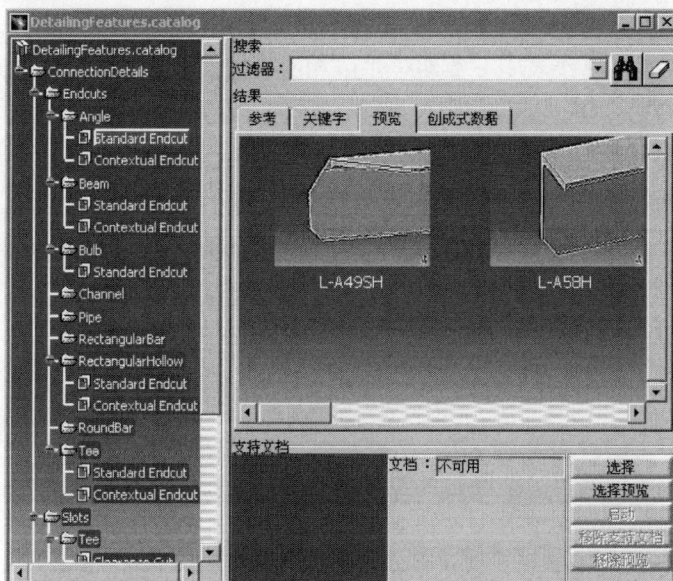

图 5.8　型材端部库管理界面

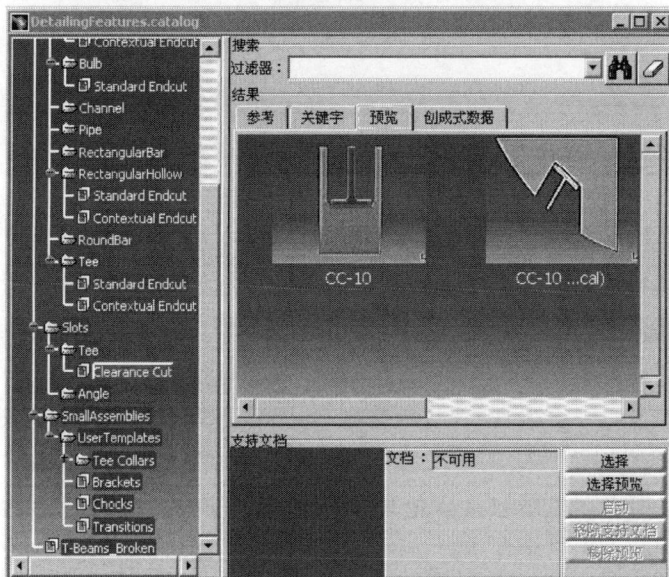

图 5.9　贯穿孔库管理界面

6. 焊接库

船体结构中有大量的焊缝，需对焊缝的焊缝形式和坡口形式进行归纳整理，可应用电子表格驱动焊缝参数设计，将焊缝参数以表格形式存储，将表格中参数与焊缝外形关联，修改表中参数即可生成相应焊缝。焊缝主要参数包括焊缝长度、焊缝形式（对接焊缝、搭接焊缝、塞焊焊缝、角焊缝等，角焊缝还可细分为双面焊、单面焊、间断焊和连续焊等）、坡口形式（不开坡口、开坡口，坡口参数包括焊脚高度和焊喉厚度）等。焊接库管理界面如图 5.10 所示。

图 5.10　焊接库管理界面

## 5.3.2　规则库

对于船体结构设计而言，规则库一般是设计规范、设计经验、设计标准、母型船数据等知识的集合。建立规则库时，将这些知识进行收集并归纳成若干规则，以一定格式存储在数据库中，供设计人员在设计过程中调用，为设计人员提供指导，从而实现设计方案自动检验，实现船体结构的智能化设计，达到快速设计的目的。本章研究的船体结构规则库主要是基于设计规范及母型船数据的知识表达，把设计规范及母型船数据定义为规则类，把具体的每条规则（包括规范中要求的板厚、型材剖面模数要求、按照母型船数据自定义的要求等上百条规则）定义成规则类的实体，并用这些实体建立动态表进而组成规则库，规则推理过程由这些规则实体提供的方法完成。规则类由规则编号、规则优先级、约束、公式、结论等组成。规则编号是规则的标志，不同构件参数的计算和其相关的规则编号对应，当需要确定某一参数时，调出其所对应的规则进行计算，若有多条规则可供应用时，规则的冲突就会发生，这时可按照规则优先级来选择其中之一从而解决冲突。约束是对按照规则所获得的结果的限制，计算出的结果要满足此约束。公式是规则类中的核心，对应公式类，包括计算参数和结果，计算参数可以通过数据库得到，计算结果返回到规则类，作为规则库的结论。具体的规则表示在后文的设计实例中给出。

## 5.4　基于知识的船体结构设计

船体结构设计是依据规范对构件进行计算，再结合母型船数据和设计经验对尺寸进行计算、修改直到满足设计要求。这一过程需要设计人员不停地查阅规范，占用了大量的工作时间，降低了设计效率。若将设计规范、设计标准、设计经验和母型船数据等知识嵌入知识库中，并通过合理的知识推理方式为设计提供依据和准则，设计人员设计时就节省了反复查阅资料的时间，提高了设计效率。同时，采用知识库来管理，实现了知识的保护和积累，使船体结构设计知识更容易被应用。

基于知识的船体结构设计，首先建立参数化构件库，把构件标准、尺寸约束及特征约束等信息集成起来，构成构件库；然后将设计规范及母型船数据等知识进行整理，归纳为计算机可识别的公式、规则、检查，写入知识库，协助设计人员快速完成并检查设计。

知识推理方式主要采用规范推理法（rule-based reasoning，RBR）和实例推理法（case-based reasoning，CBR），规范推理法适用于所表达知识明确的情况，如对船级社规范要求的推理；实例推理法适用于所表达的知识并不明确的情况，如母型船资料等知识，需要将母型船数据与设计船对比分析后，确定发布参数，用于新设计参考，同时新设计船也可以加入知识库，为以后设计做储备。

在设计中所设计船的结构构件位置通过位置参数驱动生成，构件尺寸通过母型知识库并运用 NUBRS 函数插值再结合相关规范要求获得，对主要结构采用量子行为遗传算法进行优化，得到最终结果，流程如图 5.11 所示。

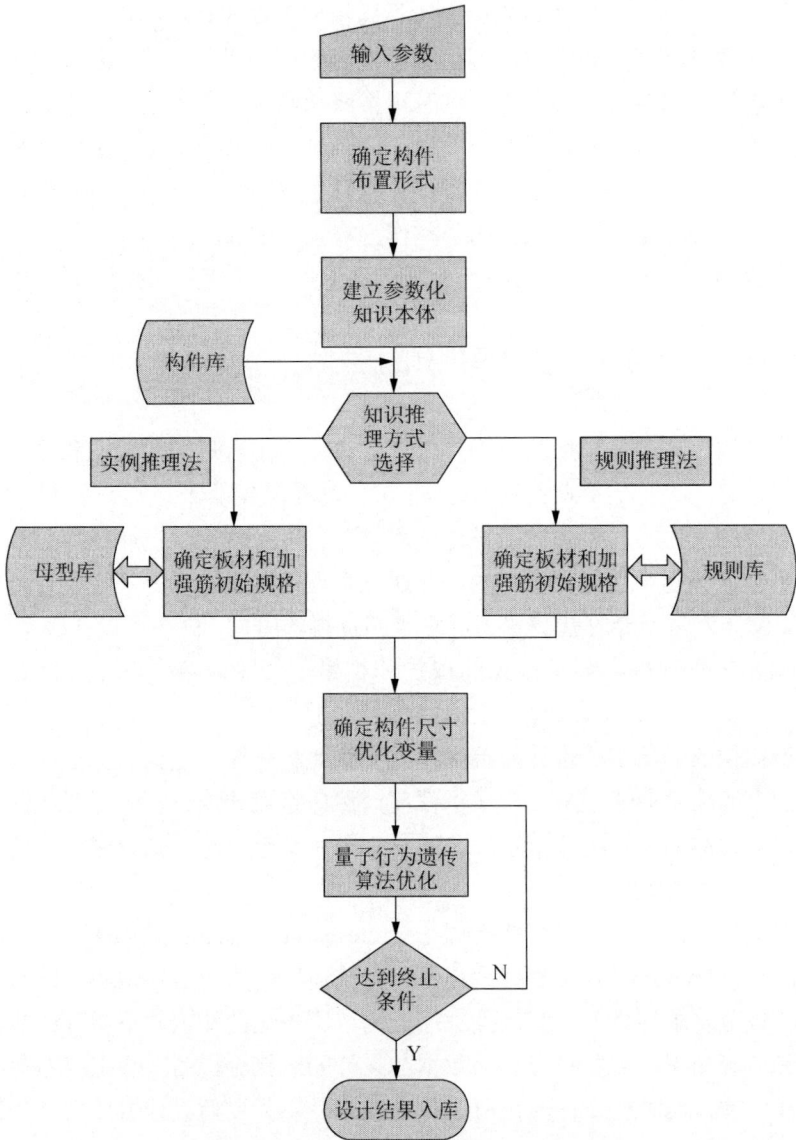

图 5.11　基于知识的船体结构设计流程图

# 5.5　设 计 实 例

通过设计实例具体介绍基于知识的结构设计流程及方法。

### 5.5.1 构件位置确定

船体结构构件主要为加筋板，即板材上焊接加强筋。其中板材为基础，确定构件位置首先要确定板材的位置，然后再确定板材上附属结构（加强筋、开孔和板缝等）位置。

板材位置可以通过其理论面平面与板边界描述。理论面可以根据用户输入位置参数或其他板的变换操作获得。如图 5.12 所示的船体底部结构中，内底板理论面 DB_BTM 可以定义为高 2000mm；距中 1730mm 旁桁材理论面 GR_1730 可以描述为中桁材 GR_CEN 偏移 1730mm。板边界可以通过平面方程、船体分舱曲面模型（第 4 章）或其他板组合确定。如 DB_BTM 的边界为船体分舱曲面模型中的舱体外板 SHELL_ENG、FR29、FR39 和 GR_1730 组合。

板材位置确定后，其加强筋、开孔和板缝等附属结构位置采用参数化方法确定。用户为附属结构添加三类约束：①从属约束，即附属结构随着板材的移动而移动，如肋板上的开孔与肋板之间就属于从属约束；②距离约束，即附属结构到板上某一特定位置距离为定值，如内底板上内底纵骨间距要求为 900mm 就属于距离约束；③边界约束，即附属结构以板的边界为边界，如主肋骨与船体外板之间就属于边界约束。求解几何约束系统即可确定附属结构位置。

然后开始板材和加强筋规格的设计。通过规范推理法和实例推理法两种知识推理方式展开。

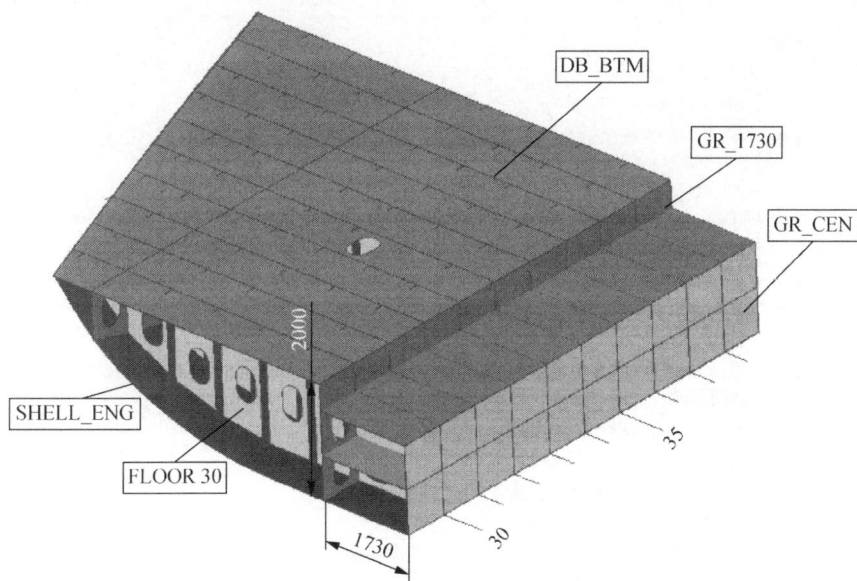

图 5.12 某油船底部结构图

### 5.5.2　规范推理法

规范推理法主要是根据船级社规范进行知识推理来获得构件尺寸。首先确定参数化结构模型的基本参数，再根据规范规定的公式确定参数关系式，然后根据船级社规范规定的板材厚度要求及加强筋剖面属性等要求，建立设计规则库，通过建立参数关系式将规则库中的知识应用于船体结构设计过程中，设计中系统便会自动依据规则获得构件参数的取值结果。最后，根据规范建立检验，对设计方案进行评估，以确定设计结果是否满足规范要求，若不满足则给出提示，以便设计人员了解问题所在，及时修改，快速完成设计。

下面以舷顶列板设计为例进行说明。

1. 参数建立

根据中国船级社（China Classification Society, CCS）《钢质海船入级规范》（2009 版）[193]，舷侧为纵骨架式时，船中 0.4L 区间内的舷顶列板厚 $t$ 不小于按照下列两式计算的值：

$$t_1=0.06s(L_1+110)\sqrt{F_d} \tag{5.1}$$

$$t_2=0.9s\sqrt{L+75} \tag{5.2}$$

式中，$s$ 为舷侧纵骨间距；$L$ 为船长；$L_1=L$，但 $L_1\leqslant 200\text{m}$；$F_d$ 为折减系数。

确定舷顶列板参数如图 5.13 所示。

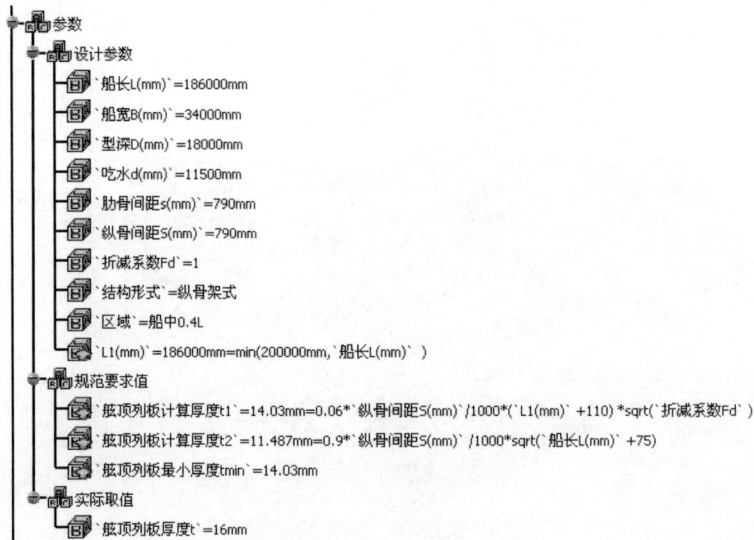

图 5.13　舷顶列板参数设置示意图

## 2. 参数关系式确定

根据规范中的公式，可以确定参数之间的关系式，如图 5.14 所示。

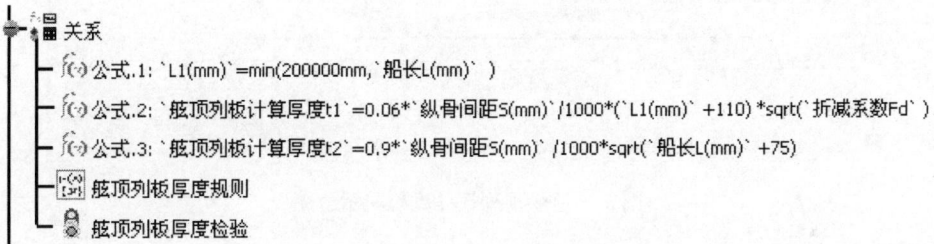

图 5.14　舷顶列板参数关系式示意图

## 3. 舷顶列板厚度规则建立

前两步完成之后，即可进行舷顶列板厚度规则的建立。根据 CCS 规范规定，舷顶列板厚应不小于式（5.1）和式（5.2）计算出的值，利用规则编辑器建立该条规则存入规则库，这样可以实现该条规则的重用。当设计参数改变时，系统会自动根据规则给出符合规则的结果。舷顶列板厚度取值规则如图 5.15 所示。

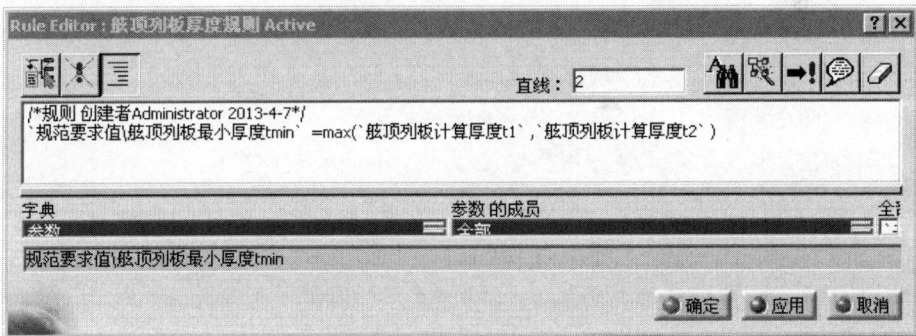

图 5.15　舷顶列板厚度规则示意图

## 4. 舷顶列板厚度检验

建立舷顶列板厚度检验，以确定设计结果是否满足 CCS 规范要求，舷顶列板厚度检验如图 5.16 所示。如果不满足要求，系统将给设计人员提示，协助设计人员修改设计结果，如图 5.17 所示。

其他船体结构构件的规范推理过程相似，这里不再赘述。

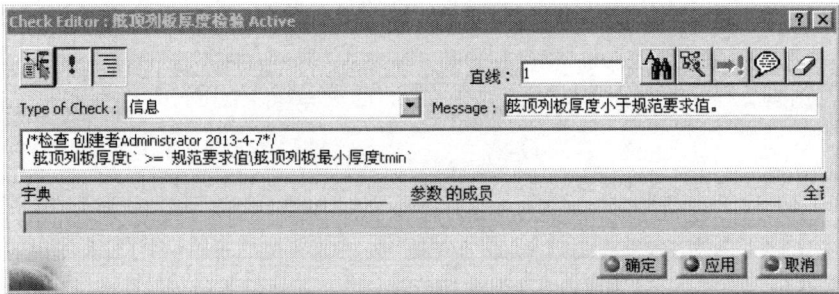

图 5.16　舷顶列板厚度检验示意图

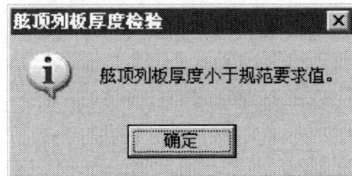

图 5.17　舷顶列板厚度检验信息

### 5.5.3　实例推理法

实例推理法是根据母型船数据进行知识推理来获得构件尺寸。首先选择 $n$ 条相似的母型船,根据规范中板厚要求及加强筋剖面属性的要求公式,计算得到各结构构件的关键值。下面以强力甲板为例进行说明。

规范中规定纵骨架式强力甲板厚度不小于下列各式计算值[193]:

$$t_1=0.06s(L_1+110)\sqrt{F_d} \tag{5.3}$$

$$t_2=0.9s\sqrt{L+75} \tag{5.4}$$

式中,$s$ 为纵骨间距;$L$ 为船长;$L_1=L$,但 $L_1 \leqslant 200\text{m}$;$F_d$ 为折减系数。

取 $t_1$ 和 $t_2$ 中较大者,若 $t_2$ 较大,则式(5.4)作为关键公式,令 $k=s\sqrt{L+75}$ 为强力甲板的关键值,那么设计船的甲板厚 $t$ 可采用 NURBS 函数插值求得。利用 NURBS 函数的升阶算法,可以用三次 NURBS 函数,统一表达线性插值和二次插值,这样便可满足只有两三条母型船,即母型船数量较少时也可以应用 NURBS 函数插值的要求,实现 NURBS 函数插值的通用性。三次 NURBS 函数如下:

$$\begin{bmatrix} k(u) \\ t(u) \end{bmatrix} = \frac{\sum\limits_{i=0}^{n} B_{i,3}(u)W_iV_i}{\sum\limits_{i=0}^{n} B_{i,3}(u)W_i} \tag{5.5}$$

式中，$V_i$ 为控制顶点，是利用母型船数据反算获得的；$W_i$ 为权因子；$B_{i,3}(u)$ 为三次 B 样条基函数；$u$ 为节点，由积累弦长法确定。

下面以强力甲板为例具体介绍实例推理法的设计流程。

### 1. 参数建立

确定强力甲板参数，如图 5.18 所示。

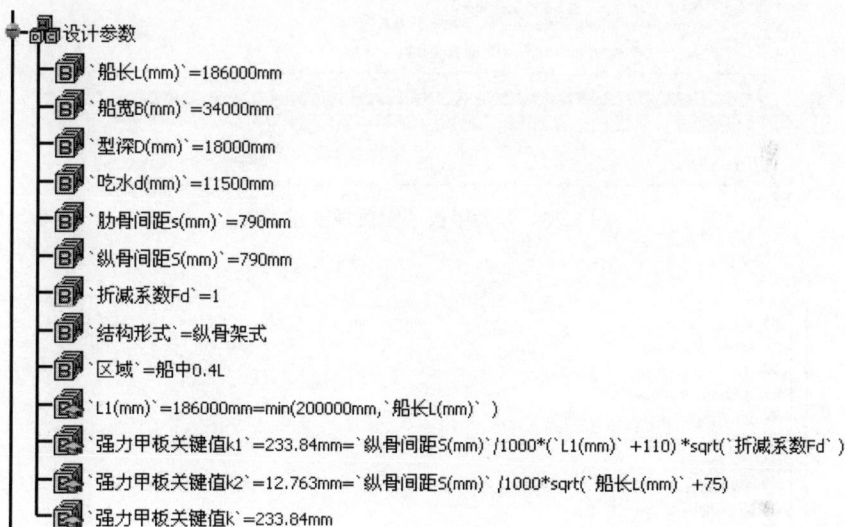

- 设计参数
  - `船长L(mm)`=186000mm
  - `船宽B(mm)`=34000mm
  - `型深D(mm)`=18000mm
  - `吃水d(mm)`=11500mm
  - `肋骨间距s(mm)`=790mm
  - `纵骨间距S(mm)`=790mm
  - `折减系数Fd`=1
  - `结构形式`=纵骨架式
  - `区域`=船中0.4L
  - `L1(mm)`=186000mm=min(200000mm, `船长L(mm)`)
  - `强力甲板关键值k1`=233.84mm=`纵骨间距S(mm)`/1000*(`L1(mm)`+110)*sqrt(`折减系数Fd`)
  - `强力甲板关键值k2`=12.763mm=`纵骨间距S(mm)`/1000*sqrt(`船长L(mm)`+75)
  - `强力甲板关键值k`=233.84mm

图 5.18　强力甲板参数设置示意图

### 2. 参数关系式确定

参考规范中的公式[式（5.3）、式（5.4）]，确定关键值公式，建立参数之间的关系式，如图 5.19 所示。

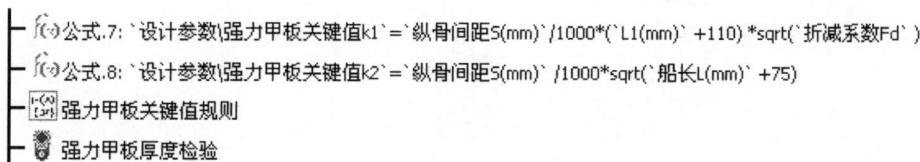

- 公式.7: `设计参数\强力甲板关键值k1`=`纵骨间距S(mm)`/1000*(`L1(mm)`+110)*sqrt(`折减系数Fd`)
- 公式.8: `设计参数\强力甲板关键值k2`=`纵骨间距S(mm)`/1000*sqrt(`船长L(mm)`+75)
- 强力甲板关键值规则
- 强力甲板厚度检验

图 5.19　强力甲板参数关系式示意图

### 3. 强力甲板规则建立

首先，利用规则编辑器建立关键值取值规则，如图 5.20 所示。再根据母型船参数，如图 5.21 所示，建立强力甲板厚度插值规则，如图 5.22 所示，由母型参数 $(k_1, t_1)$、$(k_2, t_2)$、$(k_3, t_3)$ 建立插值曲线，再根据设计船关键值 $k$ 插值出强力甲板厚度 $t$。将以上规则存入规则库，即可实现规则的重用。当设计参数或母型信息改变时，系统会自动根据规则推理出设计方案。

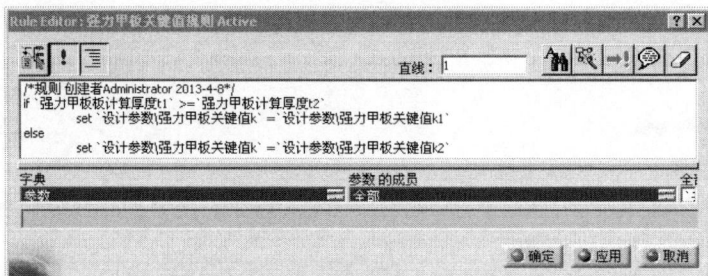

图 5.20　强力甲板关键值规则示意图

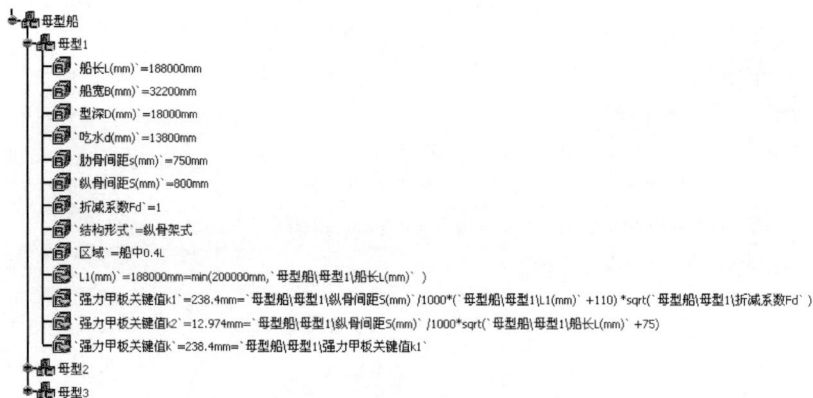

图 5.21　母型参数设置示意图

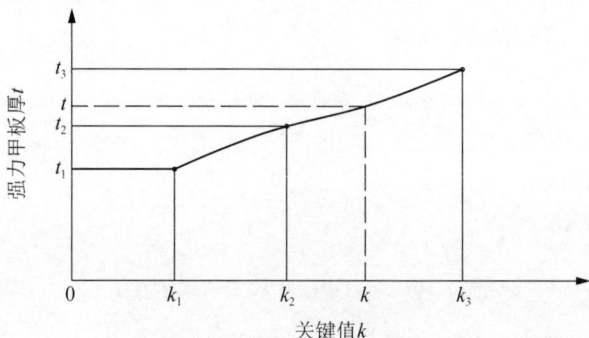

图 5.22　强力甲板厚度规则示意图

### 4. 强力甲板厚度检验

建立强力甲板厚度检验，以确定设计结果是否满足 CCS 规范要求，强力甲板厚度检验如图 5.23 所示。如果不满足要求，系统将给设计人员提示，协助设计人员修改设计结果，如图 5.24 所示。其他船体结构构件的实例推理过程相似，这里不再赘述。

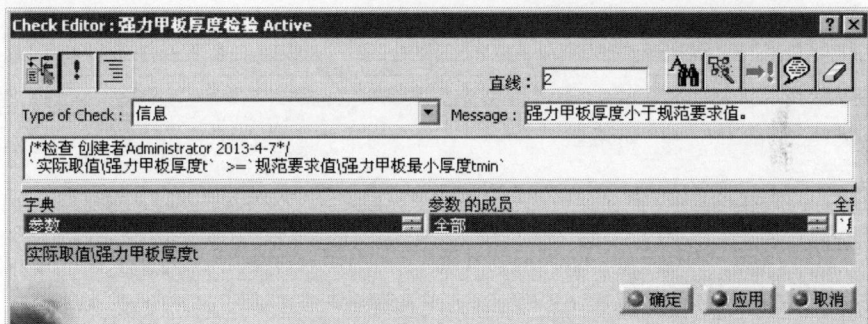

图 5.23　强力甲板厚度检验示意图

图 5.24　强力甲板厚度检验信息

实例推理法和规范推理法的主要差别在于，规范推理法将规范公式的计算结果作为构件的初始尺寸，而实例推理法只在后期校核设计结果时直接利用规范，设计中只是利用规范公式为插值关键值的确定提供参考。实例推理法获得的构件初始尺寸是由母型库插值得到。由于母型船的构件尺寸都隐含着前期设计专家的经验，因而实例推理法也是对原有知识的继承和重用，有效地避免了隐性知识的流失。

利用实例推理法和规范推理法获得设计初值之后，可以再对主要构件（甲板、舷侧板、外底板及纵骨等）尺寸，利用量子行为遗传算法进行优化，获得最优设计结果。

### 5.5.4 基于知识的船体结构尺寸优化

本章研究的船体结构尺寸优化是指在结构构件布置位置不变的前提下，通过改变构件尺寸（如板厚、型材截面形状等），获得满足设计要求、重量最轻的设计方案。

#### 5.5.4.1 优化模型

建立如下优化模型。

设计变量：板材厚度、型材截面形状参数。

优化目标：结构重量最轻，即

$$\min W = \sum_{i=1}^{n} p_i + \sum_{j=1}^{m} s_j \tag{5.6}$$

式中，$W$ 为整个结构重量；$n$ 为板材个数；$m$ 为型材个数；$p_i$ 为第 $i$ 号板材重量；$s_j$ 为第 $j$ 号型材重量。

约束条件：满足船级社规范及建造工艺性等要求。具体内容包括规范对总纵强度的要求；规范对板材和型材的局部强度要求，即板材厚度要求和型材剖面模数要求；板材和型材的屈曲强度要求；建造工艺性要求，如焊接 T 型材的腹板厚度不能大于其面板厚度，焊接 T 型材的腹板高度不得小于其面板宽度，焊接 T 型材的腹板高度不得小于贯穿扶强材腹板高度的 2.5 倍等。将约束条件总结归纳如图 5.25 所示。

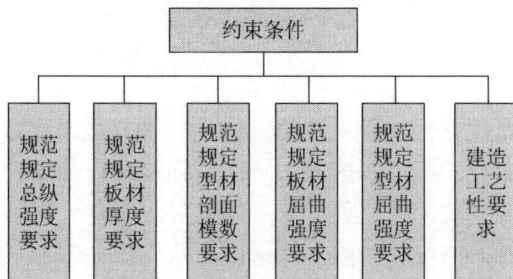

图 5.25 约束条件示意图

其中，设计变量只考虑对结构重量影响较大的主要构件，对于一些重量较小的构件（如肘板、补板等）优化的意义不大，可作为已知量，不做优化。这样也减少了计算量，提高了优化效率。

### 5.5.4.2　知识工程在结构尺寸优化中的应用

#### 1. 构件库的应用

船体结构构件基本上都是标准构件，可采用标准构件进行结构尺寸优化，因此，可以利用 5.3.1 小节创建的构件库，通过设计表格来对应设计变量参数组，实现对不同板材及型材尺寸的管理。

#### 2. 规则库的应用

对于优化模型中的目标函数和约束条件，在优化过程中需要编写大量的公式。利用知识工程技术可以将这些公式存入规则库中，这样设计人员在优化过程中就可以直接利用规则库中的知识，避免了重复编写公式，实现了知识在优化过程中的重用，也促进了知识的积累，降低了对设计人员知识水平的要求，提高了优化效率。

构件库和规则库的建立，方便了设计人员在构件优化过程中直接应用知识和标准构件，避免了重复性工作，实现了知识和标准构件的重用。

### 5.5.4.3　优化方法

船体结构尺寸优化属于混合整数规划问题，其设计变量既包括离散变量又包括连续变量。板材从标准板厚规格中选，属于离散变量；加强筋从标准型材库选，属于离散变量；对于 T 型材，其腹板和面板的板厚是从标准板厚规格中选，属于离散变量，其面板宽和腹板高属于连续变量。

对于这类混合整数规划问题，可以采用遗传算法求解[194]。但是，标准遗传算法局部搜索能力差且易于早熟[195]。为了提高对船舶复杂结构设计变量解空间的搜索能力，本节采用一种适用于混合变量的量子行为遗传算法[196]。

量子行为遗传算法最先由 Narayanan 和 Moore 等于 1996 年提出的，该算法将量子多宇宙的概念引入遗传算法中，比标准遗传算法具有更好的种群多样性及较高的搜索能力，提高了算法的全局寻优能力与收敛速度，比较适合船体复杂结构设计变量的优化问题的全局寻优。

#### 1. 量子行为遗传算法的关键概念

1）量子比特

比特是指用 0 和 1 表示信息的二进制数。在量子计算中，分别采用|0⟩和|1⟩表示微观粒子的自旋向下态和自旋向上态，称为量子比特[197]，是量子信息中最小的存储单元，符号"｜⟩"表示量子力学的状态。量子比特通常是被定义在二维复

平面上的单位向量，可以是状态的线性叠加：

$$|\phi\rangle=\alpha|0\rangle+\beta|1\rangle \tag{5.7}$$

式中，$\alpha$ 和 $\beta$ 为复数概率幅对，量子叠加态 $|\phi\rangle$ 还应该满足归一化要求：

$$|\alpha|^2+|\beta|^2=1 \tag{5.8}$$

式中，$|\alpha|^2$ 和 $|\beta|^2$ 分别表示量子态被观测为 $|0\rangle$ 态和 $|1\rangle$ 态的概率。量子比特处于 0 态时，$|\alpha|^2=1$，$|\beta|^2=0$；量子比特处于叠加态时，可以含有 0 和 1 的所有可能信息，所以量子行为遗传算法是对这些所有可能的信息进行操作的。

2）量子旋转门

量子计算中，对量子比特状态进行一系列酉变换可实现某些逻辑变换功能，实现逻辑变换的量子装置称为量子门，根据其所起的作用可分为量子非门、$\pi/8$ 门、Hadamard 门和量子旋转门等。其中，量子行为遗传算法中较常用量子旋转门，其定义为

$$U(\theta)=\begin{pmatrix} \cos\theta & -\sin\theta \\ \sin\theta & \cos\theta \end{pmatrix} \tag{5.9}$$

式中，$\theta$ 是旋转角度。

## 2. 量子行为遗传算法流程

量子行为遗传算法的第 1 步是初始化种群，用 $q_j^t$ 表示种群中 1 条量子染色体，则

$$q_j^t=\begin{pmatrix} \alpha_1^t & \alpha_2^t & \cdots & \alpha_m^t \\ \beta_1^t & \beta_2^t & \cdots & \beta_m^t \end{pmatrix} \tag{5.10}$$

式中，$m$ 为量子位数；$t$ 为遗传代数；$j=1,2,\cdots,n$，其中，$n$ 为种群规模。初始化时，所有量子基因 $(\alpha_i^t, \beta_i^t)$ 设置为 $(1/\sqrt{2},1/\sqrt{2})$，也就是说一个量子染色体表达的是其全部可能状态的等概率线性叠加：

$$\left|\phi_{q_j^t}\right\rangle=\sum_{k=1}^{2^m}\frac{1}{\sqrt{2^m}}|S_k\rangle \tag{5.11}$$

式中，$S_k$ 为染色体第 $k$ 种状态，表示为一个长度为 $m$ 的二进制串 $(x_1, x_2, \cdots, x_m)$，其中 $x_i$ $(i=1,2,\cdots,m)$ 为 0 或 1。

第 2 步是观察初始种群的状态来获得一组二进制解集 $\mathbf{P}(t)=\left\{p_1^t, p_2^t, \cdots, p_n^t\right\}$，每个解 $p_i^t$ $(i=1,2,\cdots,n)$ 是一个长度为 $m$ 的二进制串，其由相应量子位的观测概率 $|\alpha_i^t|^2$ 或 $|\beta_i^t|^2$ 决定。再对这组解进行适应度评估，得到最优解作为下一步进化的目标值。

具体算法流程如图 5.26 所示。

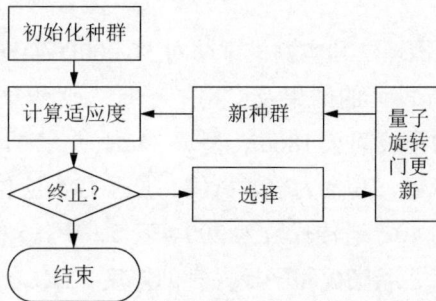

图 5.26　量子行为遗传算法流程图

由图 5.26 可见，量子行为遗传算法对标准遗传算法的主要改进之处在于量子旋转门更新这一步，使用量子旋转门对种群中个体进行更新调整，更新过程由以下公式完成：

$$\begin{pmatrix} \alpha_i' \\ \beta_i' \end{pmatrix} = \begin{pmatrix} \cos\theta & -\sin\theta \\ \sin\theta & \cos\theta \end{pmatrix} \begin{pmatrix} \alpha_i \\ \beta_i \end{pmatrix} \tag{5.12}$$

式中，$(\alpha_i, \beta_i)^T$ 和 $(\alpha_i', \beta_i')^T$ 分别代表染色体第 $i$ 个量子比特旋转门更新前后的概率幅；$\theta$ 为旋转角度。

采用惩罚函数法构造算法的适应度函数：

$$F(x) = f(x) + \lambda \sum_{j=1}^{J} \max\left[0,\ g_j(x)\right] \tag{5.13}$$

式中，$x$ 是设计变量，$x=([x^c],[x^d])^T$，其中，$[x^c]$ 表示连续型设计变量集合，$[x^d]$ 表示离散型设计变量集合，由构件库中的参数表对应；$f(x)$ 为目标函数；$g_j(x)$ 是第 $j$ 个约束条件函数；$\lambda$ 是惩罚因子，取 $\lambda=0.8$；$J$ 为约束总数。

对于连续变量，若变量的设计精度为 $\delta$，变量上限为 $u$，下限为 $l$，则遗传算法的二进制码长度 Nb 可表示为

$$2^{Nb} - 1 \geqslant \frac{u-l}{\delta} \tag{5.14}$$

对于离散变量，若变量个数为 $M$，则二进制串的长度 $K$ 为

$$2^k \geqslant M \tag{5.15}$$

### 5.5.5　结果对比与讨论

表 5.1 为应用规范推理法和实例推理法对 50 000DWT 成品油船（3.4.1 小节）主要纵向构件尺寸进行设计的结果及应用量子行为遗传算法进行优化后的结果对比。油船的主尺度为垂线间长 186m，型宽 34m，吃水 11.5m，型深 18m。甲板及船底部分采用高强度钢，其余为普通碳钢。量子行为遗传算法优化计算时初始参数设置：种群规模为 40，遗传代数为 200。表 5.1 中，$t_4 \sim t_9$ 分别为甲板、舷顶列板、舷侧板、舭列板、船底板和平板龙骨的厚度；DL 表示甲板纵骨；SL 表示舷侧纵骨；BL 表示船底纵骨；$S$ 表示剖面面积。由表 5.1 可见，实例推理法得到方案的剖面面积比规范推理法要大，单从经济性考虑，规范推理法较优。但是实例推理法隐含前期设计专家的经验，实现了对原有知识的继承和重用。从优化解可以看出，经过优化后，剖面面积进一步减少，这显然是由于材料的合理配置而获得的收益。图 5.27 为应用量子行为遗传算法（quantum genetic algorithm，QGA）与标准遗传算法（simple genetic algorithm，SGA）进行优化计算的进化过程对比，由图 5.27 可见，QGA 在收敛速度上要优于 SGA，因此，将量子计算同遗传算法相结合，可有效提高遗传算法的搜索性能。

表 5.1　两种推理方案及优化结果

| 项目 | 规范推理法 | 实例推理法 | 优化解 |
| --- | --- | --- | --- |
| $t_4$ / mm | 16 | 18 | 18 |
| $t_5$ / mm | 16 | 18 | 15 |
| $t_6$ / mm | 19 | 20 | 18 |
| $t_7$ / mm | 20 | 22 | 20 |
| $t_8$ / mm | 20 | 22 | 21 |
| $t_9$ / mm | 22 | 24 | 21 |
| DL | HP250×12 | HP260×12 | L300×11+90×16 |
| SL | HP240×12 | HP260×12 | L250×10+90×15 |
| BL | L300×11+90×16 | L350×12+100×17 | L300×11+90×16 |
| $S$/m² | 3.521 | 3.684 | 3.487 |

在优化设计过程中，首先，在不改变构件位置的前提下，构建船体结构参数化模型。然后，利用知识工程原理建立标准构件库，并将规范等约束条件归纳构

建规则库，在构件库和规则库的支持下，将参数化模型转化为基于知识的优化模型。通过求解优化模型，获得最优尺寸。求解时可参考规范推理法或实例推理法获得的结果进一步缩小某些设计变量的取值范围，减少迭代计算量，提高优化效率。获得的优化结果可以对结构三维模型实时更新，解决了传统方法优化结果与设计模型相互独立，需要根据优化结果再次修改设计模型的麻烦。

　　基于知识的船体结构优化设计，将数学优化模型和基于知识的结构仿真模型相结合，不仅实现了对构件库和规则库的共享和重用，而且实现了优化尺寸数据对结构三维模型的实时更新。既降低了优化过程中对知识的依赖，又提高了设计模型自动更新的能力。获得的优化结果既满足了规范等设计要求，又实现了重量最轻的目标。

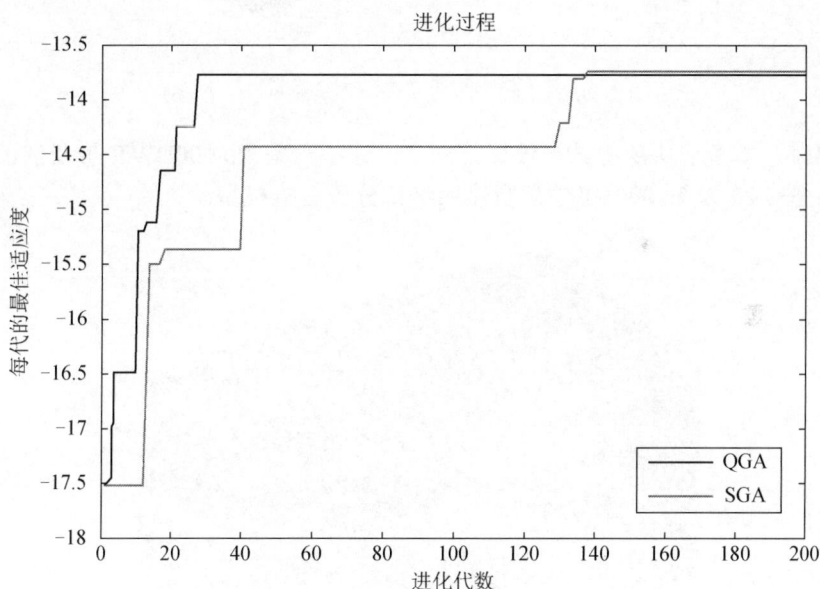

图 5.27　QGA 和 SGA 的进化过程

## 5.5.6　设计结果三维模型

　　通过前面流程即可获得船体结构构件位置及尺寸，利用知识驱动及三维特征造型技术即可生成三维船体结构模型，如图 5.28 所示，右侧部分为生成的 50 000DWT 成品油船船体结构分段三维模型；左侧部分为设计船和母型船的相关参数及建立的规则与检验树状图。

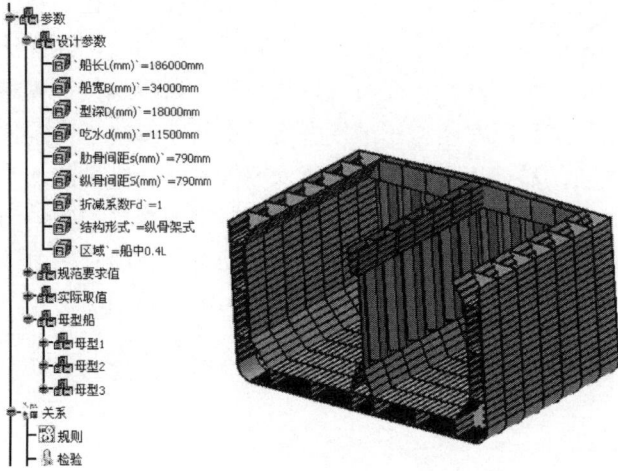

图 5.28　船体分段结构示意图

　　另外，本章应用所提结构设计方法又设计了一条 76 000DWT 散货船的船体结构，图 5.29 为 76 000DWT 散货船的结构分段三维模型。

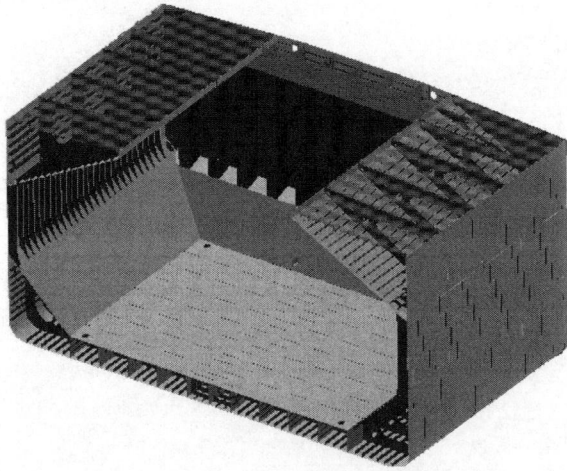

图 5.29　76 000DWT 散货船船体分段结构

# 5.6　本　章　小　结

　　本章介绍了基于知识的船体结构设计方法，提出了船体结构设计的知识本体概念，将参数化技术和知识工程原理相结合，建立了船体结构设计知识库，构建了内嵌船级社规范和母型船信息等知识的知识本体模型。设计中通过参数驱动确定构件位置，然后通过规范推理法和实例推理法两种知识推理方式获得构件尺寸设计初值，再采用量子行为遗传算法对主要构件进行优化，获得最佳设计结果。

该方法实现了知识的积累与重用，通过知识推理，实现了船体结构设计、优化、检测到三维模型自动建立的一体化，实现了人机共同设计，降低了设计人员出错的可能性，降低了对设计人员知识水平的要求，可实现"傻瓜"设计。本章建立的三维结构模型可作为面向全生命周期的船舶数字模型，在精度造船阶段也可使用。

对于构件优化部分，先应用参数驱动确定构件位置，然后再做尺寸优化，这种方法没有把构件布置及尺寸纳入同一优化模型进行求解，还需要后续工作进一步研究。

# 第 6 章　基于三维模型的船体分段快速测量分析

## 6.1　引　　言

在现代社会中，船舶制造业的竞争日趋激烈。随着现代精度造船模式的发展，船舶业对设计和建造环节都提出了更高的要求。因此，船舶产品的开发速度和建造技术及建造后的检测技术变得十分重要。在现代造船界中，精度管理是保证船舶建造质量，提高船舶产品开发效率的重要手段之一。统计资料表明，由于船体构件或分段尺寸的精度不满足要求而造成的返工量约占船舶建造过程中焊接总量的 30%[198]。因此，精度管理水平越高，往往就越能缩短船舶开发周期，提高造船质量和降低造船成本。

在造船过程中，对分段进行快速测量分析是精度造船的一项关键技术。开展船体分段三维数字化快速测量分析技术的研究意义重大：首先，可以给出准确的船体分段建造精度状态，给出合理的建造质量评价；其次，对后续搭载工作提供数据支持，缩短吊机和船台或船坞的占用时间；最后，快速、精确的船体分段测量分析技术有助于提升中国造船单位的市场竞争力。

目前，日本和韩国已经进入精度造船的时代，中国造船业正从余量造船向无余量造船过渡，所以应用现代数字化的造船精度控制设备和软件实现船体分段快速测量分析，是中国造船业向无余量造船过渡的一个重要手段，具体工作流程如图 6.1 所示。先从三维模型中提出精度设计点集，现场数据测量后，在三维模型上加载测量点集，通过匹配技术对测量点集进行姿态调整，进而计算出建造偏差。目前现有的数字化精度测量设备主要是全站仪，图 6.2 为船厂应用全站仪进行现场船体分段测量的照片。数字化精度分析软件主要有韩国 SAMIN 株式会社的 EcoBLOCK、青岛海徕天创科技有限公司的 DACS-OFFICE 等，这些软件都需要人工手动匹配测量点数据与三维分段模型（第 5 章研究提供），匹配结果也未必最优。因此，船体分段测量点集数据与 CAD 模型自动精准匹配的研究对于造船企业准确分析船体分段的建造误差并给出合理的建造精度评价具有重要意义，也为后续搭载提供了数据依据[199]。

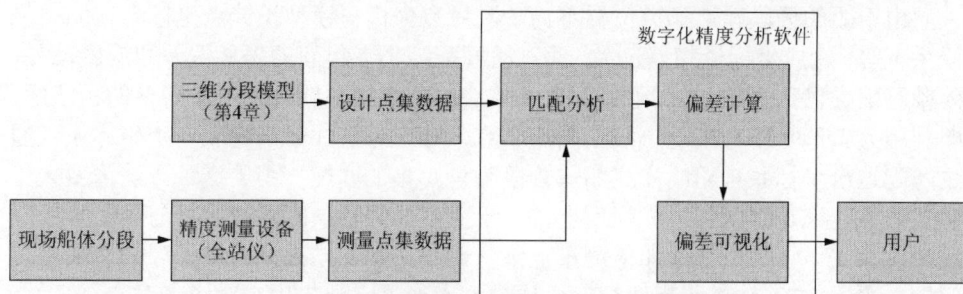

图 6.1　船体分段测量分析流程

图 6.2　应用全站仪进行分段测量

## 6.2　船体分段测量点集自动匹配方法

点集匹配问题属于计算机图形学的研究范畴，国内外的专家学者已经提出多种匹配方法[200]，总体来说分为以下几种：基于几何特征匹配[135]，如主元分析法（principal component analysis，PCA）；基于优化方法匹配，如ICP[138]。目前这些方法已经在建筑、医学、地质、机械设计等行业中得到应用。对于船舶行业，船体分段通过全站仪得到的测量点集比其他行业通过三维激光扫描仪得到的点集点数少、密度低，且不能仅依据测量点拟合曲面，属于稀疏散乱点集[201]，因此一些基于曲线曲面拟合的迭代方法不能适用，如ICP法。本节将点集匹配方法与船舶行业测量数据特点相结合，提出了适用于船舶精度控制的测量点数据与 CAD 模型自动匹配方法。

匹配过程可以分为两个部分：粗匹配与精匹配。

　　由于船舶分段建造摆放位置不同、测量点坐标与模型设计点坐标不在同一坐标系下等，造成坐标值相差过大，通过粗匹配缩小点集间的平移偏差和旋转偏差，为精匹配提供良好的初值。目前，大多数造船精度控制软件采用最简单的粗匹配，即利用人工选择不在同一直线上的 3 个点，并通过这 3 个点建立一个坐标系，通过匹配这个坐标系来粗略完成船体分段测量点集的匹配。由于这种方法需要人工参与选点，浪费时间且很大程度上依赖于人员的经验，匹配结果只与 3 个点的建造精度有关，无法让其他船体测量点参与计算，匹配结果未必最优。为避免上述问题，采用 PCA 法进行粗匹配，再通过搜索最近点法来确定对应点对。

　　由于船舶建造误差造成测量点集与设计点集间不能完全吻合，通过精匹配使点集匹配达到最合理，从而确定每个测量点与设计点的偏差量。现有的造船精度控制软件基本都采用人工匹配，本书采用欧拉理论对粗匹配后的测量点集进行旋转和平移调整使匹配结果达到最优。自动匹配过程如图 6.3 所示。

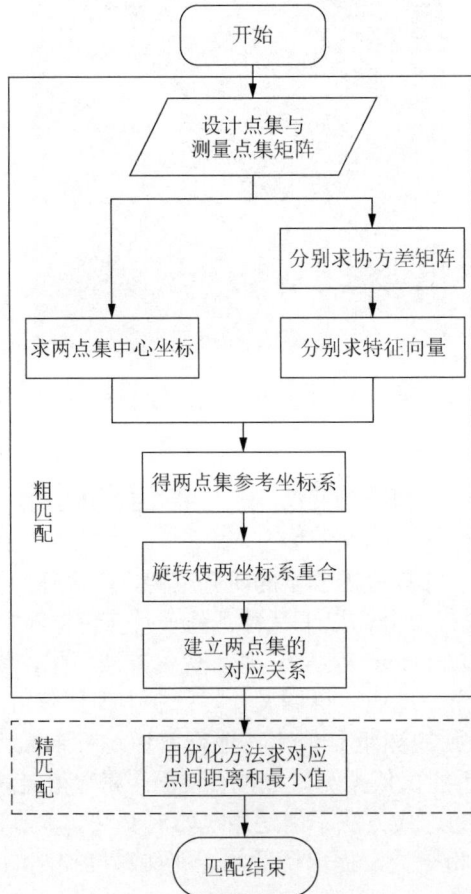

图 6.3　船体分段测量点数据与 CAD 模型自动匹配流程图

# 6.3　自动匹配的两类数学模型

## 6.3.1　基于 PCA 的粗匹配数学模型

PCA 是通过分析离散数据点的分布特征，求得物体的主要分布规律和方向。其原理大致如下：首先，找到随机变量的均值，也就是实际数据点集的中心；然后，计算点集顶点的协方差矩阵，将其特征向量找出。由矩阵理论可知，实对称阵的特征向量是两两垂直，这与三维空间正好相符合。这三个特征向量的几何意义分别是空间内点最密集的方向、空间内点最稀疏的方向，以及过点集中心并且与最密集的方向垂直的平面内点最密集的方向。

基于 PCA 的粗匹配具体过程如下。

（1）分别构造设计点集矩阵和测量点集矩阵：

设计点集矩阵为

$$\boldsymbol{P} = \begin{bmatrix} x_1 & y_1 & z_1 \\ x_2 & y_2 & z_2 \\ \vdots & \vdots & \vdots \\ x_n & y_n & z_n \end{bmatrix}$$

测量点集矩阵为

$$\boldsymbol{P'} = \begin{bmatrix} x'_1 & y'_1 & z'_1 \\ x'_2 & y'_2 & z'_2 \\ \vdots & \vdots & \vdots \\ x'_n & y'_n & z'_n \end{bmatrix}$$

（2）分别求出两个点集中心，即点集坐标的均值：

设计点集中心为

$$O = \frac{1}{n} \sum_{i=1}^{n} Pi$$

测量点集中心为

$$O' = \frac{1}{n} \sum_{i=1}^{n} P'i$$

（3）分别求出两点集的协方差矩阵：

设计点集协方差矩阵为

$$\mathbf{cov}_P = \begin{bmatrix} \mathrm{cov}(X,\ X) & \mathrm{cov}(X,\ Y) & \mathrm{cov}(X,\ Z) \\ \mathrm{cov}(Y,\ X) & \mathrm{cov}(Y,\ Y) & \mathrm{cov}(Y,\ Z) \\ \mathrm{cov}(Z,\ X) & \mathrm{cov}(Z,\ Y) & \mathrm{cov}(Z,\ Z) \end{bmatrix}$$

测量点集协方差矩阵为

$$\mathbf{cov}'_P = \begin{bmatrix} \mathrm{cov}(X',\ X') & \mathrm{cov}(X',\ Y') & \mathrm{cov}(X',\ Z') \\ \mathrm{cov}(Y',\ X') & \mathrm{cov}(Y',\ Y') & \mathrm{cov}(Y',\ Z') \\ \mathrm{cov}(Z',\ X') & \mathrm{cov}(Z',\ Y') & \mathrm{cov}(Z',\ Z') \end{bmatrix}$$

式中，$X$、$Y$、$Z$ 分别为设计点集矩阵的三个列向量；同理 $X'$、$Y'$、$Z'$ 分别为测量点集矩阵的三个列向量。

（4）分别求协方差矩阵的特征值和特征向量。按特征值从大到小对应的特征向量构成向量矩阵。由于该协方差矩阵为实对称矩阵，实对称矩阵的特征向量互相正交，对于两组点集数据，以中心为坐标系的原点，求得的 3 个特征向量对应 $X$、$Y$、$Z$ 轴，建立点集的参考坐标系。

（5）将两个参考坐标系调整一致，再将此参考坐标系调整到与世界坐标系一致，这样可以得到：设计点集矩阵 $\boldsymbol{P}$ 与变换前相同，测量点集矩阵经变换后得到新矩阵 $\boldsymbol{P}'_1$，矩阵的行向量表达点坐标。

（6）对于 $\boldsymbol{P}'_1$ 中的任一点，在 $\boldsymbol{P}$ 中都能找到一个最近点，则此最近点即为其对应点。通过这种方法调整 $\boldsymbol{P}'_1$ 中行向量的位置，将两点集中的点一一对应，得到新矩阵 $\boldsymbol{P}'_0$，即可达到粗匹配。

### 6.3.2　基于欧拉旋转矩阵的精匹配数学模型

基于欧拉理论对测量点进行旋转和平移调整，使之与设计点匹配，目标为所有测量点调整后坐标与设计点的距离和最小。

采用数学表达式表达：

$$\min S = \sum_{i=1}^{n} \left( \overline{P_i P'_i} \right)^2 = \sum_{i=1}^{n} [(x_i - x'_i)^2 + (y_i - y'_i)^2 + (z_i - z'_i)^2] \tag{6.1}$$

式中，$P_i = (x_i,\ y_i,\ z_i)$，为设计点；$P'_i = (x'_i,\ y'_i,\ z'_i)$，为测量点调整后坐标点。

令设计点 $P_i$ 的齐次坐标为 $(x_i,\ y_i,\ z_i, 1)$，测量点调整后坐标点 $P'_i$ 的齐次坐标为 $(x'_i,\ y'_i,\ z'_i, 1)$。由于 $P'_i$ 是由测量点 $P'_{0i}$ 经过平移或旋转变换得来，所以 $P'_i$ 可以由测量点 $P'_{0i}$ 进行坐标变换得到。测量点在空间中的移动有 6 个自由度，即沿 $x$、$y$、$z$ 方向的平移 $\Delta x$、$\Delta y$、$\Delta z$，以及绕 $x$、$y$、$z$ 轴的旋转角度 $\Delta\alpha$、$\Delta\beta$、$\Delta\gamma$。测量点 $P'_{0i}$ 齐次坐标为 $(x_{0i}, y_{0i}, z_{0i}, 1)$，则调整后点 $P'_i$ 的齐次坐标 $(x'_i,\ y'_i,\ z'_i, 1)$ 可

以表达为

$$[x_i'\quad y_i'\quad z_i'\quad 1] = [x_{0i}'\quad y_{0i}'\quad z_{0i}'\quad 1] \cdot \boldsymbol{A} \cdot \boldsymbol{B} \cdot \boldsymbol{C} \cdot \boldsymbol{D} \qquad (6.2)$$

式中，

$$\boldsymbol{A} = \begin{bmatrix} 1 & 0 & 0 & 0 \\ 0 & 1 & 0 & 0 \\ 0 & 0 & 1 & 0 \\ \Delta x & \Delta y & \Delta z & 1 \end{bmatrix}$$

为平移变换矩阵；

$$\boldsymbol{B} = \begin{bmatrix} 1 & 0 & 0 & 0 \\ 0 & \cos\Delta\alpha & \sin\Delta\alpha & 0 \\ 0 & -\sin\Delta\alpha & \cos\Delta\alpha & 0 \\ 0 & 0 & 0 & 1 \end{bmatrix}$$

$$\boldsymbol{C} = \begin{bmatrix} \cos\Delta\beta & 0 & -\sin\Delta\beta & 0 \\ 0 & 1 & 0 & 0 \\ \sin\Delta\beta & 0 & \cos\Delta\beta & 0 \\ 0 & 0 & 0 & 1 \end{bmatrix}$$

$$\boldsymbol{D} = \begin{bmatrix} \cos\Delta\gamma & \sin\Delta\gamma & 0 & 0 \\ -\sin\Delta\gamma & \cos\Delta\gamma & 0 & 0 \\ 0 & 0 & 1 & 0 \\ 0 & 0 & 0 & 1 \end{bmatrix}$$

分别为绕 $x$、$y$、$z$ 轴的旋转变换矩阵。

将式（6.2）代入式（6.1）中，$S$ 成为有 6 个变量的函数。由于粗匹配可以保证设计点与测量点基本吻合，所以 $\Delta\alpha$、$\Delta\beta$、$\Delta\gamma$ 的变化范围为 $\left[-\dfrac{\pi}{2}, \dfrac{\pi}{2}\right]$。$S$ 的最小值可以由非线性多维有约束最优化方法来解决。初值可以定为

$$[\Delta x_0\quad \Delta y_0\quad \Delta z_0\quad \Delta\alpha_0\quad \Delta\beta_0\quad \Delta\gamma_0] = [0\ 0\ 0\ 0\ 0\ 0]$$

# 6.4  求解算法与实例分析

## 6.4.1  求解算法

式（6.1）是典型的非线性无约束优化问题，目标函数中只有 6 个未知设计参数，是比较简单的优化问题，可应用拟牛顿法（具体流程参见 4.5.3 小节）求解该优化数学模型。

拟牛顿法是一种迭代计算方法，对于该船舶工程精度分析匹配问题而言，必须要注意求解算法的计算效率和稳定性。拟牛顿法具有数值计算稳定性好、收敛速度快等特点，能够克服典型牛顿法求二阶偏导矩阵及逆矩阵难的缺点，是目前较好的求解非线性无约束优化问题的算法之一。因此，拟牛顿法完全可以胜任此问题的求解。

### 6.4.2　底边舱分段实例分析

图 6.4 为施工现场船体测量的照片。图 6.5 为某一双壳散货船的三维设计分段模型，其中有编号的点为选择的精度管理点。精度管理点一般是由经验丰富的精度管理人员来选择，一般选一些分段棱边的端点或中点和外板与构件的交叉点等。此分段共取 52 个精度管理点，表 6.1 为设计模型中精度管理点的理想坐标，表 6.2 为施工现场采用全站仪测量获得的精度管理点的测量坐标，测量过程中不需要注意测量点与理论点的对应关系，只需把这 52 个点都测量出来即可，粗匹配会自动找出对应点对。有了理论点和测量点后即可构造出设计点集矩阵和测量点集矩阵，进而求出中心坐标、协方差矩阵及其特征向量，建立点集的参考坐标系使其重合，搜索最近点来确定对应点对，再应用精匹配方法对测量点集进行旋转和平移调整使匹配结果达到最优，这样就完成了设计点集和测量点集的自动匹配。图 6.6 为两组点都统一到三维设计分段模型的坐标系下的图形，表 6.3 为粗匹配后的测量点集坐标，表 6.4 为精匹配后的测量点集坐标，图 6.7 为自动匹配后的效果显示。表 6.5 为自动匹配后的各点的建造偏差，此偏差就是此船体分段的建造误差。表 6.6 为手动匹配后各点的建造偏差，这组数据会因为手动选点的不同而随之变化。自动匹配后所有点的偏差和为 759mm，手动匹配后所有点的偏差和为 762mm，说明手动匹配没有达到最优。

经过所提算法的自动匹配后，可知此船体分段的建造误差最大点为 3 号点 $(\Delta x=14.2\text{mm}, \Delta y=17.7\text{mm}, \Delta z=-9.6\text{mm})$，由此值可以对该分段进行建造精度控制评价。

图 6.4　施工现场船体测量

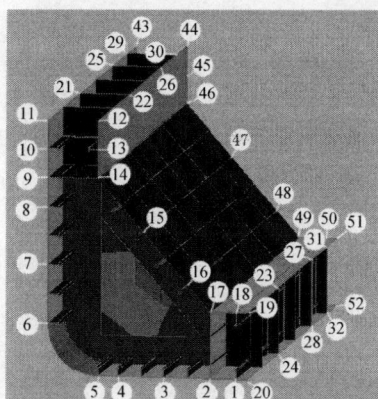

图 6.5　三维设计模型及精度管理点

表 6.1　设计模型中精度管理点的理想坐标

| 点的编号 | X轴坐标 | Y轴坐标 | Z轴坐标 |
| --- | --- | --- | --- |
| 1 | 79 600 | 9 330 | 0 |
| 2 | 79 600 | 10 250 | 0 |
| 3 | 79 600 | 11 910 | 0 |
| 4 | 79 600 | 13 570 | 0 |
| 5 | 79 600 | 14 300 | 0 |
| 6 | 79 600 | 16 100 | 1 800 |
| 7 | 79 600 | 16 100 | 3 800 |
| ⋮ | ⋮ | ⋮ | ⋮ |

注："点的编号"并不需要对应同一点，粗匹配会自动找出对应点对，这里只是为了便于表达，把测量点也编上了对应号。下同。

表 6.2　全站仪测量的精度管理点的测量坐标

| 点的编号 | X轴坐标 | Y轴坐标 | Z轴坐标 |
| --- | --- | --- | --- |
| 1 | −1338 | 9622 | 1498 |
| 2 | −2238 | 9618 | 1505 |
| 3 | −3928 | 9626 | 1491 |
| 4 | −5561 | 9611 | 1510 |
| 5 | −6293 | 9608 | 1492 |
| 6 | −8114 | 9602 | 3297 |
| 7 | −8104 | 9606 | 5299 |
| ⋮ | ⋮ | ⋮ | ⋮ |

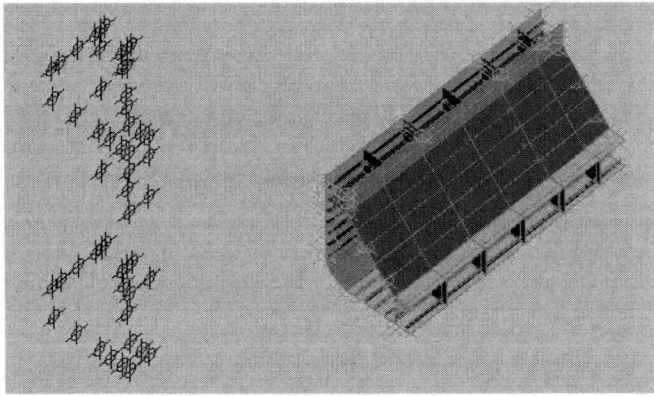

图 6.6　测量点集与模型理论点集

**表 6.3　粗匹配后的测量点集坐标**

| 点的编号 | X轴坐标 | Y轴坐标 | Z轴坐标 |
| --- | --- | --- | --- |
| 1 | 79 610 | 9 338 | −4 |
| 2 | 79 606 | 10 238 | 4 |
| 3 | 79 614 | 11 928 | −9 |
| 4 | 79 599 | 13 561 | 11 |
| 5 | 79 596 | 14 293 | −7 |
| 6 | 79 590 | 16 113 | 1 799 |
| 7 | 79 594 | 16 102 | 3 801 |
| ⋮ | ⋮ | ⋮ | ⋮ |

**表 6.4　精匹配后的测量点集坐标**

| 点的编号 | X轴坐标 | Y轴坐标 | Z轴坐标 |
| --- | --- | --- | --- |
| 1 | 79 610.2 | 9 337.7 | −4.5 |
| 2 | 79 606.2 | 10 237.7 | 3.4 |
| 3 | 79 614.2 | 11 927.7 | −9.6 |
| 4 | 79 599.2 | 13 560.7 | 10.3 |
| 5 | 79 596.2 | 14 292.7 | −7.7 |
| 6 | 79 590.0 | 16 112.8 | 1 798.2 |
| 7 | 79 593.9 | 16 101.8 | 3 800.2 |
| ⋮ | ⋮ | ⋮ | ⋮ |

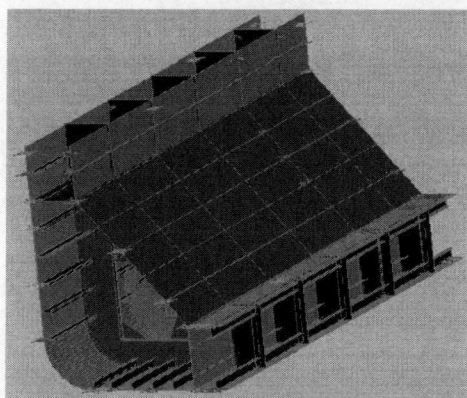

图 6.7　自动匹配后的效果显示

表 6.5　自动匹配后的各点的建造偏差

| 点的编号 | $X$轴坐标 | $Y$轴坐标 | $Z$轴坐标 |
| --- | --- | --- | --- |
| 1 | 10.2 | 7.7 | -4.5 |
| 2 | 6.2 | -12.3 | 3.4 |
| 3 | 14.2 | 17.7 | -9.6 |
| 4 | -0.8 | -9.3 | 10.3 |
| 5 | -3.8 | -7.3 | -7.7 |
| 6 | -10.0 | 12.8 | -1.8 |
| 7 | -6.1 | 1.8 | 0.2 |
| ⋮ | ⋮ | ⋮ | ⋮ |

表 6.6　手动匹配后的各点的建造偏差

| 点的编号 | $X$轴坐标 | $Y$轴坐标 | $Z$轴坐标 |
| --- | --- | --- | --- |
| 1 | 10 | 8 | -4 |
| 2 | 6 | -12 | 4 |
| 3 | 14 | 18 | -9 |
| 4 | -1 | -9 | 11 |
| 5 | -4 | -7 | -7 |
| 6 | -10 | 13 | -1 |
| 7 | -6 | 2 | 1 |
| ⋮ | ⋮ | ⋮ | ⋮ |

### 6.4.3　双层底分段实例分析

　　图 6.8 为某一双壳散货船的三维设计分段模型，其中有编号的点为选择的精度管理点，此分段共取 48 个精度管理点，图 6.9 为匹配前分段 CAD 模型与测量点集相对位置，表 6.7 为设计模型中精度管理点的理想坐标，表 6.8 为施工现场采用全站仪测量获得的精度管理点的测量坐标。有了理论点和测量点后就可以进行自动匹配了，具体流程与底边舱分段实例相似，这里不再赘述。表 6.9 为匹配后的测量点集坐标，图 6.10 为自动匹配后的效果显示。

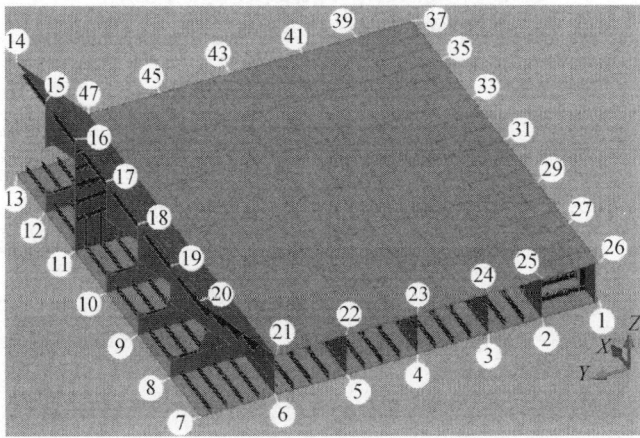

图 6.8　三维设计模型及精度管理点

图 6.9　测量点集与模型理论点集

表 6.7　设计模型中精度管理点的理想坐标

| 点的编号 | $X$ 轴坐标 | $Y$ 轴坐标 | $Z$ 轴坐标 |
|---|---|---|---|
| 1 | 112 100 | -200 | 0 |
| 2 | 112 100 | 2 775 | 0 |
| 3 | 112 100 | 5 550 | 0 |
| 4 | 112 100 | 9 250 | 0 |
| ⋮ | ⋮ | ⋮ | ⋮ |
| 46 | 133 300 | 12 950 | 0 |
| 47 | 133 300 | 16 650 | 2 300 |
| 48 | 133 300 | 16 650 | 0 |

表 6.8　全站仪测量的精度管理点的测量坐标

| 点的编号 | $X$ 轴坐标 | $Y$ 轴坐标 | $Z$ 轴坐标 |
|---|---|---|---|
| 1 | 8 202 | 42 100 | 1 503 |
| 2 | 5 215 | 42 108 | 1 481 |
| 3 | 2 433 | 42 111 | 1 486 |
| 4 | -1 264 | 42 089 | 1 510 |
| ⋮ | ⋮ | ⋮ | ⋮ |
| 46 | -4 933 | 63 306 | 1 482 |
| 47 | -8 664 | 63 286 | 3 799 |
| 48 | -8 635 | 63 311 | 1 491 |

表 6.9　自动配后的测量点集坐标

| 点的编号 | $X$ 轴坐标 | $Y$ 轴坐标 | $Z$ 轴坐标 |
|---|---|---|---|
| 1 | 112 100 | -203 | 3 |
| 2 | 11 2107 | 2 784 | -19 |
| 3 | 11 2110 | 5 566 | -13 |
| 4 | 11 2088 | 9 263 | 12 |
| ⋮ | ⋮ | ⋮ | ⋮ |
| 46 | 133 304 | 12 934 | -18 |
| 47 | 133 284 | 16 665 | 2 300 |
| 48 | 133 309 | 16 636 | -8 |

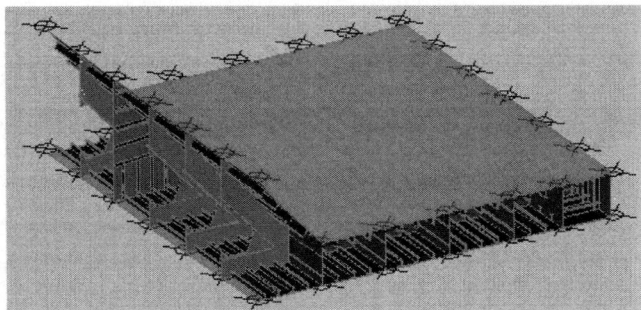

图 6.10　自动匹配后的效果显示

# 6.5　本 章 小 结

　　本章在研究国内外现有的先进测量分析系统的基础上，指出了其测量点数据与 CAD 模型匹配方法的不足之处，提出了一种不需要明确对应关系的测量点与 CAD 模型理论点自动快速匹配算法。该算法首先采用主元分析（PCA）法来粗匹配两者，再应用搜索最近点法来确定对应点对，然后采用欧拉理论来精匹配两者使匹配结果最优。实例表明，该算法实现了船体分段测量点数据与 CAD 模型的自动精准匹配，能够真实反映船体分段建造的误差信息，为后续的大合拢搭载提供指导。

　　采用本章所提出的船体分段测量点集匹配算法，可以方便、准确、快速地对建造分段进行测量分析，进而为后续减少吊装时数、保证搭载精度、缩短船台或船坞周期提供一定的基础保障。

# 第7章　船舶快速模拟搭载分析

## 7.1　引　　言

随着国际航运贸易的发展，船舶建造业的竞争也越来越激烈。船舶搭载作为船舶建造过程中的一项重要工序，其效率直接决定了整船建造周期和企业经济效益，开展船舶快速搭载技术的研究对船厂提高造船生产率和企业竞争力具有重大意义。

实现船舶快速搭载的主要相关技术有建造精度控制和计算机模拟搭载。其中，建造精度控制是实现船舶快速搭载的基础，可提前预知分段精度状况，其关键技术在第6章中已经介绍，本章主要研究计算机模拟搭载。计算机模拟搭载是一个数据测量和分析的过程，是分段修正和搭载定位的根据，其目的是实现无余量一次性定位搭载成功，在实际搭载前的分段阶段把问题处理掉，减少船台或船坞修正工作量，对分段的定位数据进行修正，快速获得最佳定位位置，提高现场定位搭载效率及精度。

随着三维测量技术、计算机数字化技术的发展，先进的测量设备和三维模拟搭载系统已经在船舶企业中得到应用。目前，船舶单位主要采用的测量设备为全站仪；三维模拟搭载系统主要有韩国SAMIN株式会社的EcoOTS、青岛海徕天创科技有限公司的DACS-SIMU- LATION等，目前这些系统的主要功能如下：①读取三维设计模型；②读入三维测量数据；③通过多种平移、旋转功能，主要有1点/2点移动、1点-轴旋转、2点-轴旋转等，进行精密搭载状态模拟；④分析分段搭载状态（高度、直线度、平面度等）；⑤分析分段间的重叠、段差及切割量；⑥生成搭载最终预测结果报告书。这些系统主要是通过人工手动调整搭载分段的位置来获得定位搭载状态，然后再进行分段搭载状态评价，给出搭载修正方案，这一过程由于人工参与，不确定性因素过多，在很大程度上依赖于人员的经验和水平，费时费力，最终搭载状态未必最合理。因此，研究如何自动快速获得搭载分段的最佳搭载定位位置对造船企业准确、快速地给出最佳搭载修正方案，以及提高船舶搭载质量及效率和缩短造船周期具有重要意义，也是船舶快速搭载的关键技术之一。

# 7.2 模拟搭载匹配算法

实现自动快速获得搭载分段的最佳搭载定位位置,其问题本质是寻求搭载分段测量点集与基准分段断面及三维设计模型的最佳匹配,也就是寻求一种既能满足快速搭载要求,又能保证定位后搭载分段与设计模型的偏差在精度允许的范围以内的施工方便、修正量小的匹配结果。

的确,为实现上述目标,可以应用第 6 章介绍的点集匹配算法来快速获得总偏差最小的匹配结果。但是,总偏差最小并不一定是最合理的搭载定位结果,因为在船舶搭载工序中还存在着以下两种特定情况。第一,搭载分段的测量点在不同方向上的精度要求往往不同。例如,搭载分段控制点在沿船长方向与高度方向上的精度要求有时会不同。常规的点集匹配结果往往使得在精度要求低的位置上误差还有富余,而在精度要求高的位置上已经超差。第二,搭载分段上的很多点一般会有些特殊要求,如垂直度、水平度、平面度和硬约束等要求。例如,船体分段上下搭载时,接缝处的测量点往往有水平度的要求,特别是机座处分段对水平度的要求较高。常规的点集匹配结果往往能使各测量点的误差达到要求,而这些特殊的要求则不能满足[202]。

对于第一种情况,可以根据不同方向的精度要求,对不同测量点的 $X$、$Y$、$Z$ 三个方向添加不同权值来分配误差。对于第二种情况,可以利用多目标优化法把相关的特定要求,如水平度、垂直度、平面度和硬约束等要求统一用数学式表达到优化目标函数中,求解这个多目标优化模型,进而得出最佳匹配结果。

本章将现有点集匹配方法与搭载分段测量点集数据特点及船舶搭载相关的工程特定要求相结合,提出了自动快速获得搭载分段的最佳搭载定位位置的算法。该算法利用预匹配获得优化初值,利用权值向量实现对不同方向上精度要求的误差分配,根据测量点数据的误差分布,对权值进行设定并调整使之合理,利用多目标优化法,把水平度、垂直度、平面度、直线度等相关搭载工程要求引入优化目标函数中,然后求解非线性多目标优化模型进而得出分段最佳定位结果。算法流程如图 7.1 所示。

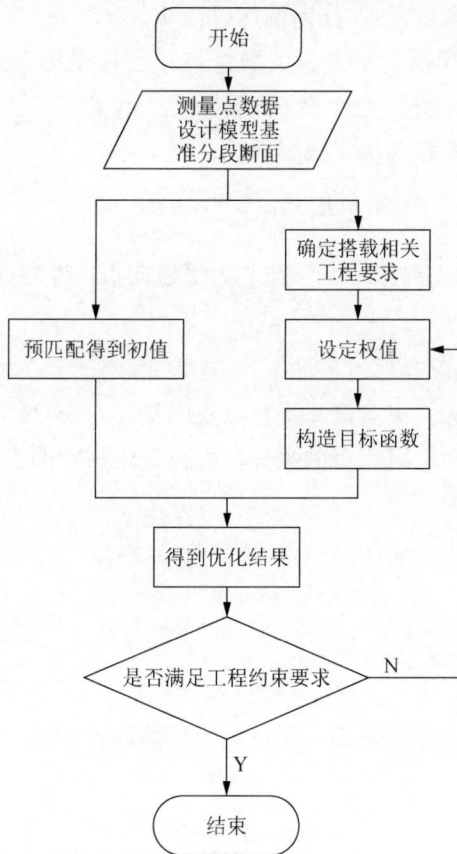

图 7.1　搭载分段快速最佳定位流程图

# 7.3　模拟搭载匹配的两类优化模型

## 7.3.1　预匹配优化模型

为了给非线性优化问题赋予合理的初值，需要利用传统的点集匹配方法进行预匹配。PCA、四元数法和奇异值分解法（singular value decomposition，SVD）[203, 204] 都可行，都是非迭代的，不需要用户提供附加的初值。PCA 在第 6 章中介绍过，其无需明确定测量点集与目标点集的对应关系，但对于中心对称的测量点集分布（如 7.5.1 小节中标准测试实例），PCA 就无能为力了，当然，这种点集分布情况对船体分段测量点集来说基本上是不会出现的。这时就需要给出点集间的对应关系,再进行预匹配,本章以 SVD 为例加以说明。

三维点集匹配的实质是把测量的数据点集进行坐标变换使之与目标点集匹配,问题的关键是坐标变换参数 $\boldsymbol{R}$(旋转矩阵)和 $\vec{T}$(平移向量)的求取。可以根据如下的目标函数来建立优化模型求解:

$$\min S(\boldsymbol{R},\vec{T}) = \sum_{i=1}^{n}\left\|P_i-(\boldsymbol{R}P_{0i}+\vec{T})\right\|_2^2 \tag{7.1}$$

式中,$\boldsymbol{R}$ 为旋转矩阵;$\vec{T}=\begin{bmatrix}\Delta x & \Delta y & \Delta z\end{bmatrix}^{\mathrm{T}}$ 为平移向量;$P_i$ 为目标点;$P_{0i}$ 为测量点;$n$ 为点集个数。

基于 SVD 的预匹配具体过程如下。

(1)分别构造目标点集向量和测量点集向量。对于目标点集,在分段搭接面上的点取基准分段断面上对应点的坐标,不在分段搭接面上的点取设计模型上对应点的坐标:

目标点为

$$\vec{P}_i = \begin{bmatrix} x_i & y_i & z_i \end{bmatrix}^{\mathrm{T}}$$

测量点为

$$\vec{P}_{0i} = \begin{bmatrix} x_{0i} & y_{0i} & z_{0i} \end{bmatrix}^{\mathrm{T}}$$

(2)分别求出两个点集中心,即点集坐标的均值:

目标点集中心为

$$O = \frac{1}{n}\sum_{i=1}^{n}\vec{P}_i$$

测量点集中心为

$$O_0 = \frac{1}{n}\sum_{i=1}^{n}\vec{P}_{0i}$$

(3)分别对两个点集归一化处理,即将其各自参考系原点移至自身中心,得到变换后的点集向量:

变换后目标点为

$$\vec{P}_i' = \vec{P}_i - O$$

变换后测量点为

$$\vec{P}_{0i}' = \vec{P}_{0i} - O_0$$

(4)归一化处理后,将目标函数做等价表达:

$$\min S(\boldsymbol{R},\vec{T}) = \sum_{i=1}^{n}\left\|\vec{P}_i' - \boldsymbol{R}\vec{P}_{0i}'\right\|_2^2 \tag{7.2}$$

（5）将式（7.2）平方展开可得

$$\min S(\boldsymbol{R},\vec{T})=\sum_{i=1}^{n}\left[\left\|\vec{P}_i'\right\|^2-2(\vec{P}_i')^{\mathrm{T}}\boldsymbol{R}\vec{P}_{0i}'+\left\|\boldsymbol{R}\vec{P}_{0i}'\right\|^2\right] \tag{7.3}$$

由于旋转矩阵 $\boldsymbol{R}$ 取平方后等于 1，不会影响整个函数值，目标函数取最小值时就是中间项取最大值时，即

$$\sum_{i=1}^{n}(\vec{P}_i')^{\mathrm{T}}\boldsymbol{R}\vec{P}_{0i}'=\mathrm{tr}\left[\boldsymbol{R}^{\mathrm{T}}\sum_{i=1}^{n}\vec{P}_i'(\vec{P}_{0i}')^{\mathrm{T}}\right]=\mathrm{tr}(\boldsymbol{R}^{\mathrm{T}}H) \tag{7.4}$$

式中，$H=\sum_{i=1}^{n}\vec{P}_i'(\vec{P}_{0i}')^{\mathrm{T}}$。

（6）对 $H$ 进行奇异值分解，得 $H=USV^{\mathrm{T}}$，因为当 $\boldsymbol{R}=UV^{\mathrm{T}}$ 时 $\boldsymbol{R}^{\mathrm{T}}H$ 可被对角化，此时的迹也最大，因此通过分解 $H$ 后，可得到旋转矩阵 $\boldsymbol{R}$。

（7）进而得出平移向量：$\vec{T}=O-\boldsymbol{R}\cdot O_0$。

（8）则 $\vec{P}_{1i}=\boldsymbol{R}\vec{P}_{0i}+\vec{T}$ 为经过预匹配后的测量点集向量。实现目标函数中，目标点集数据与匹配后的测量点集数据的平均欧氏距离最小。

### 7.3.2　非线性多目标优化模型

不考虑船舶搭载过程中的特殊工程要求时，测量点集定位匹配实质是一个典型的最小二乘优化问题，目标为所有测量点匹配后坐标与理想目标点的距离平方和最小[16]。

采用数学表达式表达：

$$\min S=\sum_{i=1}^{n}\left(\overline{P_iP_i''}\right)^2$$

$$=\sum_{i=1}^{n}\left[(x_i-x_i'')^2+(y_i-y_i'')^2+(z_i-z_i'')^2\right] \tag{7.5}$$

式中，$P_i=(x_i,\ y_i,\ z_i)$ 为理想目标点；$P_i''=(x_i'',y_i'',z_i'')$ 为测量点匹配后坐标点。

$P_i''$ 是由预匹配后的测量点集向量 $\vec{P}_{1i}$ 经过平移或旋转变换得到。测量点在空间中的移动有 6 个自由度，即沿 $x$、$y$、$z$ 方向的平移 $\Delta x$、$\Delta y$、$\Delta z$，以及绕 $x$、$y$、$z$ 轴的旋转角度 $\Delta\alpha$、$\Delta\beta$、$\Delta\gamma$。数学表达式为

$$P_i''=\boldsymbol{R}\vec{P}_{1i}+\vec{T}=\boldsymbol{R}\cdot\vec{P}_{1i}+\begin{bmatrix}\Delta x & \Delta y & \Delta z\end{bmatrix}^{\mathrm{T}}$$

$$\boldsymbol{R}=\begin{bmatrix}\cos\Delta\beta\cos\Delta\gamma & \sin\Delta\alpha\sin\Delta\beta\cos\Delta\gamma-\cos\Delta\alpha\sin\Delta\gamma & \cos\Delta\alpha\sin\Delta\beta\cos\Delta\gamma+\sin\Delta\alpha\sin\Delta\gamma \\ \cos\Delta\beta\sin\Delta\gamma & \sin\Delta\alpha\sin\Delta\beta\sin\Delta\gamma+\cos\Delta\alpha\cos\Delta\gamma & \cos\Delta\alpha\sin\Delta\beta\sin\Delta\gamma+\sin\Delta\alpha\cos\Delta\gamma \\ -\sin\Delta\beta & \sin\Delta\alpha\cos\Delta\beta & \cos\Delta\alpha\cos\Delta\beta\end{bmatrix}$$

为了解决船体分段的测量点在不同方向上的精度要求不同，可以通过权值向量来对三个方向上的误差进行分配，式（7.5）可以转化为一个加权的最小二乘优化问题，数学表达式为

$$\min S = \sum_{i=1}^{n} \left[ \left( \overline{P_i P_i''} \right)^2 \cdot \vec{\omega} \right]$$

$$= \sum_{i=1}^{n} [(x_i - x_i'')^2 \cdot \omega_x + (y_i - y_i'')^2 \cdot \omega_y + (z_i - z_i'')^2 \cdot \omega_z] \tag{7.6}$$

式中，$\vec{\omega} = \begin{bmatrix} \omega_x & \omega_y & \omega_z \end{bmatrix}^T$ 为沿 $x$、$y$、$z$ 三个方向的权向量。当不考虑不同方向上的精度要求时，$\vec{\omega} = \begin{bmatrix} 1 & 1 & 1 \end{bmatrix}^T$，一般来说，船长方向的精度要求与船宽、型深方向的精度要求相比较低，因此，船长方向上的权值可比船宽和型深方向的权值小一些。

为了使船体分段的一部分控制点满足垂直度、水平度、平面度、硬约束等工程约束，就要把上述工程约束引入点集匹配算法中，使匹配的结果在满足船舶搭载工程约束的同时，使测量点匹配后坐标与设计点的距离平方和最小。

假设 $\mathbf{P_A}$ 是测量点集 $\mathbf{P_o}$ 的一个子集 $\mathbf{P_A} \subseteq \mathbf{P_o}$，其在设计点集 $\mathbf{P}$ 中对应的子点集为 $\mathbf{P_B}$，$\mathbf{P_B} \subseteq \mathbf{P}$；对 $\mathbf{P_A}$ 进行匹配后得到 $\mathbf{P_A}''$，$\mathbf{P_A}''$ 要使目标 $C_j$ 最小，$C_j$ 可以是垂直度、水平度、平面度和硬约束等工程实际要求，所以点集匹配问题的多目标优化模型可表达为

$$\min y = [S, C_1, \cdots, C_n] \tag{7.7}$$

对于多目标优化问题可以采用加权的方法将其转化为单目标优化问题求解，因此优化数学模型可以转化为

$$\min y = \begin{bmatrix} S & C_1 & \cdots & C_n \end{bmatrix} \cdot \vec{\omega}'$$

$$= S \cdot \omega_0' + C_1 \cdot \omega_1' + C_2 \cdot \omega_2' + \cdots + C_n \cdot \omega_n' \tag{7.8}$$

式中，$\vec{\omega}' = \begin{bmatrix} \omega_0' & \omega_1' & \cdots & \omega_n' \end{bmatrix}^T$ 为各项工程约束的权向量；$n$ 为考虑的船舶工程约束的个数。当匹配后结果不满足某个工程约束，同时对于其他约束仍有富裕时，可适当增加不满足要求的那个约束的权值，使误差分布趋于均衡，以满足所有工程约束要求。

## 7.4　常见船舶搭载工程约束的数学表达

船体分段在搭载合拢阶段除了要求单个控制点在一定精度范围内，通常还要考虑接缝处的控制点的水平度、垂直度或硬约束等要求。下面给出这三种典型的船舶工程约束的数学表达。

### 7.4.1    水平度

船体分段控制点的水平度约束问题如图 7.2 所示，数学表达为几个水平控制点的垂向坐标的方差最小。表达式为

$$\min C_1 = E\{[\vec{Z}_A - E(\vec{Z}_A)]^2\} \tag{7.9}$$

式中，E 表示数学期望；$\vec{Z}_A$ 为水平控制测量点集匹配后的水平控制点集 $\mathbf{P}_A''$ 的垂向坐标向量 $[z_{A1}'', z_{A2}'', \cdots, z_{An}'']^T$，其中，$n$ 为水平控制测量点的个数。

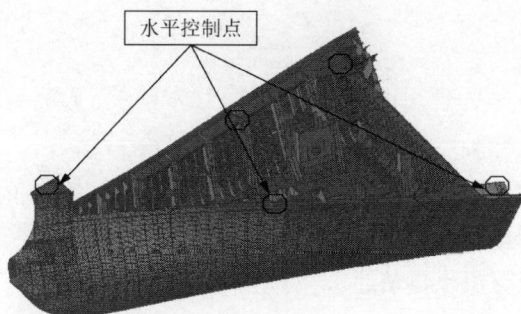

图 7.2    船体分段水平控制点的水平度约束

### 7.4.2    垂直度

与水平度约束同理，船体分段控制点的垂直度约束问题如图 7.3 所示，数学表达为几个垂直控制点的纵向坐标的方差最小。表达式为

$$\min C_1 = E\{[\vec{X}_A - E(\vec{X}_A)]^2\} \tag{7.10}$$

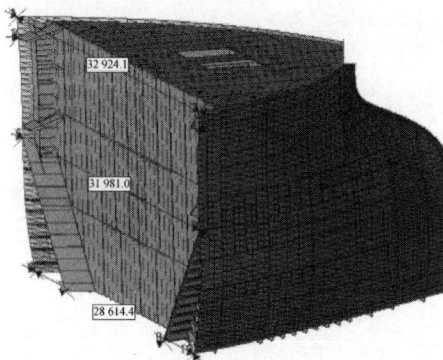

图 7.3    船体分段垂直控制点的垂直度约束

式中，E 表示数学期望；$\vec{X}_A$ 为垂直控制测量点集匹配后的垂直控制点集 $\mathbf{P}_A''$ 的纵向坐标向量 $\left[x_{A1}'',x_{A2}'',\cdots,x_{An}''\right]^T$，其中，$n$ 为垂直控制测量点的个数。

### 7.4.3　硬约束

船体分段控制点的硬约束要求是指对于建造时不易修改的船体分段强硬构件应尽量不做修改，也就是要求给出的模拟搭载定位结果应保证有硬约束要求的控制点精度偏差值更小。数学表达式为

$$\min C_1 = \sum_{i=1}^{n}\left\| P_i - P_i'' \right\|^2 \tag{7.11}$$

式中，$P_i=(x_i,\ y_i,\ z_i)$ 为理想目标点；$P_i''=(x_i'',\ y_i'',\ z_i'')$ 为测量点匹配后坐标点；$n$ 为有硬约束要求的控制测量点的个数。

根据船舶搭载的实际需要，其他工程约束可以按照约束的几何意义，找到其误差的数学表达模型，这个模型最终都可以用只包含 6 个未知数的姿态矢量的数学表达式来表示，这里不再赘述。

## 7.5　求解算法与实例分析

### 7.5.1　求解算法

式（7.6）是典型的非线性无约束优化问题，目标函数中只有 6 个未知设计参数，是比较简单的优化问题，同样，可应用拟牛顿法（具体流程参见 4.5.3 小节）求解该优化数学模型。

### 7.5.2　标准测试实例分析

如图 7.4 所示，用边长 100 的正方体来验证算法的可行性。取模拟理想目标点集如表 7.1 所示。

将正方体绕 $Z$ 轴旋转 $90°$，再分别沿 $X$、$Y$、$Z$ 方向平移 50，最后对各顶点加入±5 范围内的高斯噪声用来模拟建造误差，从而得到模拟测量值。各测量点数据如表 7.2 所示。

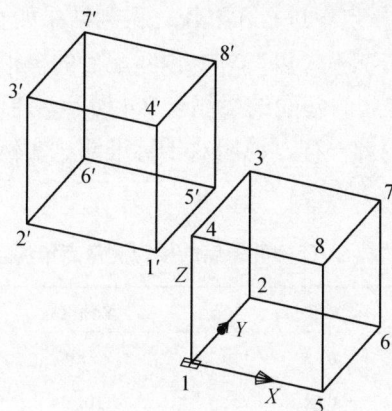

图 7.4　模型示意图

表 7.1　理想目标点集坐标

| 点的编号 | X 轴坐标 | Y 轴坐标 | Z 轴坐标 |
| --- | --- | --- | --- |
| 1 | 0 | 0 | 0 |
| 2 | 0 | 100 | 0 |
| 3 | 0 | 100 | 100 |
| 4 | 0 | 0 | 100 |
| 5 | 100 | 0 | 0 |
| 6 | 100 | 100 | 0 |
| 7 | 100 | 100 | 100 |
| 8 | 100 | 0 | 100 |

表 7.2　模拟测量点集坐标

| 点的编号 | X 轴坐标 | Y 轴坐标 | Z 轴坐标 |
| --- | --- | --- | --- |
| 1 | −46.89 | 49.26 | 46.08 |
| 2 | −151.21 | 52.27 | 47.19 |
| 3 | −154.85 | 53.17 | 153.08 |
| 4 | −49.77 | 49.47 | 154.47 |
| 5 | −45.73 | 153.18 | 50.08 |
| 6 | −149.10 | 148.31 | 49.94 |
| 7 | −147.13 | 153.24 | 146.22 |
| 8 | −49.90 | 147.08 | 146.34 |

运用 SVD 对模拟测量点集进行预匹配，得到结果如表 7.3 所示。不考虑船舶工程约束时，即无约束情况下，以 SVD 预匹配后的模拟测量点集坐标为初值，对其进行非线性优化，得到的匹配结果如表 7.4 所示。通过对比 SVD 与非线性优化法得出的结果，可知两者一样，说明对于标准测试实例，用这两种方法都得到了最佳匹配结果。

表 7.3　SVD 预匹配后的模拟测量点集的坐标

| 点的编号 | $X$ 轴坐标 | $Y$ 轴坐标 | $Z$ 轴坐标 |
| --- | --- | --- | --- |
| 1 | 0.28 | −3.00 | −4.20 |
| 2 | 0.84 | 101.34 | −1.90 |
| 3 | 0.61 | 103.79 | 104.03 |
| 4 | −0.65 | −1.35 | 104.22 |
| 5 | 104.15 | −1.80 | 0.85 |
| 6 | 96.88 | 101.43 | 1.81 |
| 7 | 100.89 | 98.47 | 98.10 |
| 8 | 97.00 | 1.13 | 97.09 |

表 7.4　无约束非线性优化后的模拟测量点集的坐标

| 点的编号 | $X$ 轴坐标 | $Y$ 轴坐标 | $Z$ 轴坐标 |
| --- | --- | --- | --- |
| 1 | 0.28 | −3.00 | −4.20 |
| 2 | 0.84 | 101.34 | −1.90 |
| 3 | 0.61 | 103.79 | 104.03 |
| 4 | −0.65 | −1.35 | 104.22 |
| 5 | 104.15 | −1.80 | 0.85 |
| 6 | 96.88 | 101.43 | 1.81 |
| 7 | 100.89 | 98.47 | 98.10 |
| 8 | 97.00 | 1.13 | 97.09 |

进一步测试考虑工程约束后对匹配结果的影响，在标准测试实例中加入点 3、4、7、8 水平度的约束。并分别测试三种权值设置对匹配结果的影响。计算结果如表 7.5 及图 7.5 所示。

表 7.5　水平度约束权值调整结果对比

| 权值 | 无约束 | 1 倍权值 | 5 倍权值 | 10 倍权值 |
|---|---|---|---|---|
| 总距离平方误差 | 145.54 | 172.62 | 248.42 | 278.00 |
| 水平度误差 | 14.38 | 5.44 | 0.97 | 0.43 |

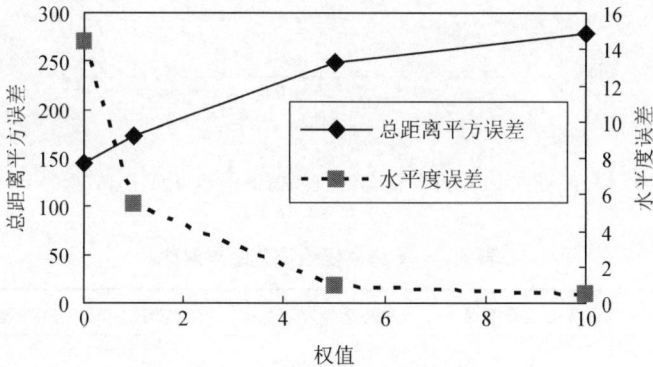

图 7.5　水平度约束权值调整结果对比图

从表 7.5 及图 7.5 可知，水平度约束权值增大时，匹配后的总距离误差增大，而水平度误差减小。通过对权值的调整可以对水平度误差进行调整，实现匹配结果对水平度的误差分配情况的调整。

同样，当标准测试实例的 $X$ 方向精度要求与其他方向精度要求不同时，添加这个约束，并用不同的 $X$ 方向的约束权值进行匹配调整。测试三种权值设置对匹配结果的影响。计算结果如表 7.6 及图 7.6 所示。

从表 7.6 与图 7.6 可知，随着 $X$ 方向精度约束权值增大，$X$ 方向上的误差随之减小。取得了和水平度约束相似的结果。

当上述工程约束同时考虑时，添加这些约束，并调整各项工程约束的权值进行匹配调整。选用三种权值搭配进行匹配结果对比，如表 7.7 所示。

从表 7.7 可知，约束相应权值相对越大，约束误差就相对越小。说明该算法可以对多个约束同时进行调节。

表 7.6　$X$ 方向精度约束权值调整结果对比

| 权值 | 0.5 倍权值 | 0.8 倍权值 | 1 倍权值 |
|---|---|---|---|
| 总距离平方误差 | 146.14 | 145.61 | 145.54 |
| $X$ 方向平方误差 | 40.42 | 38.96 | 38.34 |

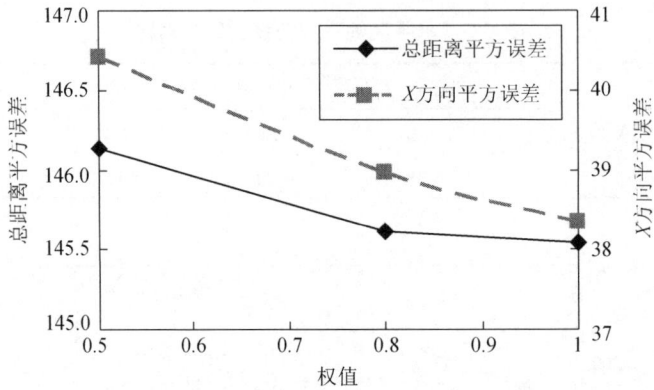

图 7.6    X 方向精度约束权值调整结果对比图

表 7.7    多约束权值调整结果对比

| 水平度权 | X 方向精度权 | 总距离平方误差 | 水平度误差 | X 方向平方误差 |
|---|---|---|---|---|
| 0 倍 | 1 倍 | 145.54 | 14.38 | 38.34 |
| 5 倍 | 0.8 倍 | 254.64 | 0.82 | 115.80 |
| 10 倍 | 0.5 倍 | 289.40 | 0.31 | 136.94 |

### 7.5.3    船舶搭载工程应用实例分析

图 7.7 为某散货船的三维搭载分段设计模型，其中有编号的点为选择的精度管理点，此分段共取 11 个精度管理点，表 7.8 为搭载分段要匹配的对应的理想目标点坐标。表 7.9 为施工现场采用全站仪测量获得的精度管理点的测量坐标。现将两者进行匹配计算，获得搭载分段的最佳搭载定位姿态。要求搭载定位后各精度管理点在船长方向上的误差范围在 8mm 以内，在船宽方向上和型深方向上的误差范围均在 6mm 以内，1~5 号精度管理点为搭载接合面上的点，其垂直度误差范围要求在 8mm 以内。

根据表 7.8 和表 7.9 中的数据可以分别构造出理想目标点集矩阵 $P$ 和测量点集矩阵 $P_o$，图 7.8 为两组点集都统一到三维分段模型的坐标系下的图形，可见测量点由于测量时选取坐标系的不同，与设计点坐标值相差很大，需要应用 SVD 进行预匹配来缩小差距，获得合理的匹配初值 $P_{1i}$。获得初值之后，首先不考虑船舶搭载工程约束进行匹配，匹配后的测量点集坐标如表 7.10 所示。通过表 7.8 与表 7.10 的对比分析，可以得出无约束匹配后的测量点集偏差，如表 7.11 所示。可见，在不考虑工程约束匹配的情况下，各点各方向上的误差均在精度要求范围内，但 1～5 号精度管理点的垂直度不满足搭载要求，若以这一结果为最终的搭载定位方案，显然还需要对分段进行切割修正以满足垂直度精度要求，从而确保搭载一次性成功。但应用本章提出的方法，利用多目标优化方法，添加垂直度约束来确保满足搭载工程实际要求，其匹配结果如表 7.12 所示。通过表 7.8 与表 7.12 的对比分析，可以得出考虑垂直度约束定位后的测量点集偏差，如表 7.13 所示，其中，1～5 号点对应的数值即为搭载定位后分段间的重叠、段差量。可见，与无约束优化获得的定位结果相比，添加垂直度约束之后，定位结果满足了 1～5 号精度管理点为了保证搭载成功的垂直度精度要求，尽管各点总偏差略有增大，但匹配结果满足了所有搭载工程实际的精度要求，无需对分段进行切割修正即可保证搭载一次性成功，节省了工时，缩短了造船周期。

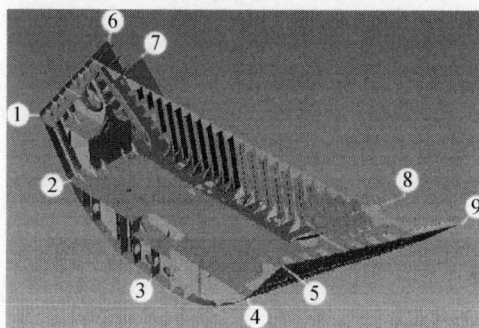

图 7.7　三维模型及精度管理点

表 7.8　理想目标点集坐标

| 点的编号 | $X$ 轴坐标 | $Y$ 轴坐标 | $Z$ 轴坐标 |
|:---:|:---:|:---:|:---:|
| 1 | 85 600 | 9 370 | 6 200 |
| 2 | 85 600 | 7 050 | 2 865 |
| 3 | 85 600 | 0 | 0 |
| 4 | 85 600 | −7 050 | 2 865 |
| 5 | 85 600 | −9 370 | 6 200 |
| 6 | 94 220 | 13 423 | 6 200 |
| 7 | 94 220 | 10 123 | 6 200 |
| 8 | 94 220 | −10 123 | 6 200 |
| 9 | 94 220 | −13 423 | 6 200 |
| 10 | 94 220 | 0 | 0 |
| 11 | 94 220 | 0 | 2 470 |

表 7.9　全站仪测量的精度管理点的测量坐标

| 点的编号 | X 轴坐标 | Y 轴坐标 | Z 轴坐标 |
|---|---|---|---|
| 1 | -1 371 | 15 595 | 7 702 |
| 2 | 949 | 15 601 | 4 361 |
| 3 | 8 001 | 15 605 | 1 505 |
| 4 | 15 056 | 15 599 | 4 367 |
| 5 | 17 372 | 15 595 | 7 695 |
| 6 | -5 418 | 24 224 | 7 703 |
| 7 | -2 118 | 24 213 | 7 695 |
| 8 | 18 128 | 24 227 | 7 696 |
| 9 | 21 420 | 24 222 | 7 704 |
| 10 | 7 998 | 24 216 | 1 494 |
| 11 | 8 004 | 24 220 | 3 970 |

图 7.8　测量点集与理想目标点集

表 7.10　无约束匹配后的测量点集坐标

| 点的编号 | X 轴坐标 | Y 轴坐标 | Z 轴坐标 |
|---|---|---|---|
| 1 | 85 596 | 9 373 | 6 202 |
| 2 | 85 602 | 7 053 | 2 861 |
| 3 | 85 606 | 1 | 5 |
| 4 | 85 599 | -7 054 | 2 868 |
| 5 | 85 594 | -9 370 | 6 196 |
| 6 | 94 225 | 13 420 | 6 204 |
| 7 | 94 214 | 10 120 | 6 196 |
| 8 | 94 226 | -10 126 | 6 197 |
| 9 | 94 221 | -13 418 | 6 205 |
| 10 | 94 217 | 4 | -5 |
| 11 | 94 220 | -2 | 2 471 |

表 7.11　无约束匹配后的测量点集偏差

| 点的编号 | X 轴坐标 | Y 轴坐标 | Z 轴坐标 |
|---|---|---|---|
| 1 | -4 | 3 | 2 |
| 2 | 2 | 3 | -4 |
| 3 | 6 | 1 | 5 |
| 4 | -1 | -4 | 3 |
| 5 | -6 | 0 | -4 |
| 6 | 5 | -3 | 4 |
| 7 | -6 | -3 | -4 |
| 8 | 6 | -3 | -3 |
| 9 | 1 | 5 | 5 |
| 10 | -3 | 4 | -5 |
| 11 | 0 | -2 | 1 |

表 7.12　考虑垂直度约束匹配后的测量点集坐标

| 点的编号 | X 轴坐标 | Y 轴坐标 | Z 轴坐标 |
|---|---|---|---|
| 1 | 85 596 | 9 373 | 6 204 |
| 2 | 85 601 | 7 053 | 2 863 |
| 3 | 85 604 | 1 | 6 |
| 4 | 85 599 | −7 054 | 2 869 |
| 5 | 85 596 | −9 370 | 6 197 |
| 6 | 94 225 | 13 420 | 6 202 |
| 7 | 94 214 | 10 120 | 6 194 |
| 8 | 94 228 | −10 126 | 6 196 |
| 9 | 94 223 | −13 418 | 6 204 |
| 10 | 94 215 | 4 | −6 |
| 11 | 94 220 | −2 | 2 470 |

表 7.13　考虑垂直度约束匹配后的测量点集偏差

| 点的编号 | X 轴坐标 | Y 轴坐标 | Z 轴坐标 |
|---|---|---|---|
| 1 | −4 | 3 | 4 |
| 2 | 1 | 3 | −2 |
| 3 | 4 | 1 | 6 |
| 4 | −1 | −4 | 4 |
| 5 | −4 | 0 | −3 |
| 6 | 5 | −3 | 2 |
| 7 | −6 | −3 | −6 |
| 8 | 8 | −3 | −4 |
| 9 | 3 | 5 | 4 |
| 10 | −5 | 4 | −6 |
| 11 | 0 | −2 | 0 |

## 7.6　模拟搭载定位方案评定标准

通过本章算法可以给出分段模拟搭载定位位置，进而给出合理的搭载修正方案。同时，为了便于对精度控制和模拟搭载的跟踪，还应该对模拟搭载分段进行考核评定，表 7.14 为模拟搭载评定表。

表 7.14　模拟搭载评定表

| 评定 | 分数 | 级别 | 内容 |
|---|---|---|---|
| 优秀 | 90~100 | A | 模拟搭载后一次性到位，分段搭载无需切割 |
| 良好 | 80~89 | B | 模拟搭载后，分段搭载少量切割 |
| 中等 | 70~79 | C | 模拟搭载后，分段搭载较多切割 |
| 不足 | 60~69 | D | 模拟搭载后，分段搭载大量切割 |
| 差 | 60 以下 | E | 模拟搭载后，需要再次复位 |

## 7.7　基于可调墩的分段搭载合拢

为实现船体分段的精确、快速搭载，本节设计一套基于可调墩的船体分段自动对位搭载合拢系统，如图 7.9 所示。该系统由船体分段、可调墩、测量系统、数据分析处理系统和对位运动控制系统组成，工作时位于三维可调墩上的船体分段，可以在一定空间范围内，进行 6 自由度可调移位，实现分段装配的精确测量定位。

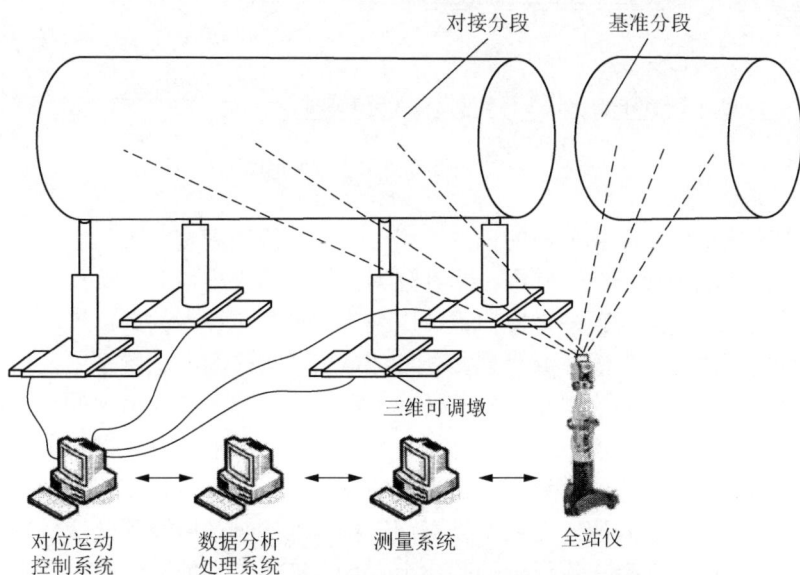

图 7.9　基于可调墩的分段自动对位搭载合拢系统

系统的工作流程：首先，通过基于全站仪的嵌入式定位测量子系统，以及对接分段和基准分段上的测量控制点进行定位测量；然后，在测量数据的基础上进行三维可调平台运动轨迹计算，可调墩运动学求逆解；最后，由运动控制系统控制可调墩进行分段的位置和姿态的调整，实现精确对位。

可调墩的结构如图 7.10 所示，这是由大连理工大学研发的一种分体式搭载合拢设备[173]。该三维可调墩相当于一种三坐标定位器，可在一定范围内实现 X、Y、Z 三个方向平移，具有移动灵活、结构简单、重量轻、摩擦力小等优点。由 3 个或者 3 个以上船用三维可调墩可布置成一个用于支撑船体分段的群墩平台，通过对各可调墩的同步调整，可快速实现船体分段的位置和姿态 6 自由度调整。

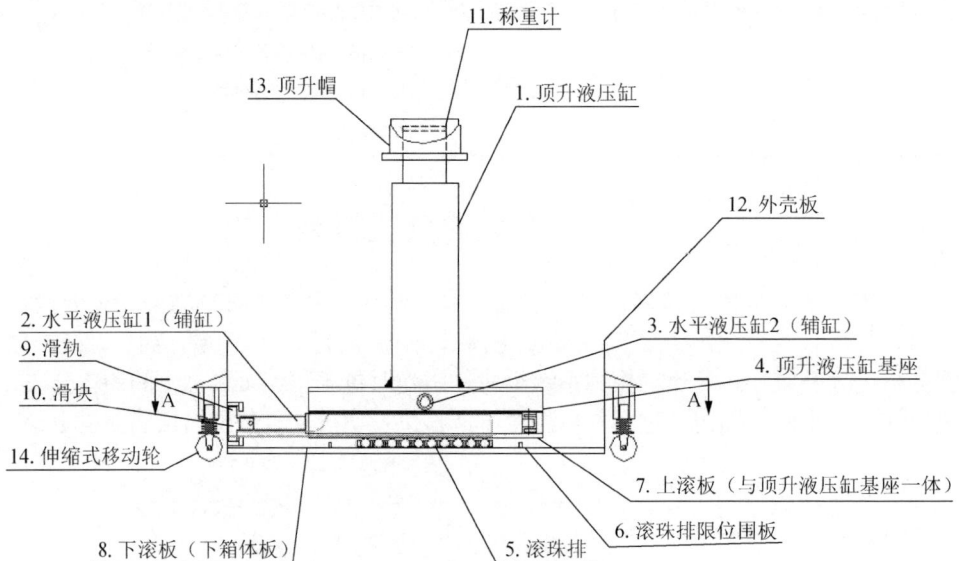

图 7.10　三维可调墩总体外形图

三维可调墩位于船体分段的下方，用于支撑分段和调整分段的空间位置。三维可调墩共有三个液压缸。其中，顶升缸为主缸，用来支撑分段重量和实现分段的上下移动。在主缸的顶部设置称重计用来实时检测可调墩的载荷情况，确保其载荷在额定范围内，于船体分段连接处设计球头式顶升帽，也就是工艺接头，球头式工艺接头能绕球心实现全方位的转动，可适应船体外板的曲率变化。顶升液压缸基座的上下层空间内设置两个互相垂直布置的水平液压缸，在两个水平液压缸的作用下，可调墩实现前后、左右方向的移动。

从三维可调墩的底座向上依次设有滚珠排、液压缸基座及顶升液压缸，顶升液压缸的缸体固定连接在液压缸的基座上，水平液压缸 1 的缸体端与液压缸的基座为铰接,柱塞端与滑块 1 为铰接,滑块 1 设置在围壁内侧的滑道 1 内,水平液压缸 2 的缸体端与液压缸的基座为铰接,柱塞端与滑块 2 为铰接,滑块 2 设置在围壁内侧的滑道 2 内。可调墩的底座设有伸缩式移动轮,当可调墩处于工作状态时,伸缩移动轮上的弹簧受压,轮子缩进,可调墩的底座着地,工作完毕后,分段移走,轮子着地受力,用人力就可以将可调墩牵引移动。

每个三维可调墩有独立的控制单元,采用模块设计,既可以单独使用,也可以多个并行控制,各液压缸由伺服系统驱动。

三维可调墩的重要技术参数有各轴向工作行程、各轴定位精度、各轴向额定载荷、各轴向最大运动速度等。设计的三维可调墩的各技术参数如表 7.15 所示。

**表 7.15　模拟搭载评定表**

| 技术参数 | $X$ 方向行程 | $Y$ 方向行程 | $Z$ 方向行程 | 各轴最大运动速度 | 各轴定位精度 |
|---|---|---|---|---|---|
| 数值 | 700mm | 700mm | 600mm | 10mm/s | 1mm |

本节针对 4 个可调墩的船体分段自动对位搭载合拢系统,介绍其自动对位搭载合拢数据处理系统,主要包括分段轨迹规划、三维可调墩运动学求逆解等算法。

### 7.7.1　算法原理

#### 7.7.1.1　船体分段对位搭载合拢系统运动学模型

分段对位系统主要由 4 个可调墩和船体分段组成,从机构学上来说,该对位机构可看成一个 6 自由度冗余驱动并联机构,每个三维可调墩是并联机构的一个支链,船体分段相当于运动平台,分段的初始位姿和目标位姿都可通过测量数据解算得到,而中间运动的时间和运动的路径完全不确定。所以,在分段对位过程中如何规划并控制三维可调墩各方向的运动使得分段由其初始位姿运动到目标位姿就是所要解决的主要问题。

建立系统的运动学模型。如图 7.11 所示,首先建立全局坐标系 $Oxyz$ ,坐标轴的方向与各三维可调墩的 3 个移动方向一致。再建立以船体分段为参考系的连体坐标系 $O_1x_1y_1z_1$ ,连体坐标系为船体分段数模中给出的设计坐标系。

船体分段在 $Oxyz$ 坐标系中的位姿可以表示为 $\vec{U}=\begin{bmatrix} x & y & z & \alpha & \beta & \gamma \end{bmatrix}^{\mathrm{T}}$ ,其中 $x$、$y$、$z$ 是 $O_1$ 在坐标系 $Oxyz$ 中的坐标; $\alpha$ 、 $\beta$ 、 $\gamma$ 为坐标系 $O_1x_1y_1z_1$ 相对于坐标系 $Oxyz$ 的欧拉角, $\beta$ 为横滚角, $\alpha$ 为俯仰角, $\gamma$ 为航向角。坐标系 $O_1x_1y_1z_1$ 可由 $Oxyz$ 先绕 $y$ 轴旋转 $\beta$ 角,再绕 $x$ 轴旋转 $\alpha$ 角,绕 $z$ 轴旋转 $\gamma$ 角,然后再沿 $x$ 轴平移 $x$ ,沿 $y$ 轴平移 $y$ ,沿 $z$ 轴平移 $z$ 得到。

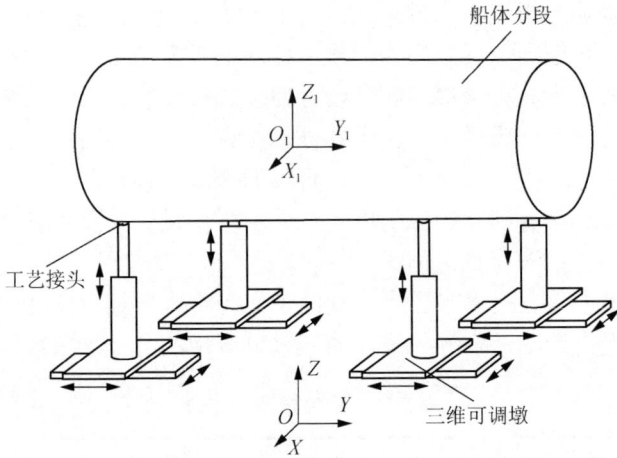

图 7.11　分段自动对位机构

对于三维可调墩 $i$（$i$=1，2，3，4），设其顶端与分段底部连接处的工艺接头的球心在全局坐标系 $Oxyz$ 中的位置矢量为 ${}^{A}\vec{q}_i = \begin{bmatrix} {}^{A}q_{ix} & {}^{A}q_{iy} & {}^{A}q_{iz} \end{bmatrix}^{\mathrm{T}}$，在连体坐标系 $O_1x_1y_1z_1$ 中位置矢量为 ${}^{B}\vec{q}_i = \begin{bmatrix} {}^{B}q_{ix} & {}^{B}q_{iy} & {}^{B}q_{iz} \end{bmatrix}^{\mathrm{T}}$，那么根据坐标复合变换原理有

$$
{}^{A}\vec{q}_i = {}_{B}^{A}\boldsymbol{R}\,{}^{B}\vec{q}_i + {}^{A}\vec{p}_{\mathrm{B}} \tag{7.12}
$$

式中，${}^{A}\vec{p}_{\mathrm{B}} = \begin{bmatrix} x & y & z \end{bmatrix}^{\mathrm{T}}$。

$$
{}_{B}^{A}\boldsymbol{R} = \begin{bmatrix} \cos\gamma\cos\beta & \cos\gamma\sin\beta\sin\alpha - \sin\gamma\cos\alpha & \cos\gamma\sin\beta\cos\alpha + \sin\gamma\sin\alpha \\ \sin\gamma\cos\beta & \sin\gamma\sin\beta\sin\alpha + \cos\gamma\cos\alpha & \sin\gamma\sin\beta\cos\alpha - \cos\gamma\sin\alpha \\ -\sin\beta & \cos\beta\sin\alpha & \cos\beta\cos\alpha \end{bmatrix} \tag{7.13}
$$

即

$$
\begin{bmatrix} {}^{A}q_{ix} \\ {}^{A}q_{iy} \\ {}^{A}q_{iz} \end{bmatrix}
$$

$$
= \begin{bmatrix} \cos\gamma\cos\beta & \cos\gamma\sin\beta\sin\alpha - \sin\gamma\cos\alpha & \cos\gamma\sin\beta\cos\alpha + \sin\gamma\sin\alpha \\ \sin\gamma\cos\beta & \sin\gamma\sin\beta\sin\alpha + \cos\gamma\cos\alpha & \sin\gamma\sin\beta\cos\alpha - \cos\gamma\sin\alpha \\ -\sin\beta & \cos\beta\sin\alpha & \cos\beta\cos\alpha \end{bmatrix}
$$

$$
\times \begin{bmatrix} {}^{B}q_{ix} \\ {}^{B}q_{iy} \\ {}^{B}q_{iz} \end{bmatrix} + \begin{bmatrix} x \\ y \\ z \end{bmatrix} \tag{7.14}
$$

对式（7.14）对时间进行求导，即可得到三维可调墩 $i$ 的各方向速度矢量：

$$^A\dot{\vec{q}}_i = {}^A_B\dot{\boldsymbol{R}}\,{}^B\vec{q}_i + {}^A\dot{\vec{P}}_B \tag{7.15}$$

式（7.15）经过整理可得到如下形式：

$$\dot{\vec{U}} = \boldsymbol{J}\,{}^A\dot{\vec{q}} \tag{7.16}$$

式中，${}^A\dot{\vec{q}} = \left[ \left( {}^A\dot{\vec{q}}_1 \right)^{\mathrm{T}} \ \left( {}^A\dot{\vec{q}}_2 \right)^{\mathrm{T}} \ \left( {}^A\dot{\vec{q}}_3 \right)^{\mathrm{T}} \ \left( {}^A\dot{\vec{q}}_4 \right)^{\mathrm{T}} \right]^{\mathrm{T}}$，反映了船体分段广义速度 $\dot{\vec{U}}$ 与

各可调墩各方向运动速度 ${}^A\dot{\vec{q}}$ 的关系。系数矩阵 $\boldsymbol{J}$ 称为雅可比矩阵，其对研究分段
对位机构的微分运动和误差分析具有非常重要的价值。

继续对式（7.15）对时间进行求导可得到三维可调墩 $i$ 的各方加速度矢量：

$$^A\ddot{\vec{q}}_i = {}^A_B\ddot{\boldsymbol{R}}\,{}^B\vec{q}_i + {}^A\ddot{\vec{P}}_B \tag{7.17}$$

如果已知船体分段位姿矢量 $\vec{U}$ 的运动轨迹 $\vec{U}(t)$，就能通过式（7.12）、式（7.15）
和式（7.17）计算出各三维可调墩的工艺接头的球心在 $x$、$y$、$z$ 方向的位移、速
度和加速度的运动轨迹。

### 7.7.1.2　分段位姿解算

为获得船体分段位姿，在分段上分布若干个测量基准点，通过测量基准点来
确定船体分段位姿。测量基准点一般都选择布置在分段的关键肋位上。通过全站
仪可得到测量基准点在全局坐标系 $Oxyz$ 下的位置坐标，由船体分段设计数模可得
到该测量基准点在分段连体坐标系 $O_1x_1y_1z_1$ 中的坐标。

理论上计算 3 个不在同一直线上的测量基准点就可以求解分段位姿，但一般
采用 3 个以上测量基准点来完成位姿解算，这里以 4 个测量基准点为例，采用非
线性最小二乘法和乔列斯基（Cholesky）分解相结合[205]进行分段位姿求解。具体
步骤如下。

（1）船体分段位姿可表示成 $\vec{U} = \begin{bmatrix} x & y & z & \alpha & \beta & \gamma \end{bmatrix}^{\mathrm{T}}$，共 6 个未知数，记测

量基准点 $i$（$i=1,2,3,4$）在全局坐标系下坐标 ${}^A\vec{p}_i = \begin{bmatrix} {}^Ax_i & {}^Ay_i & {}^Az_i \end{bmatrix}^{\mathrm{T}}$，在分段连体

坐标系中坐标 ${}^B\vec{p}_i = \begin{bmatrix} {}^Bx_i & {}^By_i & {}^Bz_i \end{bmatrix}^{\mathrm{T}}$，分段连体坐标原点在全局坐标系中坐标

${}^A\vec{P}_B = \begin{bmatrix} x & y & z \end{bmatrix}^{\mathrm{T}}$，${}^A_B\boldsymbol{R}$ 为旋转矩阵，则 ${}^A\vec{P}_i$ 和 ${}^B\vec{P}_i$ 之间满足：

$$^A\vec{P}_i = {}^A_B\boldsymbol{R}\,{}^B\vec{P}_i + {}^A\vec{P}_B \tag{7.18}$$

将式（7.18）改写成

$$\begin{cases} f_1(x, \ y, \ z, \ \alpha, \ \beta, \ \gamma)=0 \\ f_2(x, \ y, \ z, \ \alpha, \ \beta, \ \gamma)=0 \\ \qquad\qquad \vdots \\ f_{12}(x, \ y, \ z, \ \alpha, \ \beta, \ \gamma)=0 \end{cases} \tag{7.19}$$

（2）计算式（7.18）的雅可比矩阵为

$$\boldsymbol{Df}(\vec{U})= \begin{bmatrix} \dfrac{\partial f_1}{\partial x} & \dfrac{\partial f_1}{\partial y} & \dfrac{\partial f_1}{\partial z} & \dfrac{\partial f_1}{\partial \alpha} & \dfrac{\partial f_1}{\partial \beta} & \dfrac{\partial f_1}{\partial \gamma} \\ \dfrac{\partial f_2}{\partial x} & \dfrac{\partial f_2}{\partial y} & \dfrac{\partial f_2}{\partial z} & \dfrac{\partial f_2}{\partial \alpha} & \dfrac{\partial f_2}{\partial \beta} & \dfrac{\partial f_2}{\partial \gamma} \\ \vdots & \vdots & \vdots & \vdots & \vdots & \vdots \\ \dfrac{\partial f_{12}}{\partial x} & \dfrac{\partial f_{12}}{\partial y} & \dfrac{\partial f_{12}}{\partial z} & \dfrac{\partial f_{12}}{\partial \alpha} & \dfrac{\partial f_{12}}{\partial \beta} & \dfrac{\partial f_{12}}{\partial \gamma} \end{bmatrix} \tag{7.20}$$

方程式组式（7.19）的非线性最小二乘法迭代计算公式为

$$\begin{cases} \boldsymbol{Df}(\vec{U}^k)^{\mathrm{T}} \boldsymbol{Df}(\vec{U}^k)\Delta\vec{U}^k = \boldsymbol{Df}(\vec{U}^k)^{\mathrm{T}} f(\vec{U}^k) \\ \vec{U}^{k+1}=\vec{U}^k - \Delta\vec{U}^k \end{cases} \tag{7.21}$$

式中，$k=0,1,2,\cdots$。$k=0$ 为迭代初始值。

（3）判断 $\boldsymbol{Df}(\vec{U}^k)$ 是否可逆。根据 $\boldsymbol{Df}(\vec{U}^k)$ 是否可逆，可判断 $\boldsymbol{Df}(\vec{U}^k)^{\mathrm{T}} \boldsymbol{Df}(\vec{U}^k)$ 是否正定，如果不是正定，采用 Levenberg-Marguardt 方法，添加阻尼因子，增大 $\boldsymbol{Df}(\vec{U}^k)^{\mathrm{T}} \boldsymbol{Df}(\vec{U}^k)$ 的主对角元素，以保证矩阵的正定性，此时式（7.21）改为

$$(\boldsymbol{Df}(\vec{U}^k)^{\mathrm{T}} \boldsymbol{Df}(\vec{U}^k)+\mu\boldsymbol{I})\Delta\vec{U}^k = \boldsymbol{Df}(\vec{U}^k)^{\mathrm{T}} f(\vec{U}^k) \tag{7.22}$$

式中，$\mu > 0$ 为阻尼因子；$\boldsymbol{I}$ 为单位阵。

记 $\boldsymbol{A}=\boldsymbol{Df}(\vec{U}^k)^{\mathrm{T}} \boldsymbol{Df}(\vec{U}^k)$，由矩阵的性质可知

$$\boldsymbol{A}=\boldsymbol{A}^{\mathrm{T}} \tag{7.23}$$

对任意一个非零向量 $\vec{v}$，有

$$\vec{v}^{\mathrm{T}} (\boldsymbol{A}^{\mathrm{T}}\boldsymbol{A})\vec{v} =(\boldsymbol{A}\vec{v})^{\mathrm{T}} \boldsymbol{A}\vec{v} \geqslant 0 \tag{7.24}$$

故可知 $\boldsymbol{A}^{\mathrm{T}}\boldsymbol{A}$ 为半正定矩阵。又因为 $\mu > 0$，所以 $\boldsymbol{Df}(\vec{U}^k)^{\mathrm{T}} \boldsymbol{Df}(\vec{U}^k)+\mu\boldsymbol{I}$ 必为正定矩阵。

（4）乔列斯基分解。矩阵 $\boldsymbol{A}=\boldsymbol{Df}(\vec{U}^k)^{\mathrm{T}} \boldsymbol{Df}(\vec{U}^k)$ 的乔列斯基分解为

$$\boldsymbol{A}= \begin{bmatrix} a_{11} & a_{12} & \cdots & a_{16} \\ a_{21} & a_{22} & \cdots & a_{26} \\ \vdots & \vdots & \ddots & \vdots \\ a_{61} & a_{62} & \cdots & a_{66} \end{bmatrix} = \begin{bmatrix} l_{11} & & & \\ l_{21} & l_{22} & & \\ \vdots & \vdots & \ddots & \\ l_{61} & l_{62} & \cdots & l_{66} \end{bmatrix} \begin{bmatrix} l_{11} & l_{21} & \cdots & l_{61} \\ & l_{22} & \cdots & l_{62} \\ & & \ddots & \vdots \\ & & & l_{66} \end{bmatrix} \tag{7.25}$$

式中，

$$l_{11}=\sqrt{a_{11}} \tag{7.26}$$

$$l_{i1}=\frac{a_{i1}}{l_{11}},\quad i=2,3,\cdots,6 \tag{7.27}$$

$$l_{jj}=\sqrt{a_{jj}-\sum_{m=1}^{j-1}l_{jm}^2},\quad j=2,3,\cdots,6 \tag{7.28}$$

$$l_{ij}=\frac{a_{ij}-\sum_{m=1}^{j-1}l_{im}l_{jm}}{l_{jj}},\quad i=j+1,\ j+2,\cdots,6 \tag{7.29}$$

记 $\vec{B}=Df(\vec{U}^k)^{\mathrm{T}}f(\vec{U}^k)$，则方程 $Df(\vec{U}^k)^{\mathrm{T}}Df(\vec{U}^k)\Delta\vec{U}^k=Df(\vec{U}^k)^{\mathrm{T}}f(\vec{U}^k)$ 可化成两个三角矩阵方程组：

$$\begin{cases} L\vec{y}=\vec{B} \\ L^{\mathrm{T}}\Delta\vec{U}^k=\vec{y} \end{cases} \tag{7.30}$$

（5）求解 $L\vec{y}=B$：

$$\begin{cases} y_1=\dfrac{B_1}{l_{11}} \\[4mm] y_i=\dfrac{B_i-\sum\limits_{m=1}^{i-1}l_{im}y_m}{l_{ii}} \end{cases} \tag{7.31}$$

（6）求解 $L^{\mathrm{T}}\Delta\vec{U}^k=\vec{y}$：

$$\begin{cases} \Delta U_6^k=\dfrac{y_6}{l_{66}} \\[4mm] \Delta U_i^k=\dfrac{y_i-\sum\limits_{m=i+1}^{6}l_{mi}U_m^k}{l_{ii}},\quad i=5,4,\cdots,1 \end{cases} \tag{7.32}$$

当 $\left|\vec{U}_{k+1}-\vec{U}_{k+1}\right|\leqslant\varepsilon$ 满足时，迭代终止。$\varepsilon$ 为迭代精度。

### 7.7.1.3　分段对位方式

船体分段对位的过程也就是通过三维可调墩对船体分段进行位置和姿态调整的过程，调整方法主要有四阶段调姿法、3-2-1 调姿法、一步调姿法和两步调姿法。

#### 1. 四阶段调姿法

为使船体分段调姿过程更加简单、可行且便于对阶段性调姿结果进行检测，可将分段的调姿过程先后划分为四个阶段：横滚角调整阶段、俯仰角调整阶段、航向角调整阶段和位置调整阶段。横滚角调整为绕 $y$ 轴的姿态调整；俯仰角调整为绕 $x$ 轴的姿态调整；航向角调整为绕 $z$ 轴的姿态调整。采用逐步逼近的策略进行位姿调整，在位姿调整的每个阶段，将相对应的姿态角转换成各调姿基准点的偏差量，然后用得到的偏差量作为三维可调墩的驱动量，控制可调墩运动进行分段的位姿的调整。具体流程如图 7.12 所示。

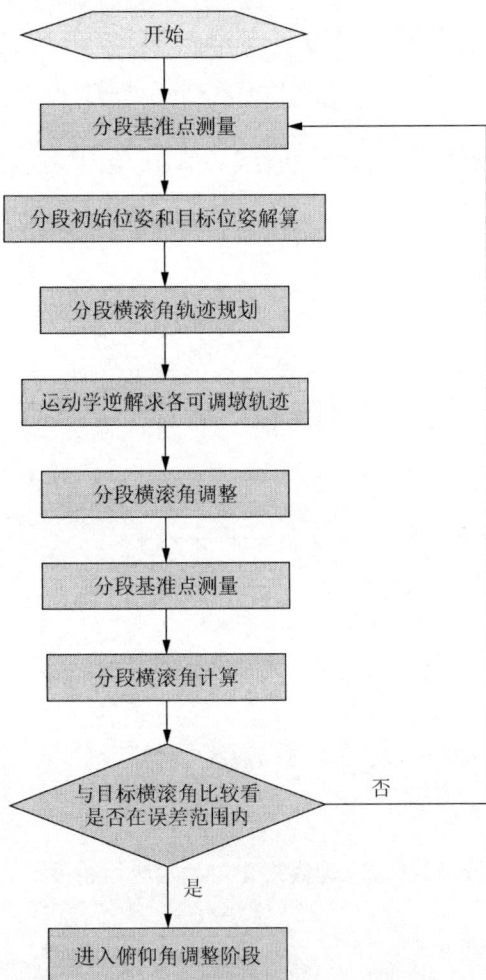

图 7.12　分段横滚角调整流程图

以横滚角为例，其调姿过程可以分为以下几个步骤：

（1）分段调姿基准点测量，控制全站仪，测量分段上 4 个调姿基准点的三维坐标；

（2）依据全站仪测量值，通过相关位姿算法，解算得到分段的当前位姿；

（3）计算分段目标位姿与当前位姿的差值，结合相关轨迹拟合算法，优化分段的运动轨迹，再转换为各三维可调墩的位移量；

（4）将步骤（3）得到的各三维可调墩的位移量，传递给运动控制系统，驱动相关的三维可调墩运动；

（5）通过三维可调墩的运动实现分段横滚姿态的调整；

（6）三维可调墩运动结束后，用全站仪再次测量 4 个调姿基准点的三维坐标；

（7）根据步骤（6）中得到的坐标值，计算分段的横滚角；

（8）判断步骤（7）中得到的横滚角是不是在允许的误差范围之内，如果超出了误差范围则需要重复以上步骤，直到横滚角小于允许的误差，此时才可以进行下一步的分段俯仰角姿态调整。

四阶段调姿法的优点是各阶段调姿过程简单，而且便于对各阶段调姿结果进行误差检测，重复各阶段调整使误差在可接受范围内，这种调姿法精度较高，但相应地调姿时间也较长，总体过程略显烦琐。

2. 3-2-1 调姿法

可以通过逐个将三维可调墩调整到目标位置的方法来进行分段位姿调整。三维可调墩调姿顺序为 3-2-1，即在调姿过程中，1 号三维可调墩首先在 $x$、$y$、$z$ 三个方向进行运动，当运动到指定位置时，将此 3 自由度锁死；接着 2 号三维可调墩在 $x$、$z$ 两个方向上进行运动，当运动到指定位置时，将此 2 自由度锁死；最后 3 号三维可调墩在 $z$ 方向上进行运动，当运动到指定位置时，将此 1 自由度锁死。此过程即可实现分段的位置和姿态的调整。调姿流程图如图 7.13 所示。

此方法具有求解速度快、运动学求逆解简单等优点。但该方法可能会引起对位分段和基准分段发生碰撞干涉，而且该算法为坐标点之间的直线映射式算法，因此，路径的规划比较简单，对配合类的调姿或相对量调姿均存在着一定的不足。所以，3-2-1 调姿法在实际工程中的可行性不大。

3. 一步调姿法

一步调姿法就是测量船体分段各点解算出分段的初始位姿和目标位姿，通过数学方法规划出分段的运行轨迹，然后运动学求逆解得出每个三维可调墩每个时刻的运动增量，通过伺服系统来控制每个可调墩的运动，使得四个可调墩能实现联动，一步完成分段横滚角、俯仰角、航向角和位置的调整。具体流程如图 7.14 所示。

```
              开始

        分段基准点测量  ◄─────────┐
                                  │
     分段初始位姿和目标位姿解算    │
                                  │
       各可调墩支撑点坐标反算       │
                                  │
      1号可调墩x、y、z方向         │
      运动到达后锁死              │
                                  │
      2号可调墩x、z方向           │
      运动到达后锁死              │
                                  │
      3号可调墩z方向              │
      运动到达后锁死              │
                                  │
        分段基准点测量            │
                                  │
         分段位姿解算             │
                                  │
      与目标位姿比较看      否     │
      是否在误差范围内  ──────────┘
            │是
        分段对接完成
```

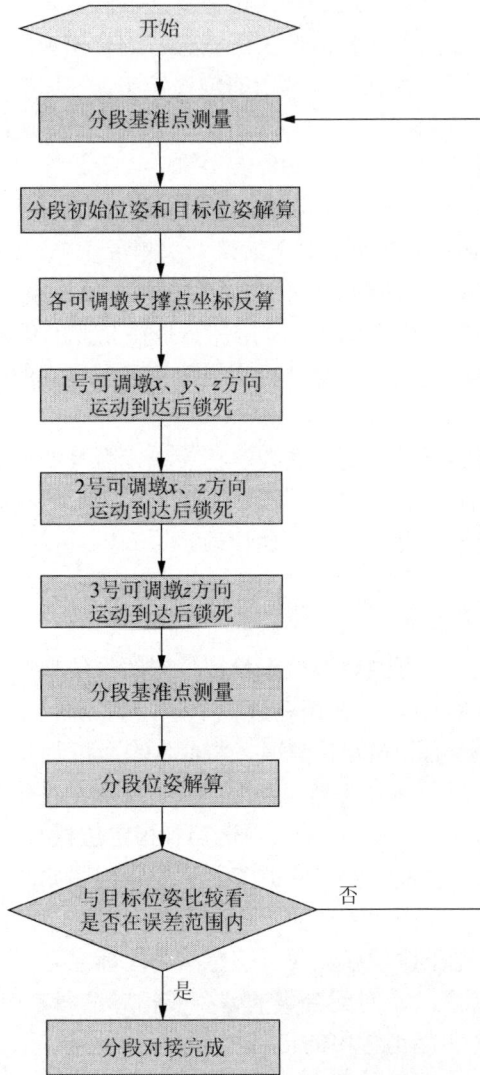

图 7.13　3-2-1 调姿法流程图

如果分段之间不存在碰撞干涉并且一次对位精度较高，可以采用这种分段对位方式。毫无疑问，这是最快速、最理想的分段对位方式。

**4. 两步调姿法**

两步调姿法是由一步调姿法衍生而来的。因为在实际工程中，一次对位精度不会太高，测量分段上基准点坐标和三维可调墩的运动过程中都不可避免地会存在一些误差，因此，如果直接采用一步调整的对位方式，很可能会因为运动误差使得对位分段和基准分段之间发生碰撞；还有一种特殊情况是有的分段存在一些凸出的部分，需要在对位过程中接入基准分段内部，在这种情况下如果直接使用一步调整的对位方式，会引起分段间的碰撞干涉。

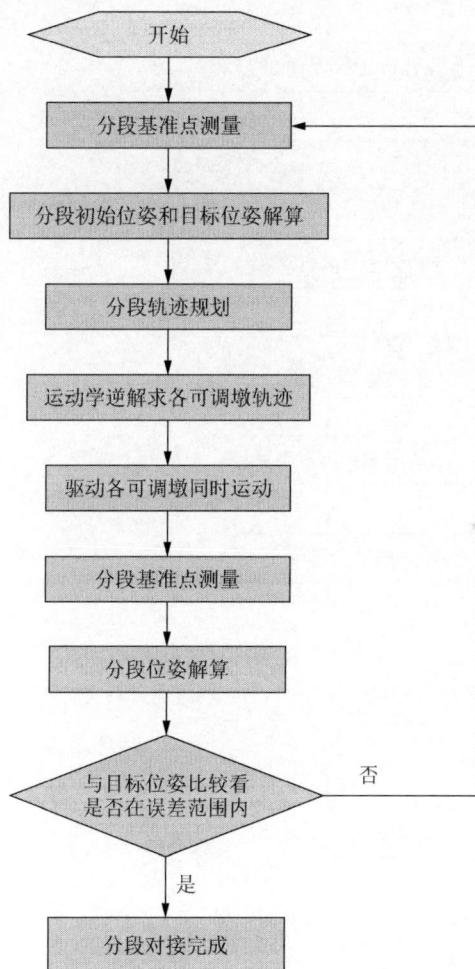

图 7.14　一步调姿法流程图

因此，本节提出一种分两步调整的分段对位方式，第一步完成横滚角、俯仰角、航向角和 $x$、$z$ 方向的位置调整；第二步完成 $y$ 方向的位置调整，即完成分段的接合过程。流程图如图 7.15 所示。

```
                        ┌─────────────┐
                        │     开始     │
                        └──────┬──────┘
                               ↓
                    ┌─────────────────────┐
                    │     分段基准点测量     │←──────────┐
                    └──────────┬──────────┘            │
                               ↓                        │
                ┌───────────────────────────┐          │
                │    分段初始位姿和目标位姿解算    │          │
                └─────────────┬─────────────┘          │
                              ↓                          │
            ┌───────────────────────────────────┐      │
            │   分段三个姿态角和x、z位置轨迹规划    │      │
            └─────────────────┬─────────────────┘      │
                              ↓                          │
                ┌───────────────────────────┐          │
                │     运动学逆解求各可调墩轨迹    │          │
                └─────────────┬─────────────┘          │
                              ↓                          │
                  ┌───────────────────────┐            │
                  │     驱动各可调墩同时运动   │            │
                  └───────────┬───────────┘            │
                              ↓                          │
                    ┌─────────────────────┐            │
                    │     分段基准点测量     │            │
                    └──────────┬──────────┘            │
                               ↓                         │
                    ┌─────────────────────┐            │
                    │      分段位姿解算      │            │
                    └──────────┬──────────┘            │
                               ↓                         │
                        ╱─────────────╲                 │
                       ╱  与目标位姿比较看  ╲    否        │
                      ╱   是否在误差范围内    ╲──────────┘
                       ╲                 ╱
                        ╲─────────────╱
                               │ 是
                               ↓
                    ┌─────────────────────┐
                    │     分段进行y方向结合   │
                    └──────────┬──────────┘
                               ↓
                    ┌─────────────────────┐
                    │      分段对接完成      │
                    └─────────────────────┘
```

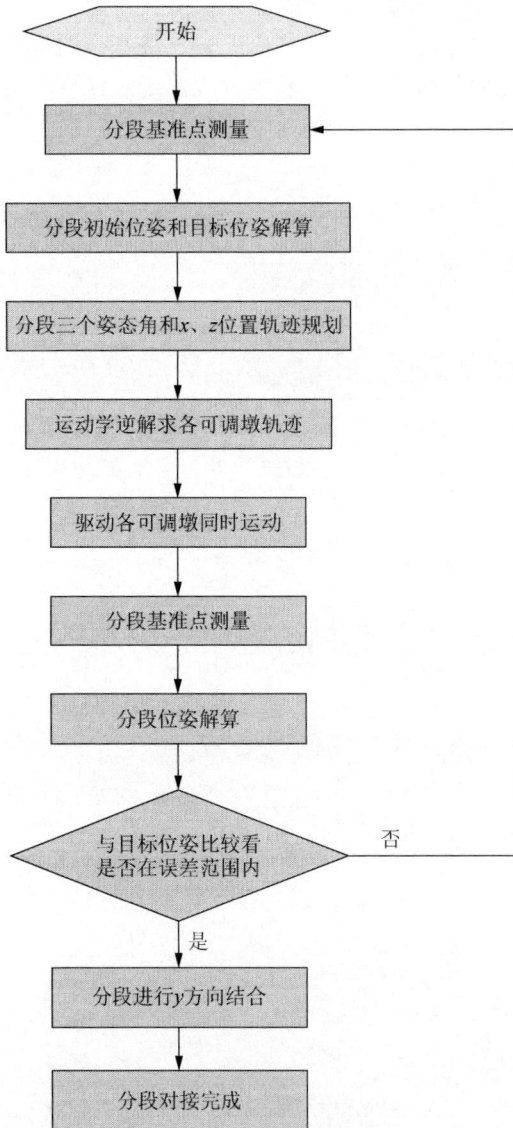

图 7.15 两步调姿法流程图

本章将分别给出一步调姿法和二步调姿法的具体实例。

7.7.1.4　分段轨迹规划及可调墩运动求逆解

1. 分段轨迹规划方法

船体分段自动对位运动轨迹规划多数情况下为无碰撞路径规划，其轨迹规划的方法有很多种，工程上一般采用多项式拟合方法进行规划，比如直线拟合轨迹法、三次多项式拟合轨迹法和五次多项式拟合轨迹法等。

本节讨论直线、三次多项式、五次多项式三种拟合轨迹的方法，根据船体分段对位作业任务要求，找出最合适的拟合轨迹方法。分段对位时依靠测量系统分别测量待移动分段和基准分段上各测量点坐标，求解出分段的初始位姿和目标位姿，设初始位姿为 $\overrightarrow{U_0}=\begin{bmatrix} x_0 & y_0 & z_0 & \alpha_0 & \beta_0 & \gamma_0 \end{bmatrix}^\mathrm{T}$，目标位姿为 $\overrightarrow{U_1}=\begin{bmatrix} x_1 & y_1 & z_1 & \alpha_1 & \beta_1 & \gamma_1 \end{bmatrix}^\mathrm{T}$。

1）直线拟合轨迹法

采用直线拟合轨迹法时，只需要考虑分段的初始位姿和目标位姿，以横滚角 $\alpha$ 的计算为例，假设轨迹方程为

$$\alpha(t)=at+b \tag{7.33}$$

代入位姿约束条件可得

$$\begin{cases} \alpha(0)=\alpha_0 \\ \alpha(t_\mathrm{f})=\alpha_1 \end{cases} \tag{7.34}$$

式中，$t_\mathrm{f}$ 表示分段自动对位时间。求解式（7.33）和式（7.34）可得

$$\begin{cases} a=\dfrac{\alpha_1-\alpha_0}{t_\mathrm{f}} \\ b=\alpha_0 \end{cases} \tag{7.35}$$

令 $\Delta\alpha=\alpha_1-\alpha_0$，可得到 $\alpha$ 的运动轨迹：

$$\alpha(t)=\frac{\Delta\alpha}{t_\mathrm{f}}t+\alpha_0 \tag{7.36}$$

同理可求得 $x$、$y$、$z$、$\beta$、$\gamma$ 的运动轨迹：

$$\begin{cases} x(t)=\dfrac{\Delta x}{t_\mathrm{f}}t+x_0 \\ y(t)=\dfrac{\Delta y}{t_\mathrm{f}}t+y_0 \\ z(t)=\dfrac{\Delta z}{t_\mathrm{f}}t+z_0 \end{cases}, \quad \begin{cases} \beta(t)=\dfrac{\Delta\beta}{t_\mathrm{f}}t+\beta_0 \\ \gamma(t)=\dfrac{\Delta\gamma}{t_\mathrm{f}}t+\gamma_0 \end{cases} \tag{7.37}$$

采用直线拟合轨迹法时，让分段匀速运动，运动时间最短，但会使得分段在初始位置和目标位置存在速度突变，因此，加速度的波动比较大，导致分段运动

不平稳，而且各三维可调墩的驱动力在对位过程中将会不断增大，在对位运动结束时驱动力达到最大值，这就使得分段和可调墩接触点受力较大，容易造成分段的变形。然而，如果分段的运动速度和加速度都很小，小到可以忽略不计，那么采用直线拟合轨迹法毫无疑问是最快、最合适的方法。

2）三次多项式拟合轨迹法

三次多项式拟合轨迹法不仅考虑了分段的初始位姿和目标位姿，也考虑了分段在初始位置和目标位置时的速度为 0，以横滚角 $\alpha$ 的计算为例，假设轨迹方程为

$$\alpha(t)=at^3+bt^2+ct+d \tag{7.38}$$

代入位姿和速度的约束条件可得

$$\begin{cases} \alpha(0)=\alpha_0 \\ \alpha(t_f)=\alpha_1 \\ \dot{\alpha}(0)=0 \\ \dot{\alpha}(t_f)=0 \end{cases} \tag{7.39}$$

式中，$t_f$ 表示分段自动对位时间。求解式（7.38）和式（7.39）可得

$$\begin{cases} a=-\dfrac{2(\alpha_1-\alpha_0)}{t_f^3} \\[3mm] b=\dfrac{3(\alpha_1-\alpha_0)}{t_f^2} \\[3mm] c=0 \\ d=\alpha_0 \end{cases} \tag{7.40}$$

令 $\Delta\alpha=\alpha_1-\alpha_0$，可得到 $\alpha$ 的运动轨迹：

$$\alpha(t)=-\frac{2\Delta\alpha}{t_f^3}t^3+\frac{3\Delta\alpha}{t_f^2}t^2+\alpha_0 \tag{7.41}$$

同理可求得 $x$、$y$、$z$、$\beta$、$\gamma$ 的运动轨迹：

$$\begin{cases} x(t)=-\dfrac{2\Delta x}{t_f^3}t^3+\dfrac{3\Delta x}{t_f^2}t^2+x_0 \\[3mm] y(t)=-\dfrac{2\Delta y}{t_f^3}t^3+\dfrac{3\Delta y}{t_f^2}t^2+y_0 \\[3mm] z(t)=-\dfrac{2\Delta z}{t_f^3}t^3+\dfrac{3\Delta z}{t_f^2}t^2+z_0 \end{cases}, \quad \begin{cases} \beta(t)=-\dfrac{2\Delta\beta}{t_f^3}t^3+\dfrac{3\Delta\beta}{t_f^2}t^2+\beta_0 \\[3mm] \gamma(t)=-\dfrac{2\Delta\gamma}{t_f^3}t^3+\dfrac{3\Delta\gamma}{t_f^2}t^2+\gamma_0 \end{cases} \tag{7.42}$$

采用三次多项式拟合轨迹法时，考虑速度的变化，忽略加速度的变化，分段的加速度在初始位置和目标位置存在突变的现象，仍然会使分段运动不够平稳。然而，如果分段的加速度很小，小到可以忽略的情况下，采用三次多项式拟合轨

迹是一种可行的方法。

　　3）五次多项式拟合轨迹法

　　采用五次多项式拟合轨迹法不仅考虑了分段的初始位姿和目标位姿，以及分段在初始位置和目标位置时的速度为 0，还考虑了分段初始位置和目标位置时加速度也为 0，以横滚角 $\alpha$ 的计算为例，假设轨迹方程为

$$\alpha(t)=at^5+bt^4+ct^3+dt^2+et+f \tag{7.43}$$

代入位姿、速度和加速度的约束条件可得

$$\begin{cases} \alpha(0)=\alpha_0 \\ \alpha(t_f)=\alpha_1 \\ \dot{\alpha}(0)=0 \\ \dot{\alpha}(t_f)=0 \\ \ddot{\alpha}(0)=0 \\ \ddot{\alpha}(t_f)=0 \end{cases} \tag{7.44}$$

式中，$t_f$ 表示分段自动对位时间。求解式（7.43）和式（7.44）可得

$$\begin{cases} a=\dfrac{6(\alpha_1-\alpha_0)}{t_f^5} \\[3mm] b=-\dfrac{15(\alpha_1-\alpha_0)}{t_f^4} \\[3mm] c=\dfrac{10(\alpha_1-\alpha_0)}{t_f^3} \\[3mm] d=0 \\ e=0 \\ f=\alpha_0 \end{cases} \tag{7.45}$$

　　令 $\Delta\alpha=\alpha_1-\alpha_0$，可得到 $\alpha$ 的运动轨迹：

$$\alpha(t)=\frac{6\Delta\alpha}{t_f^5}t^5-\frac{15\Delta\alpha}{t_f^4}t^4+\frac{10\Delta\alpha}{t_f^3}t^3+\alpha_0 \tag{7.46}$$

同理可求得 $x$、$y$、$z$、$\beta$、$\gamma$ 的运动轨迹：

$$\begin{cases} x(t)=\dfrac{6\Delta x}{t_f^5}t^5-\dfrac{15\Delta x}{t_f^4}t^4+\dfrac{10\Delta x}{t_f^3}t^3+x_0 \\[3mm] y(t)=\dfrac{6\Delta y}{t_f^5}t^5-\dfrac{15\Delta y}{t_f^4}t^4+\dfrac{10\Delta y}{t_f^3}t^3+y_0 \\[3mm] z(t)=\dfrac{6\Delta z}{t_f^5}t^5-\dfrac{15\Delta z}{t_f^4}t^4+\dfrac{10\Delta z}{t_f^3}t^3+z_0 \end{cases} , \begin{cases} \beta(t)=\dfrac{6\Delta\beta}{t_f^5}t^5-\dfrac{15\Delta\beta}{t_f^4}t^4+\dfrac{10\Delta\beta}{t_f^3}t^3+\beta_0 \\[3mm] \gamma(t)=\dfrac{6\Delta\gamma}{t_f^5}t^5-\dfrac{15\Delta\gamma}{t_f^4}t^4+\dfrac{10\Delta\gamma}{t_f^3}t^3+\gamma_0 \end{cases} \tag{7.47}$$

采用五次多项式拟合轨迹法规划分段对位轨迹时，分段在初始位置和目标位置速度和加速度均为 0，对位过程中速度和加速度均不存在突变，使得分段运动较为平稳，而且分段与三维可调墩接触点受力相对较小较均匀，不容易造成分段的变形和损害。因此，采用五次多项式拟合轨迹法来规划分段自动对位的运动轨迹最安全，然而，这种方法运动耗时也最长。

2. 最优时间轨迹规划

下面以采用五次多项式拟合轨迹法为例，说明轨迹优化的过程。轨迹方程如下：

$$\vec{U}(t) = \frac{6\Delta\vec{U}}{t_f^5}t^5 - \frac{\Delta\vec{U}}{t_f^4}t^4 + \frac{10\Delta\vec{U}}{t_f^3}t^3 + \vec{U_0} \qquad (7.48)$$

式中，$t_f$ 为分段对位时间；$\vec{U}(t) = [x(t) \quad y(t) \quad z(t) \quad \alpha(t) \quad \beta(t) \quad \gamma(t)]^T$；$\Delta\vec{U} = \vec{U}(t_f) - \vec{U}(0)$，其中，$\vec{U}(t_f)$ 即为分段目标位姿，$\vec{U}(0)$ 为分段初始位姿。$\vec{U}(t)$ 是时间 $t$ 的函数，同时又取决于分段对位时间 $t_f$。因此，如何选取分段对位时间 $t_f$ 是需要考虑的问题。

考虑工程实际，三维可调墩的各轴运动速度和工作行程需满足一定的约束条件：

$$\begin{cases} \left| {}^A\dot{q}_{ix} \right| \leqslant v_{max} \\ \left| {}^A\dot{q}_{iy} \right| \leqslant v_{max} \\ \left| {}^A\dot{q}_{iz} \right| \leqslant v_{max} \\ {}^Aq_{ix_{max}} - {}^Aq_{ix_{min}} \leqslant s_{x_{max}} \\ {}^Aq_{iy_{max}} - {}^Aq_{iy_{min}} \leqslant s_{y_{max}} \\ {}^Aq_{iz_{max}} - {}^Aq_{iz_{min}} \leqslant s_{z_{max}} \end{cases} \qquad (7.49)$$

式中，$v_{max}$ 表示三维可调墩各轴最大运动速度；$s_{x_{max}}$、$s_{y_{max}}$、$s_{z_{max}}$ 分别表示三维可调墩在 $x$、$y$、$z$ 方向上的最大工作行程；$i = 1,2,3,4$，表示各可调墩。

结合前面总结的运动学方程，给式（7.48）选择合适的分段对位时间 $t_f$ 就可得到满足约束条件式（7.49）的各三维可调墩各方向上的运动轨迹。考虑到工程实际中一般要求分段对位时间越小越好，因此以分段对位时间最小作为运动轨迹规划的目标，数学模型如下：

目标：

$$\min t_{\mathrm{f}}$$

约束：

$$\begin{cases} \left| {}^{A}\dot{q}_{ix} \right| \leqslant v_{\max} \\[2mm] \left| {}^{A}\dot{q}_{iy} \right| \leqslant v_{\max} \\[2mm] \left| {}^{A}\dot{q}_{iz} \right| \leqslant v_{\max} \\[2mm] {}^{A}q_{ix_{\max}} - {}^{A}q_{ix_{\min}} \leqslant s_{x_{\max}} \\[2mm] {}^{A}q_{iy_{\max}} - {}^{A}q_{iy_{\min}} \leqslant s_{y_{\max}} \\[2mm] {}^{A}q_{iz_{\max}} - {}^{A}q_{iz_{\min}} \leqslant s_{z_{\max}} \end{cases} \quad (7.50)$$

对于上述的最优化问题，这里采用二分法进行求解，二分法计算过程简单，而且便于计算机编程实现，具体的步骤如下。

（1）根据船体分段的初始位姿、目标位姿和三维可调墩各方向最大速度等要求，初步给出一个分段对位时间的范围 $[t_1,\ t_2]$，得到 $t_{\mathrm{f}}=t_1$ 和 $t_{\mathrm{f}}=t_2$ 时分段位姿的运动轨迹方程，分别为

$$\vec{U_1}(t) = \frac{6\Delta\vec{U}}{t_1^5}t^5 - \frac{\Delta\vec{U}}{t_1^4}t^4 + \frac{10\Delta\vec{U}}{t_1^3} + \vec{U_0} \quad (7.51)$$

$$\vec{U_2}(t) = \frac{6\Delta\vec{U}}{t_2^5}t^5 - \frac{\Delta\vec{U}}{t_2^4}t^4 + \frac{10\Delta\vec{U}}{t_2^3} + \vec{U_0} \quad (7.52)$$

（2）根据以上分段位姿的轨迹方程和运动学方程式（7.15），分别计算 $t_{\mathrm{f}}=t_1$ 和 $t_{\mathrm{f}}=t_2$ 时各三维可调墩在 $x$、$y$、$z$ 方向上的最大运动速度。

需要说明的是，直接通过解析的方法计算各三维可调墩各方向的运动速度是非常复杂的。简单的方法是对分段对位时间 $t_{\mathrm{f}}$ 进行离散，离散时间间隔 $dt$ 应当越小越好，一般可取 $dt$ 和实际的控制系统的采样周期相同，即近似认为在一个采样周期内三维可调墩各方向的运动速度是线性变化的。然后分别计算每个时间点处的三维可调墩各方向运动速度，进而可得到当前分段对位时间下的三维可调墩各方向最大运动速度。

（3）若 $t_{\mathrm{f}}=t_1$ 和 $t_{\mathrm{f}}=t_2$ 都不满足约束条件式（7.50），那么说明 $t_1$ 和 $t_2$ 的取值不正确，这时回到步骤（1）中重新设定分段对位时间的范围。

（4）若 $t_{\mathrm{f}}=t_1$ 和 $t_{\mathrm{f}}=t_2$ 都满足约束条件式（7.50），那么最优分段对位时间 $t_{\mathrm{opt}}=t_1$，计算结束。

（5）若 $t_\mathrm{f}=t_1$ 不满足约束条件式（7.50），而 $t_\mathrm{f}=t_2$ 满足约束条件式（7.50），那么令 $t_3=\dfrac{t_1+t_2}{2}$。

（6）若 $t_\mathrm{f}=t_3$ 满足约束条件式（7.50），那么令 $t_2=t_3$，否则令 $t_1=t_3$。重复步骤（5）的求解，直到 $t_2-t_1\leqslant\delta$（$\delta$ 用来设定计算的精度），那么 $t_\mathrm{opt}=t_1$ 就是最优分段对位时间。

（7）代入得到 $t_\mathrm{f}=t_\mathrm{opt}$ 时的分段对位轨迹方程：

$$\vec{U}(t)=\frac{6\Delta\vec{U}}{t_\mathrm{opt}^5}t^5-\frac{\Delta\vec{U}}{t_\mathrm{opt}^4}t^4+\frac{10\Delta\vec{U}}{t_\mathrm{opt}^3}t^3+\vec{U_0} \tag{7.53}$$

再结合运动学方程式（7.12）、式（7.15）、式（7.17）可分别求得各三维可调墩工艺接头的球心在各时刻在 $x$、$y$、$z$ 方向上的位移、速度和加速度，将数据输出并保存，完成计算。

### 7.7.2 程序实现

为了便于算法的应用，本节开发了船体分段自动对位搭载合拢程序，包括分段位姿解算、分段轨迹规划、三维可调墩运动学求逆解，轨迹曲线输出和导出数据等功能。通过与测量系统和运动控制系统的接口，接收测量系统传来的信号并将处理后的数据以命令形式传递给运动控制系统。程序操作流程图如图 7.16 所示。

#### 1. 分段位姿解算操作

船体分段位姿解算时，需用全站仪测量分段上多个基准点的空间坐标，分段位姿有 6 个未知数，可测量 3 个或者 3 个以上基准点坐标，运用非线性最小二乘法来进行迭代求解，程序界面如图 7.17 所示，测量基准点的个数可以根据需要调整。

#### 2. 工艺接头球心局部坐标计算

首先需求得各三维可调墩支撑点（即工艺接头的球心）相对于船体分段的位置。三维可调墩的个数可以根据需要调节，可以是 3，4，5，…。当分段的初始位姿 $\vec{U_0}=\begin{bmatrix}x_0 & y_0 & z_0 & \alpha_0 & \beta_0 & \gamma_0\end{bmatrix}^\mathrm{T}$ 各参数都求出后，使用全站仪测量各三维可调墩支撑点在全局坐标系中的坐标 $^A\vec{r_i}=\begin{bmatrix}{}^Ar_{ix} & {}^Ar_{iy} & {}^Ar_{iz}\end{bmatrix}^\mathrm{T}$（$i$ 表示三维可调墩的个数），可由坐标复合变换原理计算各三维可调墩支撑点在连体坐标系中的坐标 $^B\vec{r_i}=\begin{bmatrix}{}^Br_{ix} & {}^Br_{iy} & {}^Br_{iz}\end{bmatrix}^\mathrm{T}$，表达式为

$$
\begin{bmatrix} ^{A}r_{ix} \\ ^{A}r_{iy} \\ ^{A}r_{iz} \end{bmatrix}
$$

$$
= \begin{bmatrix} \cos\gamma\cos\beta & \cos\gamma\sin\beta\sin\alpha - \sin\gamma\cos\alpha & \cos\gamma\sin\beta\cos\alpha + \sin\gamma\sin\alpha \\ \sin\gamma\cos\beta & \sin\gamma\sin\beta\sin\alpha + \cos\gamma\cos\alpha & \sin\gamma\sin\beta\cos\alpha - \cos\gamma\sin\alpha \\ -\sin\beta & \cos\beta\sin\alpha & \cos\beta\cos\alpha \end{bmatrix} \begin{bmatrix} ^{B}r_{ix} \\ ^{B}r_{iy} \\ ^{B}r_{iz} \end{bmatrix}
$$

$$
+ \begin{bmatrix} x_0 \\ y_0 \\ z_0 \end{bmatrix} \tag{7.54}
$$

计算界面如图 7.18 所示。

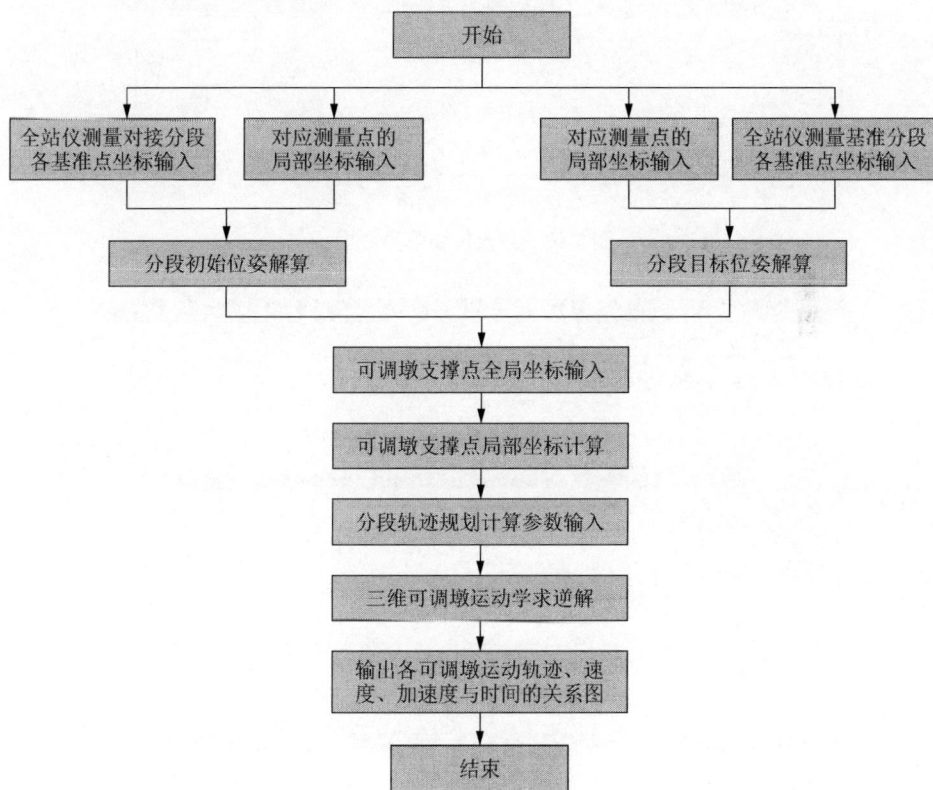

图 7.16　程序操作流程图

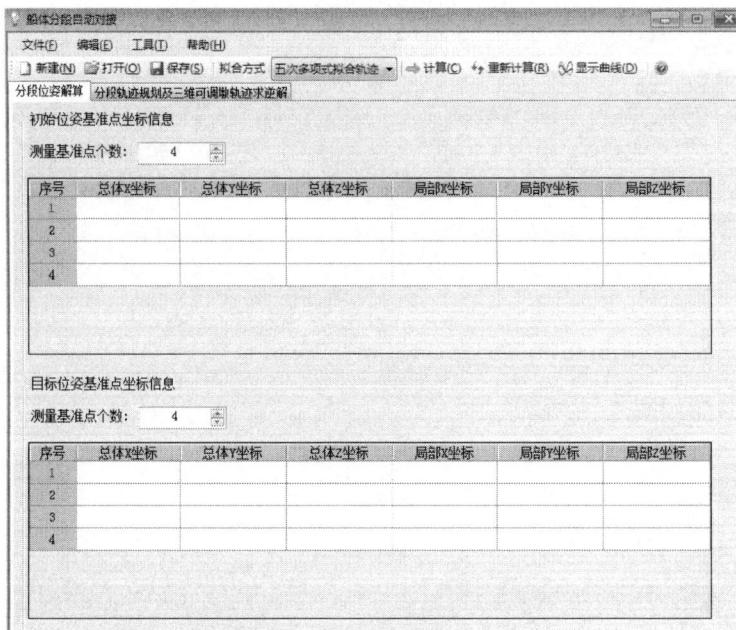

图 7.17　分段位姿解算界面

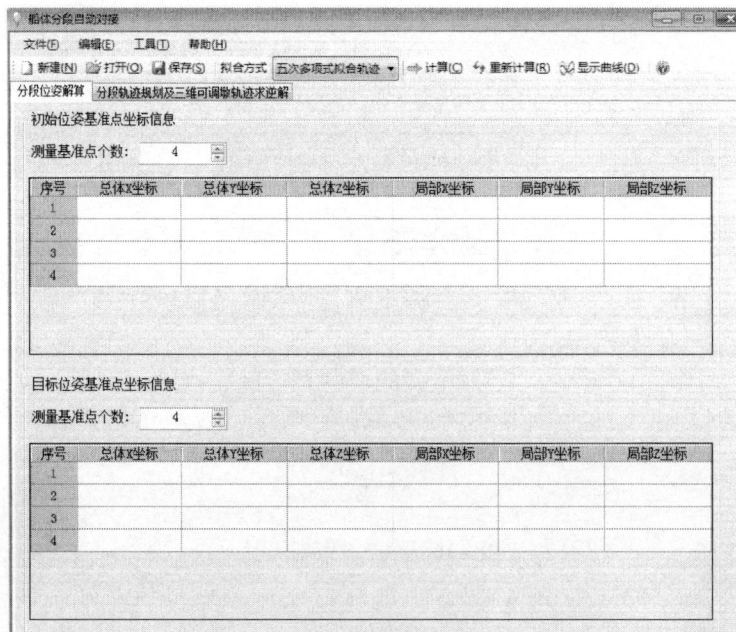

图 7.18　计算界面

3. 分段轨迹规划及三维可调墩运动学求逆解

计算程序中可选择直接拟合轨迹法、三次多项式拟合轨迹法、五次多项式拟合轨迹法中的任意一种来拟合分段对位运动的轨迹。

计算程序中，通过二分法求解分段最优时间轨迹规划时，需要初步给出一个分段对位时间的范围 $[t_1, t_2]$，需要给定三维可调墩的各轴允许的最大运动速度和一个迭代精度，将这几个计算参数都输入后，程序可进行分段运动轨迹计算，并由此求逆解得出各三维可调墩支撑点的运动轨迹。计算界面如图 7.18 所示。

4. 显示计算曲线并输出数据

轨迹计算完成后，点击程序工具栏中的"显示曲线"按钮可进入轨迹曲线输出界面，如图 7.19 所示。

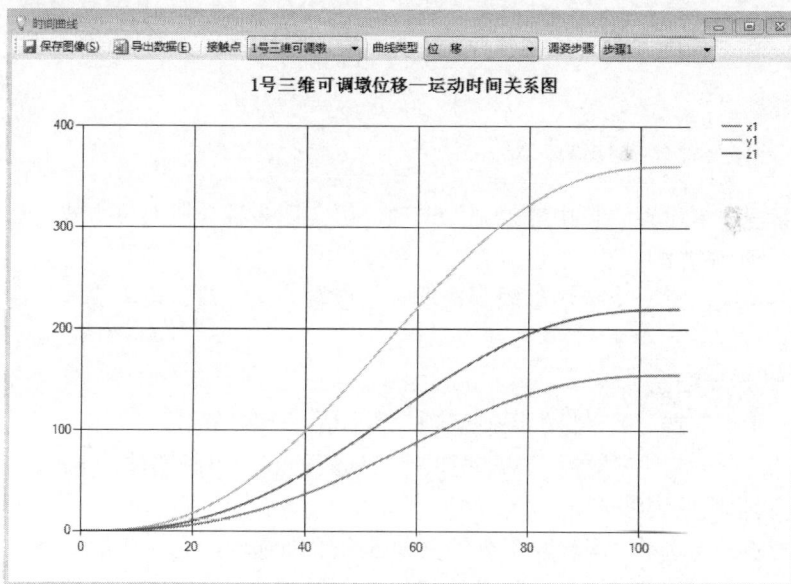

图 7.19　轨迹曲线输出界面

可以分别输出每个三维可调墩支撑点的位移-时间曲线、速度-时间曲线和加速度-时间曲线。点击"保存图像"按钮可以将输出的曲线图像手动保存，点击"导出数据"按钮可以将输出的三维可调墩的工艺接头的球心各时刻的位移、速度和加速度值导出到 Excel 中（每隔 0.1s 输出一组数据），如图 7.20 所示。

| 时间 | 位移 | | | 速度 | | | 加速度 | | |
|---|---|---|---|---|---|---|---|---|---|
| | X | Y | Z | X | Y | Z | X | Y | Z |
| 0 | -116 | 595 | 1914 | 2.1603 | 6.15136 | 3.524421 | 0.016331 | 8.35E-06 | 0.008443 |
| 0.1 | -115.784 | 595.6162 | 1914.352 | 2.161934 | 6.151361 | 3.525265 | 0.016333 | 1.09E-05 | 0.008441 |
| 0.2 | -115.568 | 596.2324 | 1914.705 | 2.163567 | 6.151362 | 3.526109 | 0.016334 | 1.32E-05 | 0.008439 |
| 0.3 | -115.351 | 596.8486 | 1915.058 | 2.1652 | 6.151364 | 3.526953 | 0.016336 | 1.58E-05 | 0.008437 |
| 0.4 | -115.135 | 597.4648 | 1915.41 | 2.166834 | 6.151366 | 3.527797 | 0.016337 | 1.82E-05 | 0.008435 |
| 0.5 | -114.918 | 598.081 | 1915.763 | 2.168468 | 6.15137 | 3.52864 | 0.016339 | 2.08E-05 | 0.008433 |
| 0.6 | -114.701 | 598.6972 | 1916.116 | 2.170102 | 6.15137 | 3.529483 | 0.01634 | 2.31E-05 | 0.008431 |
| 0.7 | -114.484 | 599.3134 | 1916.469 | 2.171736 | 6.151372 | 3.530326 | 0.016342 | 2.56E-05 | 0.008429 |
| 0.8 | -114.267 | 599.9296 | 1916.822 | 2.17337 | 6.151375 | 3.531169 | 0.016344 | 2.81E-05 | 0.008427 |
| 0.9 | -114.049 | 600.5458 | 1917.175 | 2.175005 | 6.151378 | 3.532012 | 0.016345 | 3.06E-05 | 0.008425 |
| 1 | -113.832 | 601.162 | 1917.529 | 2.176639 | 6.151381 | 3.532854 | 0.016347 | 3.3E-05 | 0.008423 |
| 1.1 | -113.614 | 601.7782 | 1917.882 | 2.178274 | 6.151384 | 3.533697 | 0.016348 | 3.54E-05 | 0.008421 |
| 1.2 | -113.396 | 602.3943 | 1918.235 | 2.179909 | 6.151388 | 3.534539 | 0.01635 | 3.81E-05 | 0.00842 |
| 1.3 | -113.178 | 603.0105 | 1918.589 | 2.181544 | 6.151392 | 3.53538 | 0.016351 | 4.05E-05 | 0.008418 |
| 1.4 | -112.96 | 603.6267 | 1918.942 | 2.183179 | 6.151396 | 3.536222 | 0.016353 | 4.29E-05 | 0.008416 |
| 1.5 | -112.741 | 604.2429 | 1919.296 | 2.184814 | 6.151401 | 3.537064 | 0.016354 | 4.54E-05 | 0.008414 |
| 1.6 | -112.523 | 604.859 | 1919.65 | 2.18645 | 6.151405 | 3.537905 | 0.016356 | 4.79E-05 | 0.008412 |
| 1.7 | -112.304 | 605.4752 | 1920.004 | 2.188086 | 6.15141 | 3.538746 | 0.016358 | 5.03E-05 | 0.00841 |
| 1.8 | -112.085 | 606.0913 | 1920.358 | 2.189722 | 6.151415 | 3.539587 | 0.016359 | 5.28E-05 | 0.008408 |
| 1.9 | -111.866 | 606.7075 | 1920.712 | 2.191358 | 6.151421 | 3.540428 | 0.016361 | 5.52E-05 | 0.008406 |
| 2 | -111.647 | 607.3236 | 1921.066 | 2.192994 | 6.151426 | 3.541268 | 0.016362 | 5.76E-05 | 0.008404 |
| 2.1 | -111.427 | 607.9398 | 1921.42 | 2.19463 | 6.151432 | 3.542109 | 0.016364 | 6.02E-05 | 0.008402 |
| 2.2 | -111.208 | 608.5559 | 1921.774 | 2.196266 | 6.151438 | 3.542949 | 0.016365 | 6.27E-05 | 0.0084 |
| 2.3 | -110.988 | 609.1721 | 1922.128 | 2.197903 | 6.151445 | 3.543789 | 0.016367 | 6.52E-05 | 0.008399 |
| 2.4 | -110.768 | 609.7882 | 1922.483 | 2.19954 | 6.151451 | 3.544628 | 0.016369 | 6.76E-05 | 0.008397 |
| 2.5 | -110.548 | 610.4044 | 1922.837 | 2.201177 | 6.151458 | 3.545468 | 0.01637 | 7.01E-05 | 0.008395 |

1号三维可调块　2号三维可调块　3号三维可调块　4号三维可调块

图 7.20　导出数据

5. 实现多种分段对位方式

计算程序中设置"自由度限制"选项，可实现多种分段对位方式的计算。

1）一步调姿法

当不勾选任意一个自由度限制选项时，直接一次计算，可完成一步调姿法计算过程。

2）两步调姿法

第一步：勾选"Y坐标"限制选项，进行第一次计算。

第二步：去勾"Y坐标"限制选项，勾选其他5个限制选项，再次进行计算。

3）四阶段调姿法

第一步：勾选除"Y转角"外的其他5个限制选项，完成横滚调姿计算。

第二步：勾选除"X转角"外的其他5个限制选项，完成俯仰调姿计算。

第三步：勾选除"Z转角"外的其他5个限制选项，完成航向调姿计算。

第四步：勾选"Y转角""X转角""Z转角"限制选项，完成位置调整计算。

6. 程序其他功能

程序工具栏中的"保存"按钮，可实现对输入数据的保存；"打开"按钮可打开保存的输入数据；"再次计算"按钮可以清空之前的计算结果，效果相当于重启程序。

## 7.7.3　基于 CATIA 的模拟搭载仿真

### 7.7.3.1　建立分段对位机构几何模型

#### 1．三维可调墩几何模型

该三维可调墩具有三个自由度，能在 *X*、*Y*、*Z* 三个方向上移动，在 CATIA 中建立其简易几何模型，如图 7.21 所示。

将三维可调墩简化为以下四个部分：

第一部分为 *Y* 向滑轨，长 1500mm，固定在地面上，不能运动；

第二部分为 *Y* 向滑块，*Y* 向滑块能沿着 *Y* 向滑轨运动，运动行程范围为 300～1000mm，同时 *Y* 向滑块还可作为 *X* 向滑轨；

第三部分为 *X* 向滑块，*X* 向滑块能沿着 *X* 向滑轨运动，运动行程范围为-350～350mm，同时 *X* 向滑块还可作为 *Z* 向滑轨；

第四部分为 *Z* 向滑块，将其简化成了一根方形柱子，运动行程范围为 300～900mm。

图 7.21　三维可调墩几何模型

#### 2．分段几何模型

在 CATIA 中建立分段几何模型，如图 7.22 所示。

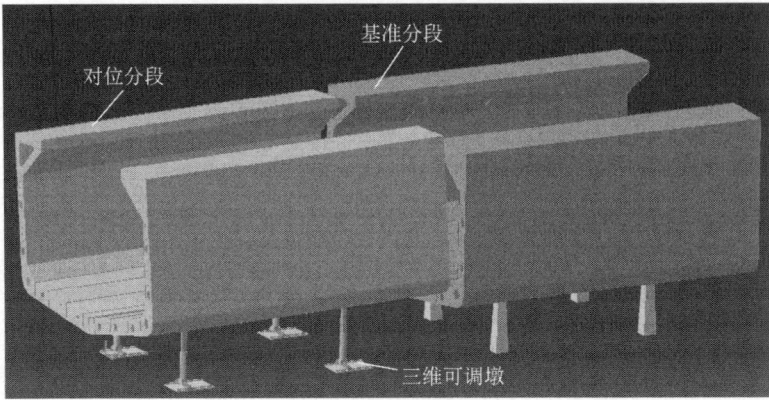

图 7.22　分段几何模型

对位分段长度为 12 000mm，最大宽度为 10 500mm，最大高度为 6 500mm。

### 7.7.3.2　分段位姿解算仿真

为了测量方便，直接把对位分段模型上 4 个基准点取在对位平面上，如图 7.23 所示。

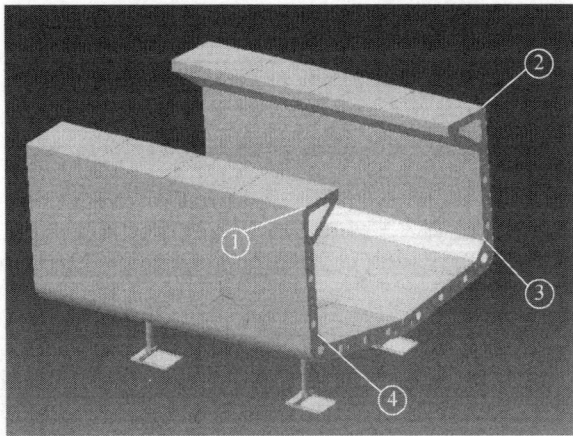

图 7.23　对位分段测量基准点

测得坐标如表 7.16 所示。

表 7.16　对位分段测量基准点坐标　　　　　　单位：mm

| 序号 | 全局 $X$ 坐标 | 全局 $Y$ 坐标 | 全局 $Z$ 坐标 | 局部 $X$ 坐标 | 局部 $Y$ 坐标 | 局部 $Z$ 坐标 |
|---|---|---|---|---|---|---|
| 1 | 7711.106 | 9208.764 | 9071.489 | 5250 | 6000 | 3100 |
| 2 | −2759.703 | 9628.496 | 8411.194 | −5250 | 6000 | 3100 |
| 3 | −1953.917 | 9908.643 | 3762.299 | −4750 | 6000 | −1600 |
| 4 | 7519.672 | 9528.886 | 4359.709 | 4750 | 6000 | −1600 |

测量基准分段模型上相对应的 4 个基准点坐标，如图 7.24 所示。

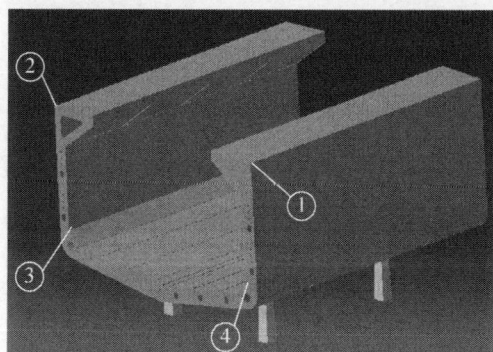

图 7.24　基准分段测量基准点

测得坐标如表 7.17 所示。

表 7.17　基准分段测量基准点坐标

| 序号 | 全局 $X$ 坐标 | 全局 $Y$ 坐标 | 全局 $Z$ 坐标 | 局部 $X$ 坐标 | 局部 $Y$ 坐标 | 局部 $Z$ 坐标 |
|---|---|---|---|---|---|---|
| 1 | 7 950 | 10 300 | 8 200 | 5 250 | 6 000 | 3 100 |
| 2 | -2 550 | 10 300 | 8 200 | -5 250 | 6 000 | 3 100 |
| 3 | -2 050 | 10 300 | 3 500 | -4 750 | 6 000 | -1 600 |
| 4 | 7 450 | 10 300 | 3 500 | 4 750 | 6 000 | -1 600 |

将数据输入程序中，计算得出分段初始位姿和目标位姿，如表 7.18 所示。

表 7.18　初始位姿和目标位姿计算结果

| | X 坐标/mm | Y 坐标/mm | Z 坐标/mm | X 转角/rad | Y 转角/rad | Z 转角/rad |
|---|---|---|---|---|---|---|
| 初始位姿 | 2463.558 | 3633.643 | 5256.55 | 0.0665 | −0.0629 | −0.0401 |
| 目标位姿 | 2700 | 4300 | 5100 | 0 | 0 | 0 |

### 7.7.3.3　工艺接头球心局部坐标计算

在 CATIA 中测量得出 4 个三维可调墩支撑点（即工艺接头的球心）坐标，如表 7.19 所示。

表 7.19　三维可调墩工艺接头球心全局坐标　　　　单位：mm

| 序号 | 全局 X 坐标 | 全局 Y 坐标 | 全局 Z 坐标 |
|---|---|---|---|
| 1 | −116 | 595 | 1914 |
| 2 | −60 | 7069.846 | 2358 |
| 3 | 4961.923 | 511.95 | 2208 |
| 4 | 4957.431 | 7035.874 | 2591.467 |

三维可调墩支撑点位置计算结果如表 7.20 所示。

表 7.20　三维可调墩工艺接头球心局部坐标　　　　单位：mm

| 序号 | 局部 X 坐标 | 局部 Y 坐标 | 局部 Z 坐标 |
|---|---|---|---|
| 1 | −2507.257 | −2963.738 | −2779.967 |
| 2 | −2939.610 | 3501.099 | −3157.926 |
| 3 | 2557.359 | −2665.872 | −3153.567 |
| 4 | 2053.649 | 3835.297 | −3589.149 |

### 7.7.3.4　分段轨迹规划及三维可调墩运动学求逆解

计算参数输入如表 7.21 所示。

表 7.21　计算参数

| 计算参数 | 数值 |
| --- | --- |
| 总时间最小值 | 0s |
| 总时间最大值 | 1 000s |
| 迭代精度 | 0.000 000 1mm |
| 三维可调墩各轴最大运动速度 | 10mm/s |

本节对一步调姿法和两步调姿法两种分段对位方式进行程序计算。

## 1.　一步调姿法

船体分段的轨迹规划可以选择直线拟合轨迹法、三次多项式拟合轨迹法或五次多项式拟合轨迹法，下面分别对这三种轨迹拟合方法进行计算。

1）直线拟合轨迹法

采用直线拟合轨迹法时，计算得到最优分段对位时间为 58.525s。

程序绘制 4 个三维可调墩位移-时间曲线，如图 7.25～图 7.28 所示（均把初始位移看成 0）。

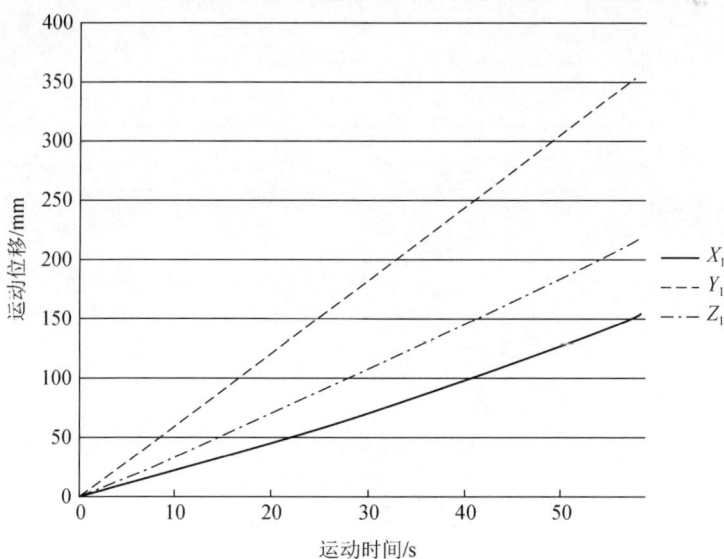

图 7.25　1 号三维可调墩位移-时间曲线

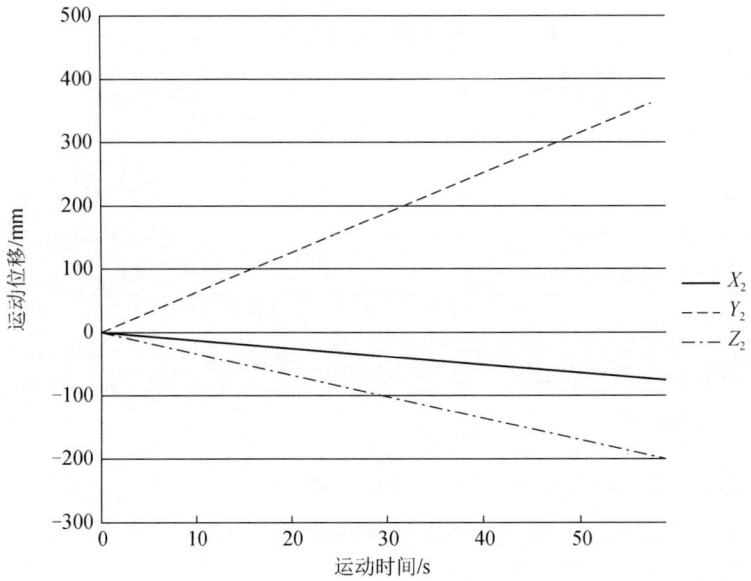

图 7.26　2 号三维可调墩位移-时间曲线

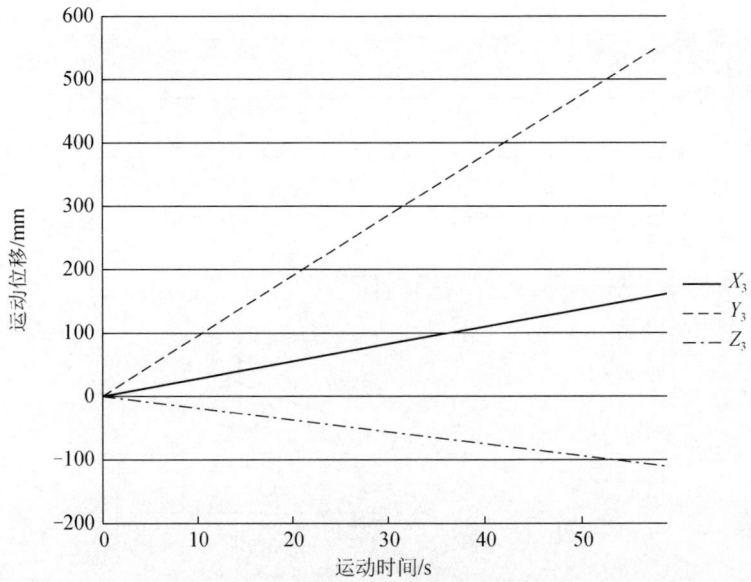

图 7.27　3 号三维可调墩位移-时间曲线

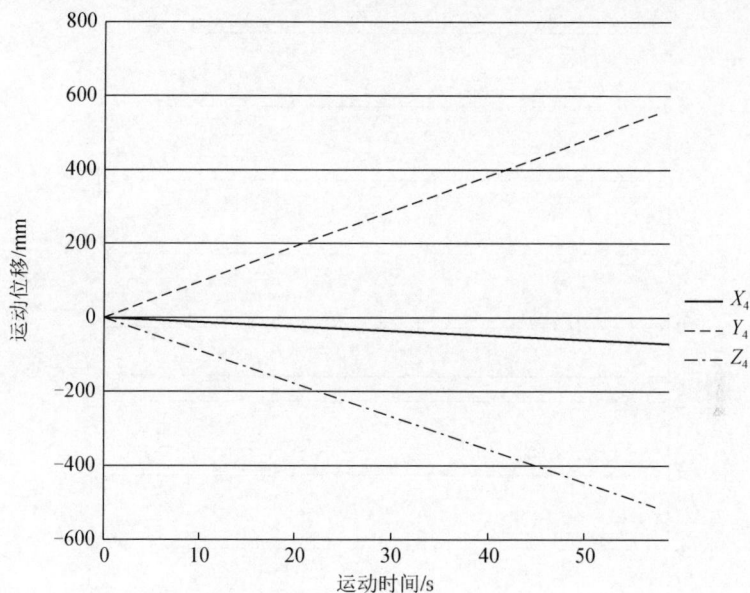

图 7.28　4 号三维可调墩位移-时间曲线

程序绘制 4 个三维可调墩速度-时间曲线，如图 7.29～图 7.32 所示。

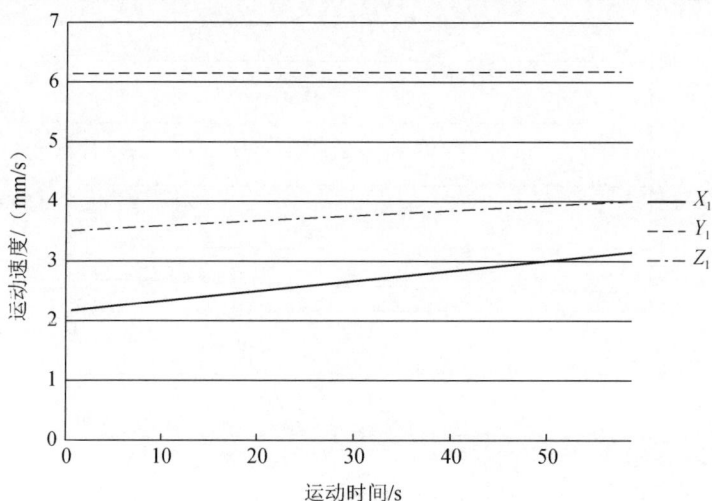

图 7.29　1 号三维可调墩速度-时间曲线

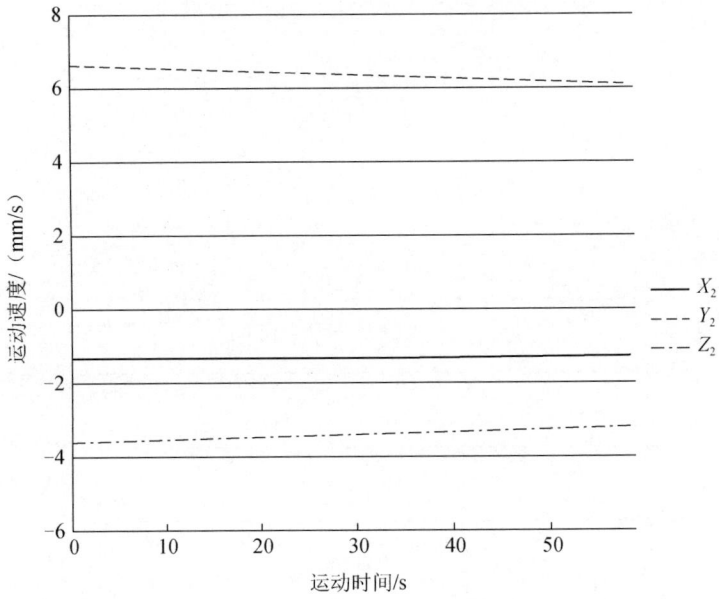

图 7.30   2 号三维可调墩速度-时间曲线

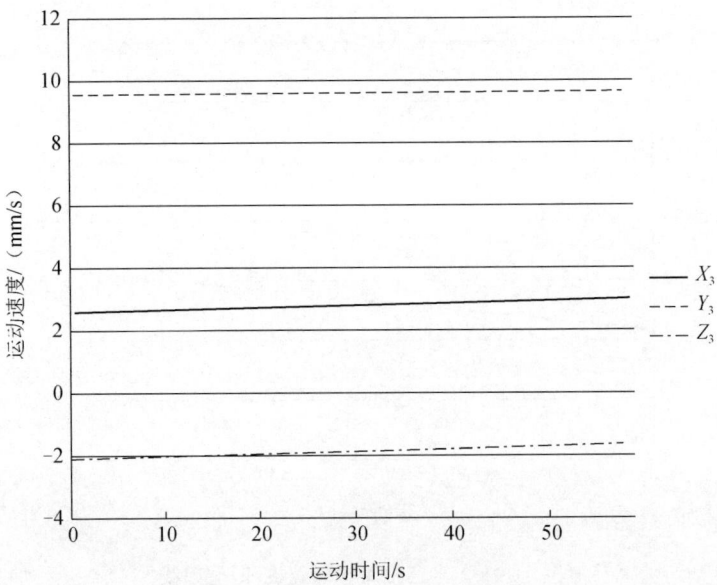

图 7.31   3 号三维可调墩速度-时间曲线

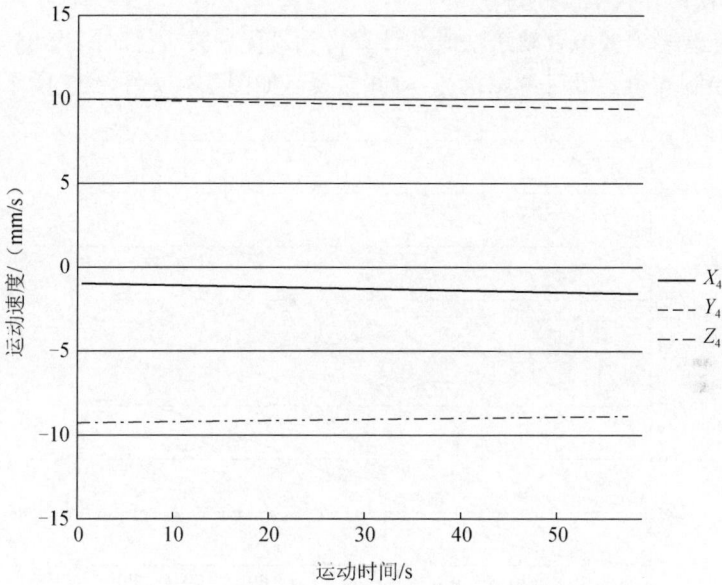

图 7.32　4 号三维可调墩速度-时间曲线

程序导出 Excel 数据表，每隔 0.1s 记录一次数据，如图 7.33 所示。

| | A | B | C | D | E | F | G | H | I | J |
|---|---|---|---|---|---|---|---|---|---|---|
| 1 | 时间 | | 位移 | | | 速度 | | | 加速度 | |
| 2 | | X | Y | Z | X | Y | Z | X | Y | Z |
| 3 | 0 | −116 | 595 | 1914 | 2.1603 | 6.15136 | 3.524421 | 0.016331 | 8.35E−06 | 0.008443 |
| 4 | 0.1 | −115.784 | 595.6162 | 1914.352 | 2.161934 | 6.151361 | 3.525265 | 0.016333 | 1.09E−05 | 0.008441 |
| 5 | 0.2 | −115.568 | 596.2324 | 1914.705 | 2.163567 | 6.151362 | 3.526109 | 0.016334 | 1.32E−05 | 0.008439 |
| 6 | 0.3 | −115.351 | 596.8486 | 1915.058 | 2.1652 | 6.151364 | 3.526953 | 0.016336 | 1.58E−05 | 0.008437 |
| 7 | 0.4 | −115.135 | 597.4648 | 1915.41 | 2.166834 | 6.151366 | 3.527797 | 0.016337 | 1.82E−05 | 0.008435 |
| 8 | 0.5 | −114.918 | 598.081 | 1915.763 | 2.168468 | 6.151368 | 3.52864 | 0.016339 | 2.08E−05 | 0.008433 |
| 9 | 0.6 | −114.701 | 598.6972 | 1916.116 | 2.170102 | 6.15137 | 3.529483 | 0.01634 | 2.31E−05 | 0.008431 |
| 10 | 0.7 | −114.484 | 599.3134 | 1916.469 | 2.171736 | 6.151372 | 3.530326 | 0.016342 | 2.56E−05 | 0.008429 |
| 11 | 0.8 | −114.267 | 599.9296 | 1916.822 | 2.17337 | 6.151375 | 3.531169 | 0.016344 | 2.81E−05 | 0.008427 |
| 12 | 0.9 | −114.049 | 600.5458 | 1917.175 | 2.175005 | 6.151378 | 3.532012 | 0.016345 | 3.06E−05 | 0.008425 |
| 13 | 1 | −113.832 | 601.162 | 1917.529 | 2.176639 | 6.151381 | 3.532854 | 0.016347 | 3.3E−05 | 0.008423 |
| 14 | 1.1 | −113.614 | 601.7782 | 1917.882 | 2.178274 | 6.151384 | 3.533697 | 0.016348 | 3.54E−05 | 0.008422 |
| 15 | 1.2 | −113.396 | 602.3943 | 1918.235 | 2.179909 | 6.151388 | 3.534539 | 0.01635 | 3.81E−05 | 0.00842 |
| 16 | 1.3 | −113.178 | 603.0105 | 1918.589 | 2.181544 | 6.151392 | 3.53538 | 0.016351 | 4.05E−05 | 0.008418 |
| 17 | 1.4 | −112.96 | 603.6267 | 1918.942 | 2.183179 | 6.151396 | 3.536222 | 0.016353 | 4.29E−05 | 0.008416 |
| 18 | 1.5 | −112.741 | 604.2429 | 1919.296 | 2.184814 | 6.151401 | 3.537064 | 0.016354 | 4.54E−05 | 0.008414 |
| 19 | 1.6 | −112.523 | 604.859 | 1919.65 | 2.18645 | 6.151405 | 3.537905 | 0.016356 | 4.79E−05 | 0.008412 |
| 20 | 1.7 | −112.304 | 605.4752 | 1920.004 | 2.188086 | 6.15141 | 3.538746 | 0.016358 | 5.03E−05 | 0.00841 |
| 21 | 1.8 | −112.085 | 606.0913 | 1920.358 | 2.189722 | 6.151415 | 3.539587 | 0.016359 | 5.28E−05 | 0.008408 |
| 22 | 1.9 | −111.866 | 606.7075 | 1920.712 | 2.191358 | 6.151421 | 3.540428 | 0.016361 | 5.52E−05 | 0.008406 |
| 23 | 2 | −111.647 | 607.3236 | 1921.066 | 2.192994 | 6.151426 | 3.541268 | 0.016362 | 5.76E−05 | 0.008404 |
| 24 | 2.1 | −111.427 | 607.9398 | 1921.42 | 2.19463 | 6.151432 | 3.542109 | 0.016364 | 6.02E−05 | 0.008402 |
| 25 | 2.2 | −111.208 | 608.5559 | 1921.774 | 2.196266 | 6.151438 | 3.542949 | 0.016366 | 6.27E−05 | 0.0084 |
| 26 | 2.3 | −110.988 | 609.1721 | 1922.128 | 2.197903 | 6.151445 | 3.543789 | 0.016367 | 6.52E−05 | 0.008399 |
| 27 | 2.4 | −110.768 | 609.7882 | 1922.483 | 2.19954 | 6.151451 | 3.544628 | 0.016369 | 6.76E−05 | 0.008397 |
| 28 | 2.5 | −110.548 | 610.4044 | 1922.837 | 2.201177 | 6.151458 | 3.545468 | 0.01637 | 7.01E−05 | 0.008395 |

1号三维可调墩　2号三维可调墩　3号三维可调墩　4号三维可调墩

图 7.33　导出 Excel 数据表

2）三次多项式拟合轨迹法

采用三次多项式拟合轨迹法时，计算得到最优分段对位时间为 85.426s。
程序绘制 4 个三维可调墩位移-时间曲线，如图 7.34～图 7.37 所示。

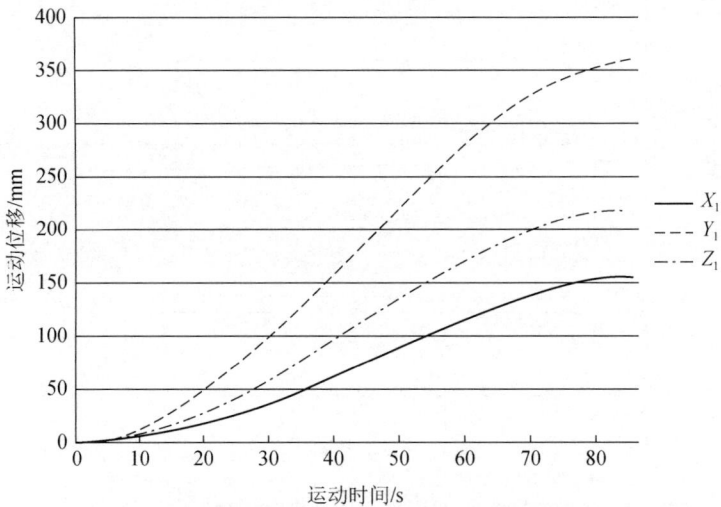

图 7.34　1 号三维可调墩位移-时间曲线

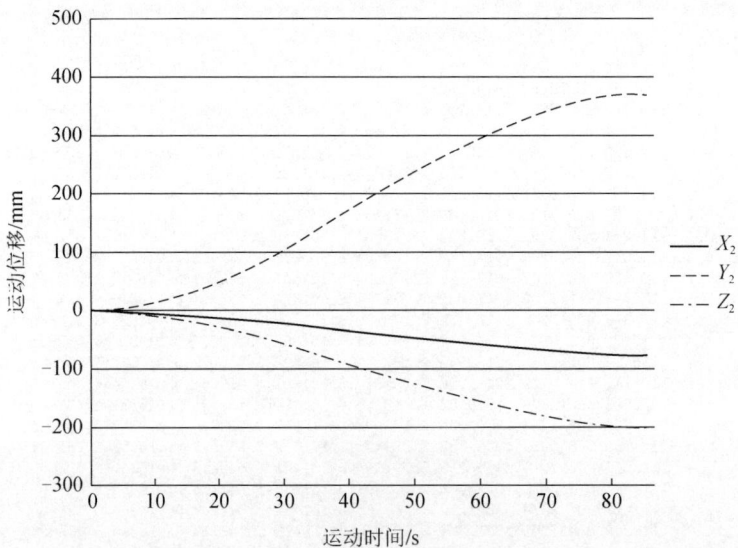

图 7.35　2 号三维可调墩位移-时间曲线

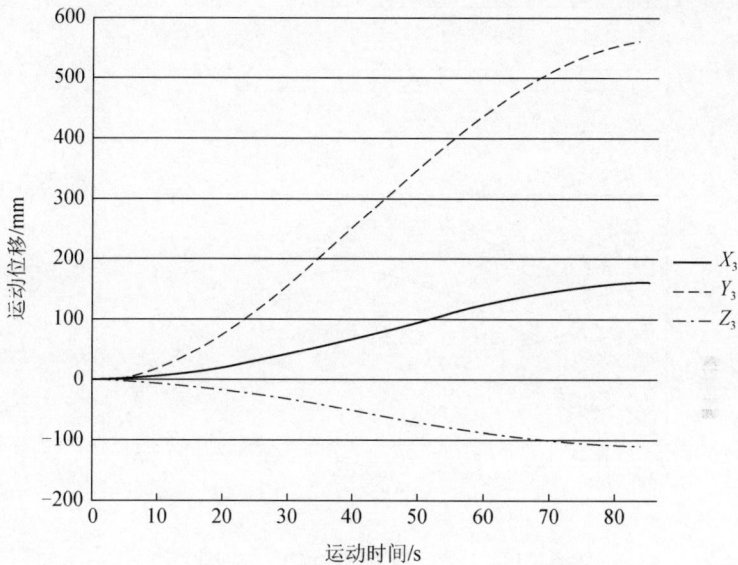

图 7.36　3 号三维可调墩位移-时间曲线

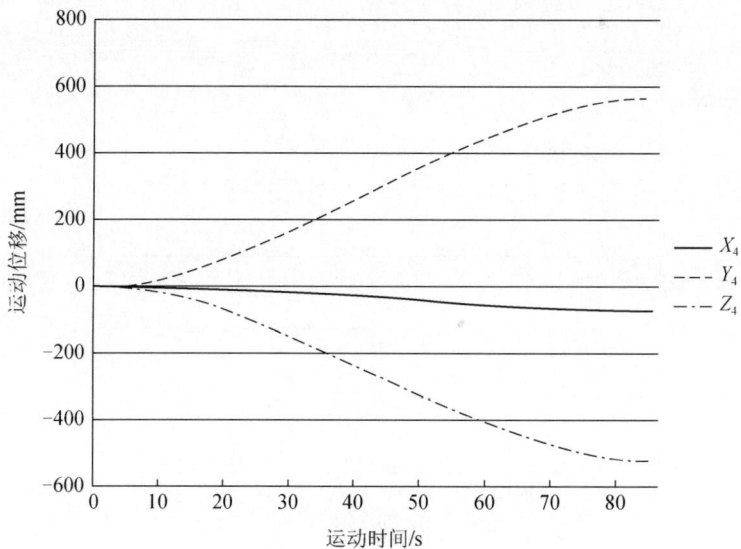

图 7.37　4 号三维可调墩位移-时间曲线

程序绘制 4 个三维可调墩速度-时间曲线，如图 7.38～图 7.41 所示。

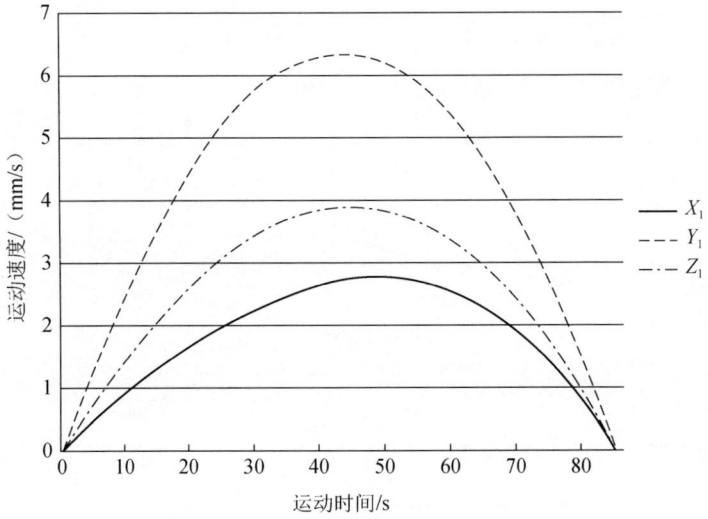

图 7.38　1 号三维可调墩速度-时间曲线

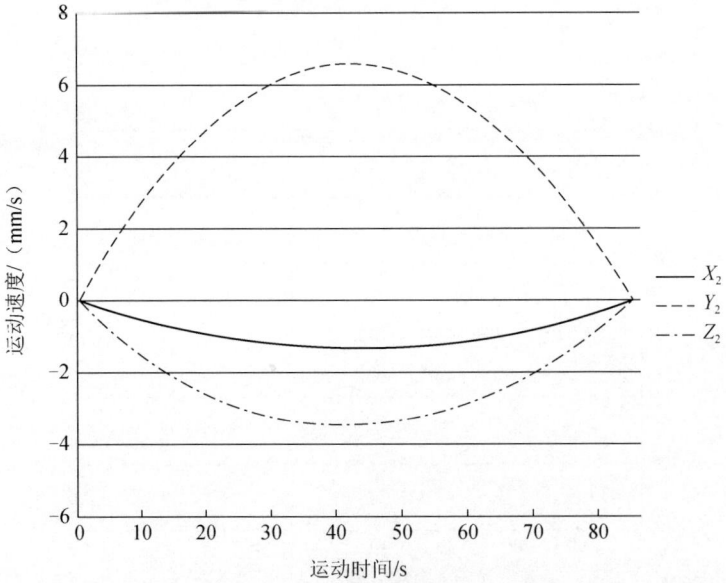

图 7.39　2 号三维可调墩速度-时间曲线

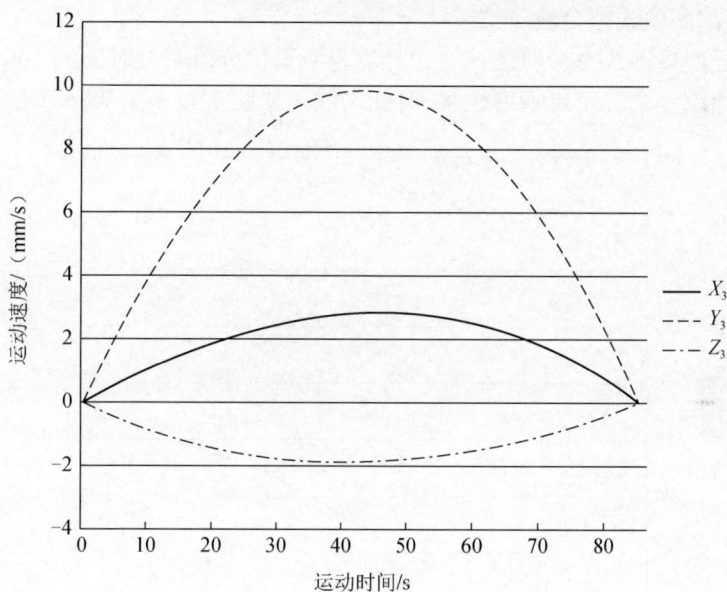

图 7.40　3 号三维可调墩速度–时间曲线

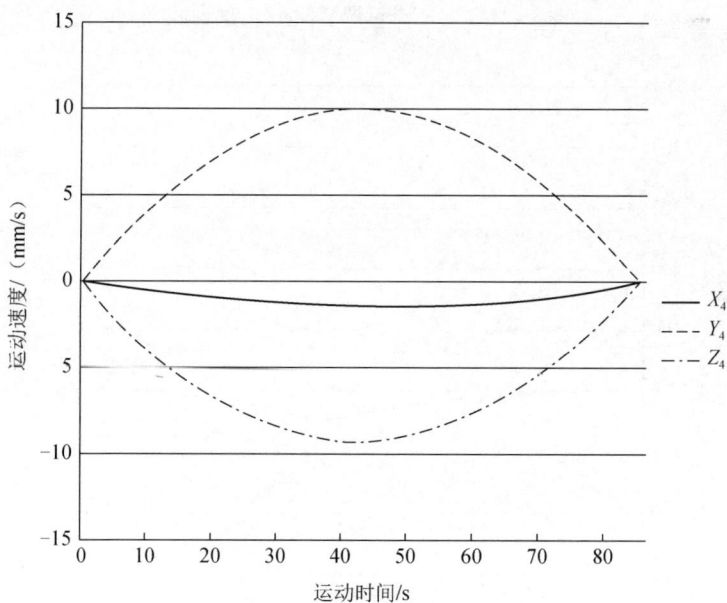

图 7.41　4 号三维可调墩速度–时间曲线

3）五次多项式拟合轨迹法

采用五次多项式拟合轨迹法时，计算得到最优分段对位时间为 106.771s。

程序绘制 4 个三维可调墩位移-时间曲线，如图 7.42～图 7.45 所示。

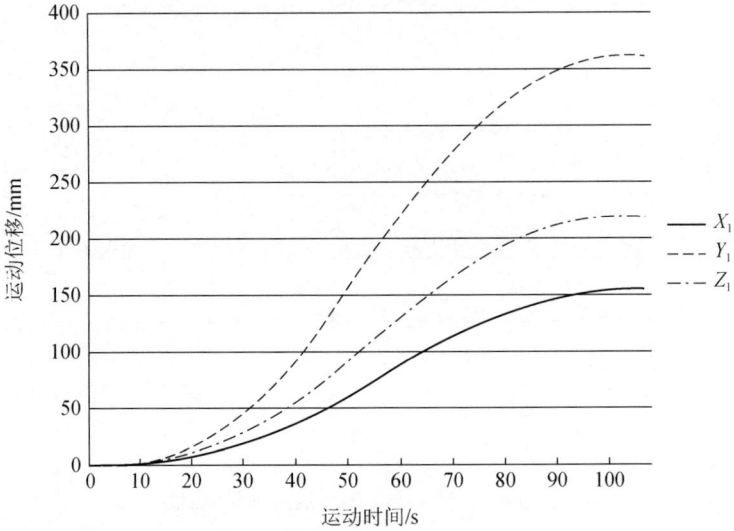

图 7.42　1 号三维可调墩位移-时间曲线

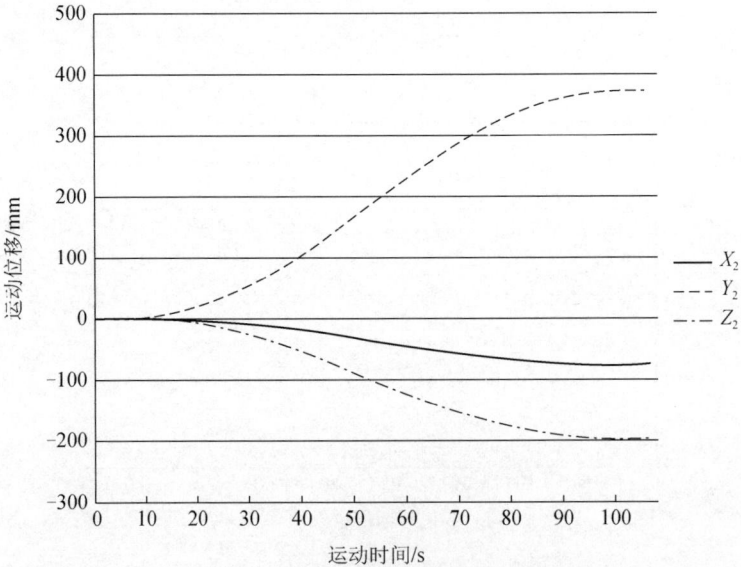

图 7.43　2 号三维可调墩位移-时间曲线

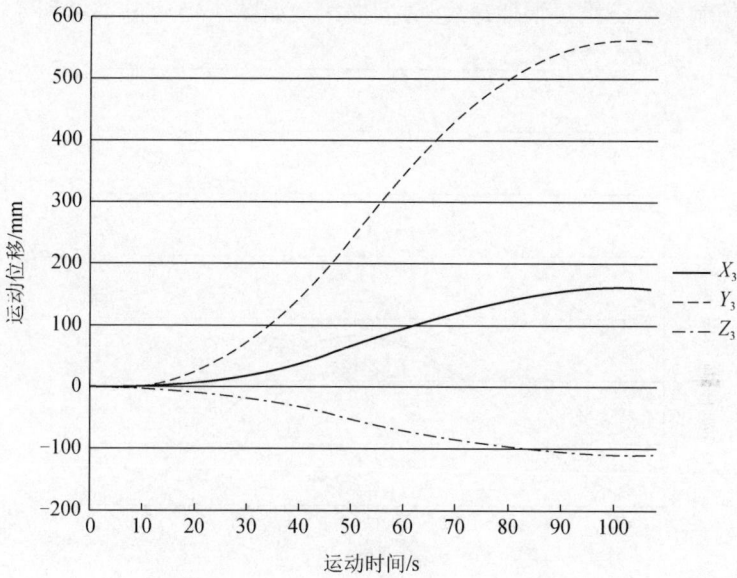

图 7.44　3 号三维可调墩位移-时间曲线

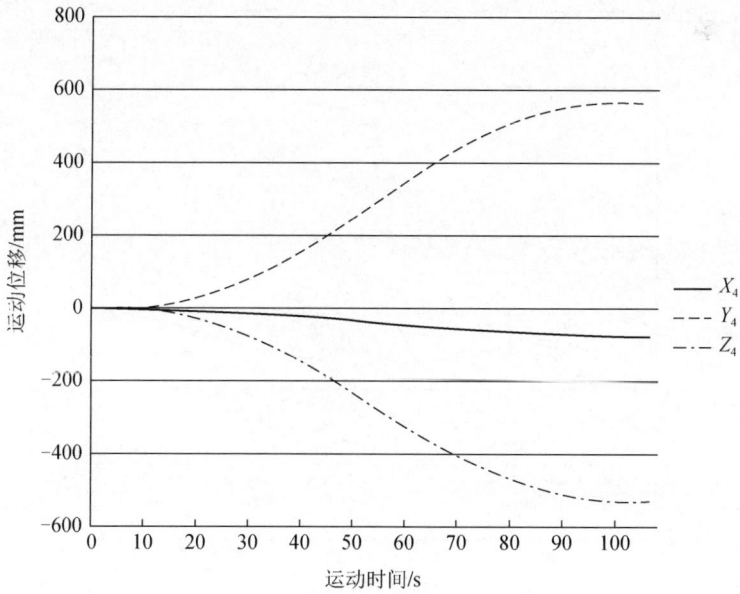

图 7.45　4 号三维可调墩位移-时间曲线

　　程序绘制 4 个三维可调墩速度-时间曲线，如图 7.46～图 7.49 所示。

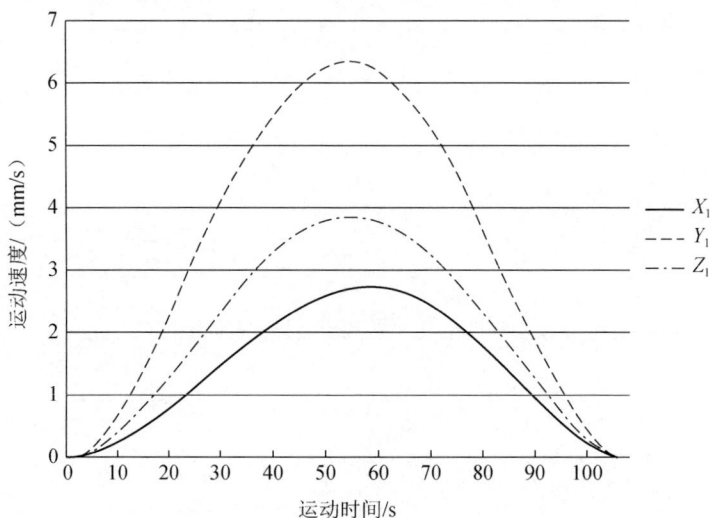

图 7.46　1 号三维可调墩速度-时间曲线

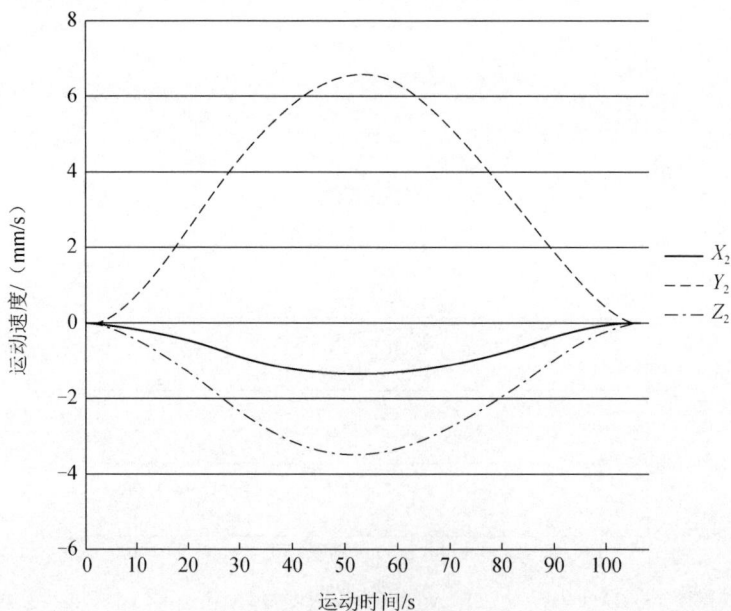

图 7.47　2 号三维可调墩速度-时间曲线

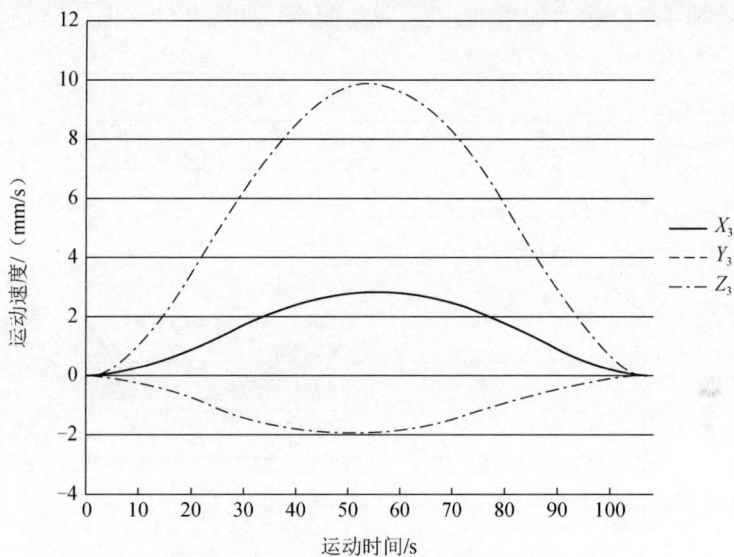

图 7.48　3 号三维可调墩速度-时间曲线

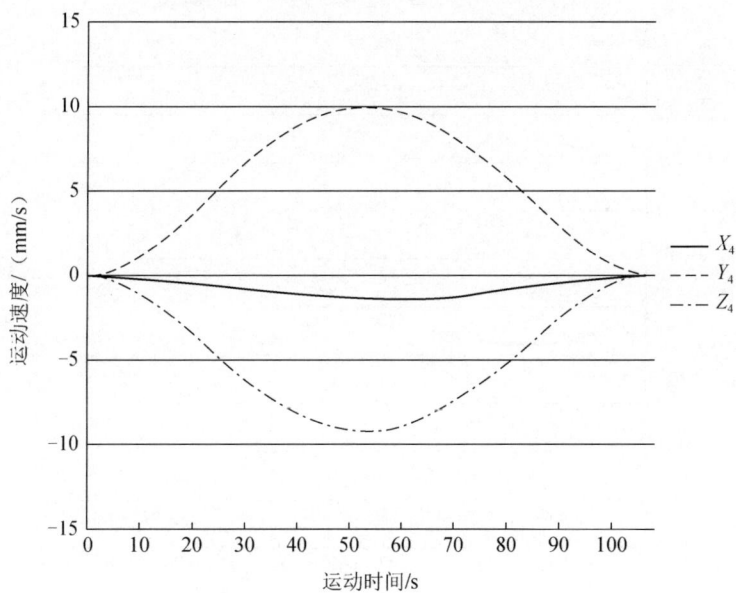

图 7.49　4 号三维可调墩速度-时间曲线

程序绘制 4 个三维可调墩加速度–时间曲线，如图 7.50～图 7.53 所示。

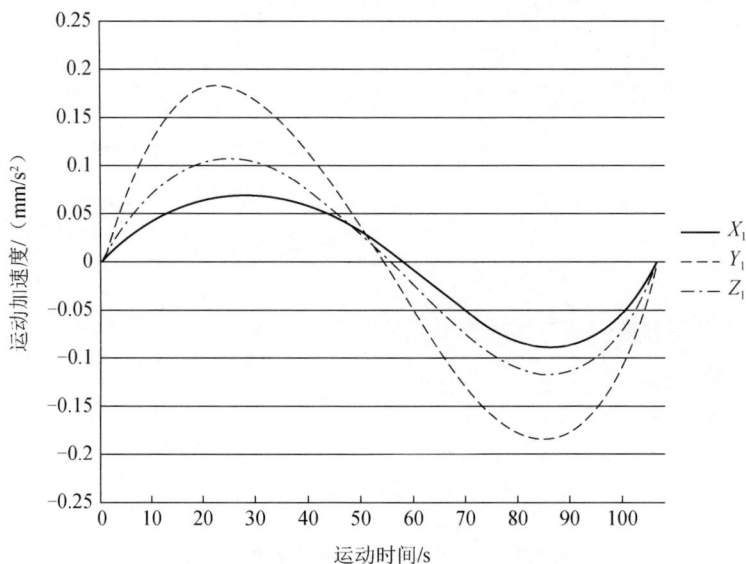

图 7.50　1 号三维可调墩加速度–时间曲线

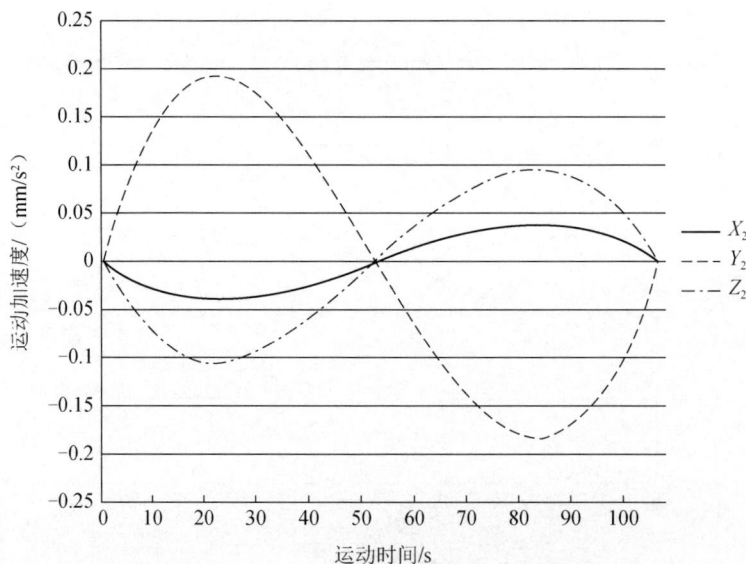

图 7.51　2 号三维可调墩加速度–时间曲线

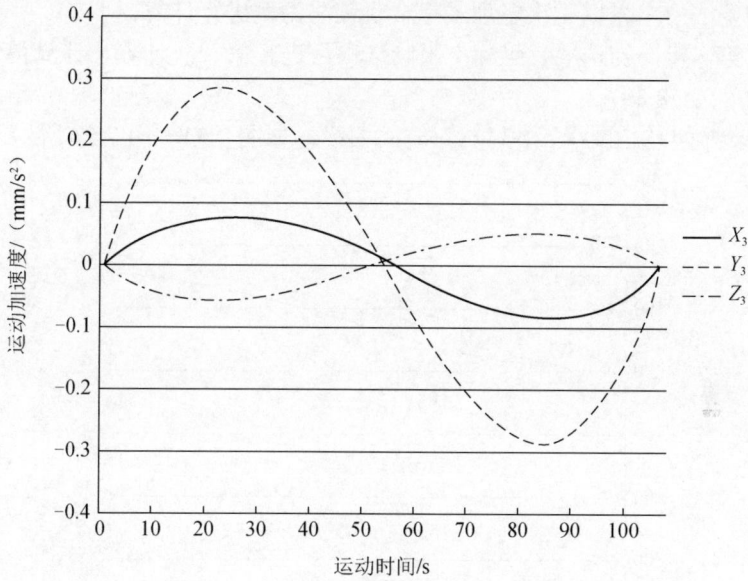

图 7.52　3 号三维可调墩加速度-时间曲线

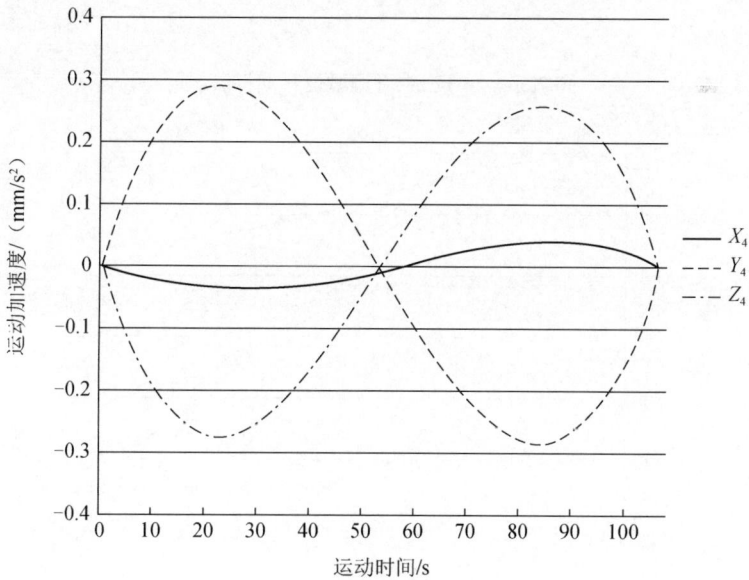

图 7.53　4 号三维可调墩加速度-时间曲线

## 2. 两步调姿法

在一步调姿法中，已经详述了 3 种轨迹规划方法的计算结果，由于篇幅有限，在两步调姿法中，只以三次多项式拟合轨迹法为例进行计算。

（1）第一步，勾选"$Y$坐标"限制选项，进行第一次计算，计算得到最优分段对位时间为78.897s。

程序绘制4个三维可调墩位移-时间曲线，如图7.54～图7.57所示。

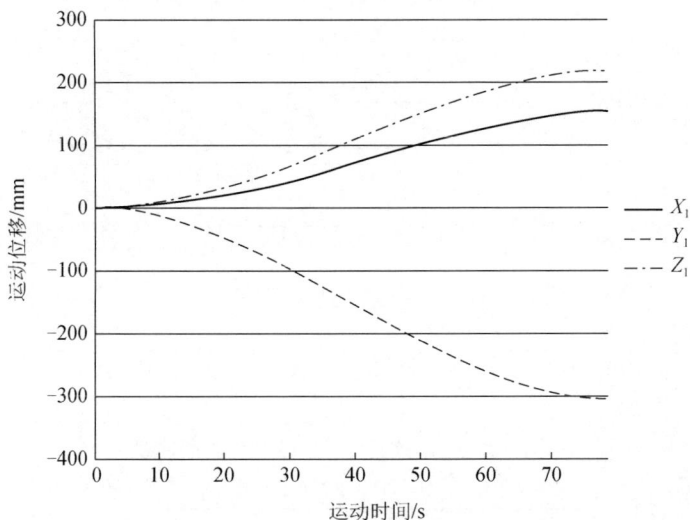

图7.54　1号三维可调墩位移-时间曲线

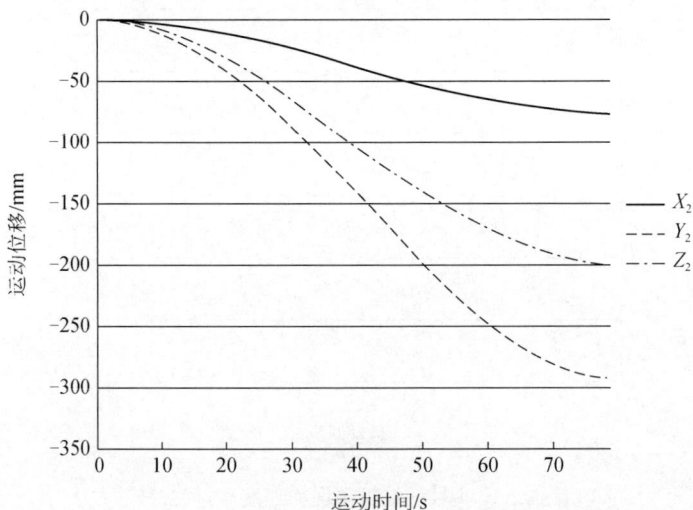

图7.55　2号三维可调墩位移-时间曲线

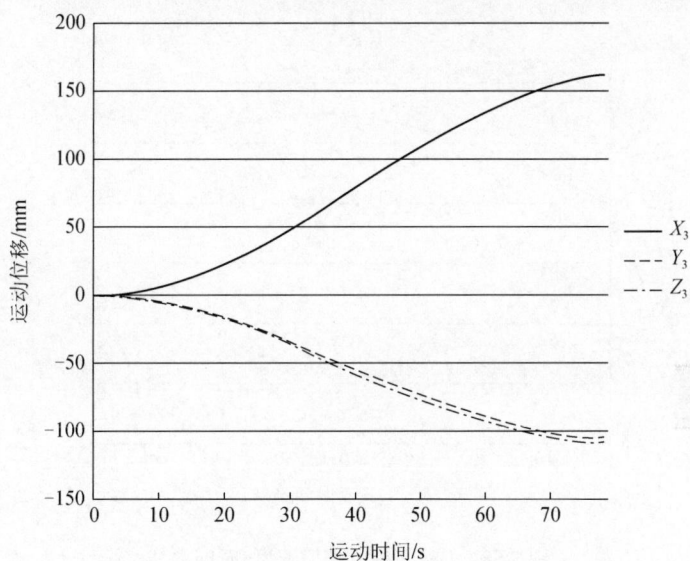

图 7.56　3 号三维可调墩位移-时间曲线

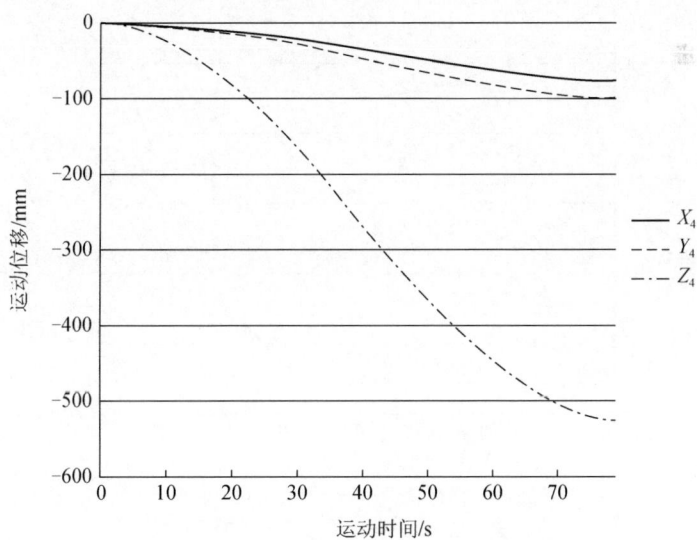

图 7.57　4 号三维可调墩位移-时间曲线

程序绘制 4 个三维可调墩速度-时间曲线，如图 7.58～图 7.61 所示。

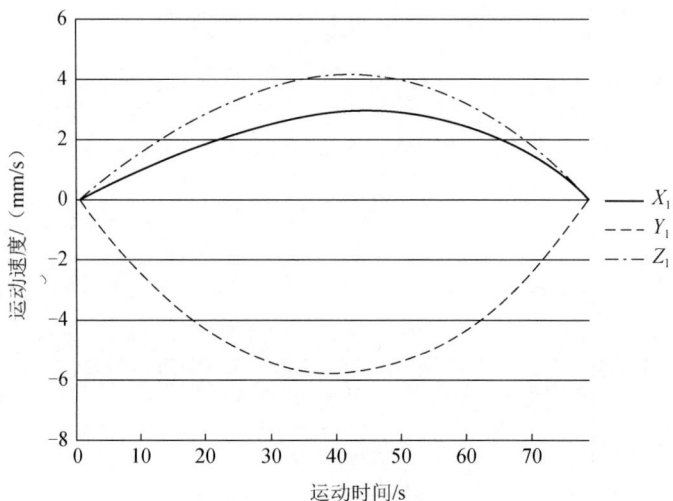

图 7.58　1 号三维可调墩速度-时间曲线

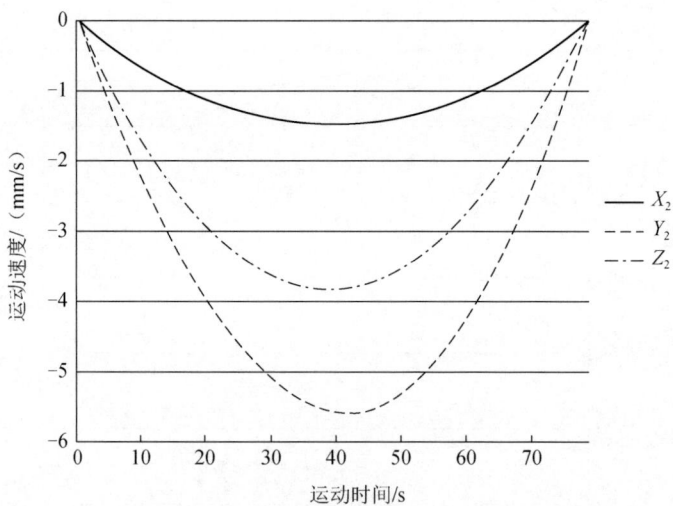

图 7.59　2 号三维可调墩速度-时间曲线

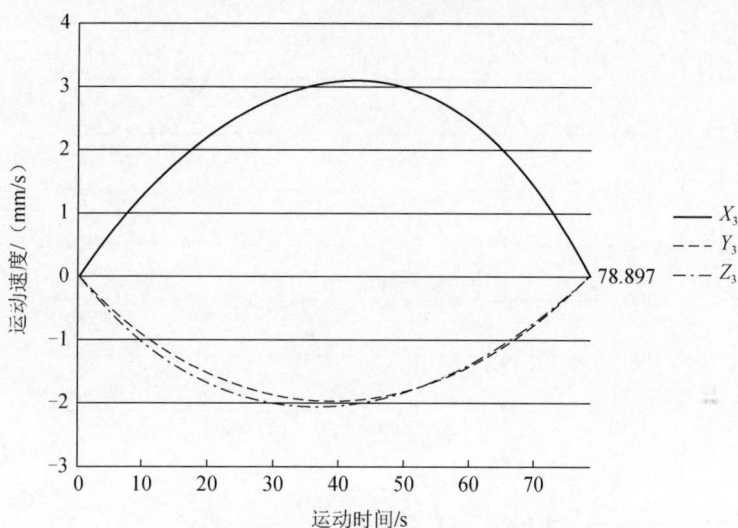

图 7.60　3 号三维可调墩速度-时间曲线

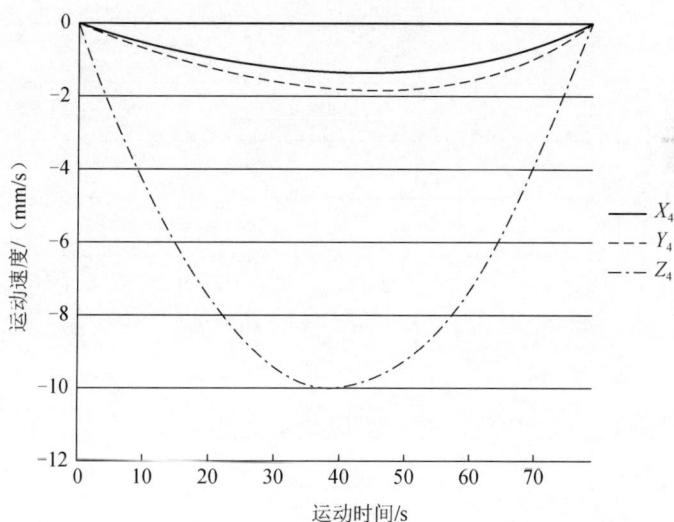

图 7.61　4 号三维可调墩速度-时间曲线

（2）第二步，去勾"$Y$ 坐标"限制选项，勾选其他 5 个限制选项，再次进行计算，计算得到最优分段对位时间为 99.954s。

此步完成 $Y$ 方向的位置调整，即完成分段的接合过程。过程中，4 个三维可调墩都只有 $Y$ 方向上的位移和速度，且每个可调墩的位移和速度曲线一致（作图时均把初始位移看成 0），如图 7.62 和图 7.63 所示。

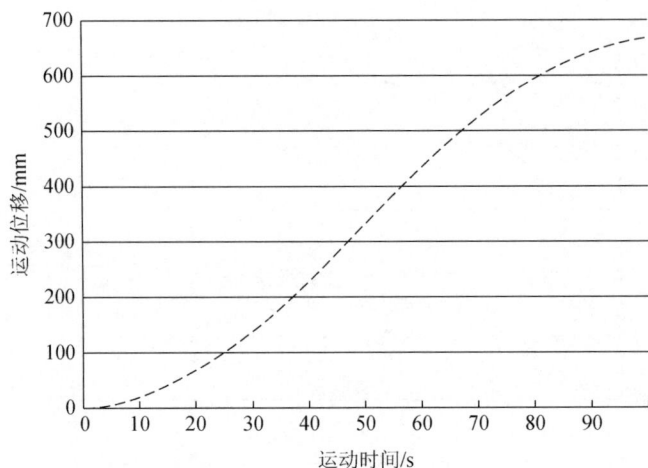

图 7.62　各三维可调墩位移-时间曲线

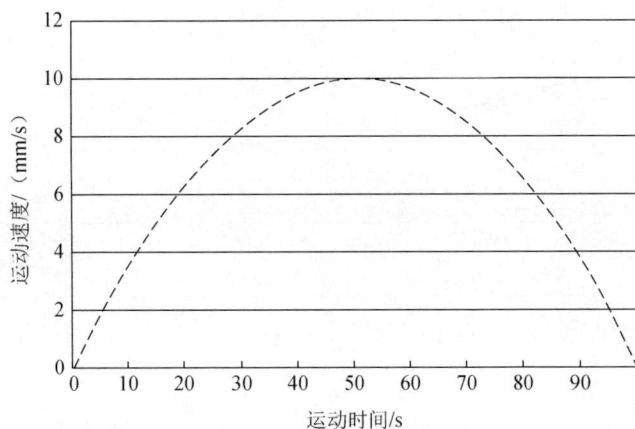

图 7.63　各三维可调墩速度-时间曲线

### 7.7.3.5　运动仿真模拟

运用 CATIA 的"DMU 运动机构"模块进行分队对位机构的运动仿真[206]。仿真流程如图 7.64 所示。其中，将数字样机赋予运动属性，即建立运动机构是运动仿真的核心与基础工作。

### 1. 创建运动副（也称为"接合"）

运动副可分为基础运动副和关联运动副两大类。基础运动副就是用于规定两零部件之间的运动关系的运动副，基础运动副又可以分为面接触运动副（低副）和点接触运动副（高副）两类；若在一个运动副里涉及 3 个以上零部件或包含两对以上低副，称其为关联运动副。

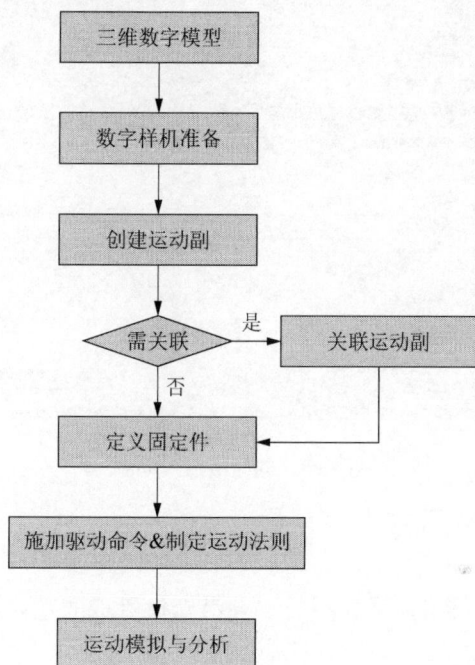

图 7.64　运动仿真流程图

面接触运动副主要有旋转运动副、棱形运动副、圆柱运动副、螺钉运动副和球面运动副等。运动副工具栏如图 7.65 所示。

图 7.65　运动副工具栏

在分段对位机构模型中，Y 向滑块和 Y 向滑轨之间建立棱形运动副，如图 7.66 所示，X 向滑块和 X 向滑轨之间、Z 向滑块和 Z 向滑轨之间都建立棱形运动副。而三维可调墩模型与分段模型接触点处建立球面运动副。一共建立 12 个棱形运动副、4 个球面运动副。

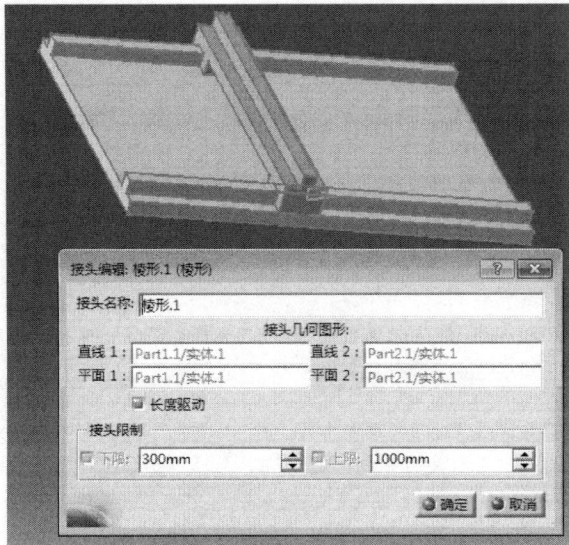

图 7.66　创建棱形运动副

## 2. 定义固定件

这里选择将各三维可调墩模型的 $Y$ 向滑轨设置成固定件，相对地面不动。

## 3. 施加驱动命令

共有 4 个三维可调墩进行分段支撑，每个可调墩可在 3 个方向上运动，一共有 12 个运动方向。但整个分段对位机构总自由度为 6 自由度，所以只需要给三维可调墩 6 个平移驱动，便能实现整个对位运动。可以取 4 个三维可调墩中的 3 个，采用 3-2-1 驱动的方法，即给 1 号可调墩 3 个方向平移（$X$、$Y$、$Z$ 方向），给 2 号可调墩两个方向平移驱动（$X$、$Z$ 方向），给 3 号可调墩 1 个方向平移驱动（$Z$ 方向）。

## 4. 运动模拟与分析

运动模拟和编辑模拟对话框如图 7.67 所示。

将程序中输出的 1 号三维可调墩 $X$、$Y$、$Z$ 方向各时刻的位移和 2 号三维可调墩 $X$、$Z$ 方向各时刻的位移，以及 3 号三维可调墩 $Z$ 方向各时刻的位移依次输入命令 1~6 对话框，每输入一个时刻位移后需点击"插入"。因为程序中输出的是各支撑点的运动位移，在各命令行中输入的坐标是各接合面相对于坐标原点的位移值，各方向驱动值由以下变换得到（变换式根据模型尺寸确定）：

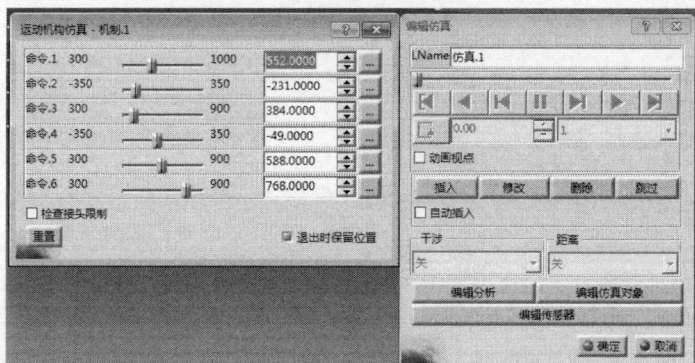

图 7.67　运动模拟和编辑模拟对话框

$$\begin{cases} x = x_0 - 80 \\ y = y_0 - 155 \\ z = z_0 - 1500 \end{cases} \tag{7.55}$$

式中，$x_0$、$y_0$、$z_0$ 为程序中输出值；$x$、$y$、$z$ 为对应的驱动命令值。

以一步调姿法为例，选择三次多项式拟合轨迹法来规划分段轨迹。模拟时输入各组驱动命令值和部分时间点，如表 7.22 所示。

表 7.22　CATIA 运动仿真驱动命令值　　　　　　单位：mm

| 时间/s | 命令 1 | 命令 2 | 命令 3 | 命令 4 | 命令 5 | 命令 6 |
| --- | --- | --- | --- | --- | --- | --- |
| 0 | 440.000 | −196.000 | 414.000 | −140.000 | 858.000 | 708.000 |
| 5 | 443.562 | −194.749 | 416.039 | −140.759 | 855.924 | 706.804 |
| 10 | 453.668 | −191.168 | 421.839 | −142.912 | 850.045 | 703.426 |
| 15 | 469.450 | −185.488 | 430.942 | −146.275 | 840.898 | 698.193 |
| 20 | 490.038 | −177.915 | 442.901 | −150.663 | 829.028 | 691.446 |
| 25 | 514.566 | −168.652 | 457.270 | −155.891 | 814.979 | 683.524 |
| 30 | 542.168 | −157.916 | 473.595 | −161.770 | 799.295 | 674.760 |
| 35 | 571.978 | −145.948 | 491.408 | −168.113 | 782.505 | 665.474 |
| 40 | 603.135 | −133.027 | 510.221 | −174.730 | 765.129 | 655.968 |
| 45 | 634.775 | −119.473 | 529.525 | −181.432 | 747.667 | 646.521 |
| 50 | 666.035 | −105.655 | 548.789 | −188.031 | 730.600 | 637.393 |
| 55 | 696.048 | −91.990 | 567.460 | −194.342 | 714.391 | 628.818 |
| 60 | 723.945 | −78.940 | 584.962 | −200.183 | 699.482 | 621.015 |
| 65 | 748.853 | −67.004 | 600.708 | −205.375 | 686.302 | 614.182 |

续表

| 时间/s | 命令 1 | 命令 2 | 命令 3 | 命令 4 | 命令 5 | 命令 6 |
|--------|--------|---------|---------|----------|---------|---------|
| 70 | 769.898 | −56.712 | 614.095 | −209.743 | 675.264 | 608.508 |
| 75 | 786.198 | −48.610 | 624.516 | −213.113 | 666.776 | 604.174 |
| 80 | 796.876 | −43.242 | 631.366 | −215.314 | 661.246 | 601.365 |
| 85.426 | 801.078 | −41.116 | 634.067 | −216.179 | 659.077 | 600.265 |

完成分段对位运动仿真创建后，可播放仿真动画，将分段对位运动过程可视化。图 7.68 为分段对位完成后机构截图，仿真运动完成后，再次查询对接分段 4 个测量基准点坐标，发现与基准分段上测量基准点坐标相一致，表明分段已精确对位，验证了算法的可行性和实用性。

图 7.68　分段对位完成后机构截图

# 7.8　本 章 小 结

本章在研究国内外现有的先进计算机三维模拟搭载系统的基础上，指出了其确定最佳搭载定位位置方法的不足之处，提出了一种自动快速获得搭载分段的最佳搭载定位位置的方法，解决了原始方法需要人工手动调整搭载分段姿态来寻找最终定位位置、给出的搭载修正方案未必最合理、增加搭载工作时间等问题。该方法采用多目标优化方法，按照船舶搭载工程实际要求，将相关的复杂的工程约束引入优化模型中，进而求得满足这些约束前提下的最佳定位结果。该结果既能满足船舶搭载的特殊施工要求，又能自动、快速、准确地获得最合理搭载修正方案，为现场搭载工作提供了指导，提高搭载工作效率。

同时，本章提出了基于可调墩的船体分段自动对位搭载合拢算法，并将该算法编译成计算机程序，以便现场施工使用。该算法通过求解基于时间和运动稳定性的船体分段自动对位合拢运动轨迹优化模型，获得船体分段的轨迹曲线；通过规划分段的运动轨迹求逆解获得各三维可调墩的运动轨迹。运动仿真结果表明，程序实现了分段位姿解算、分段轨迹规划、三维可调墩运动学求逆解和轨迹曲线输出等功能，验证了算法的可行性和实用性。本程序的开发可辅助现场施工，节约人力，保证对位精度，提高船体分段搭载合拢作业质量和效率，缩短船台周期。但是本章算法只考虑了运动学模型，在以后的工作中有必要增加动力学模型进一步完善船体分段自动对位搭载合拢算法。

　　另外，应用该算法寻求最佳搭载定位姿态时要注意：虽然搭载工程约束的精度偏差可以通过权值来调整，以满足船体分段搭载的要求，但建造测量值和理想目标值固有的误差是无法通过算法来消除的。过多的约束也会导致优化模型求解失败，如果通过调节各项约束的权值，还是无法解出满足所有搭载工程约束的定位结果，则说明建造测量值与理想目标值的偏差过大，当然也可以认为是相关工程精度要求过高。出现这种情况后，需要进一步分析误差存在的原因并寻求合理的解决方法来修正分段，使搭载顺利成功。

# 第8章　结论与展望

## 8.1　结　　论

对主船体数字化快速设计与精度建造关键技术进行研究具有广阔的船舶工程实际应用价值,对缩短造船周期、降低生产成本、保证建造质量、提高经济效益与企业竞争力有十分重大的意义。本书从船舶数字化设计与精度建造两个方面入手,对其中涉及提高设计效率和建造精度的关键技术进行了研究。主要研究了船舶设计项目快速规划和船体曲面、分舱及结构数字化设计,以及船体分段快速测量分析与船舶快速模拟搭载等关键技术。

1. 船舶设计项目快速规划

本书从人力资源快速规划和设计任务快速规划及控制两方面来实现船舶设计项目快速规划及控制。建立了基于矩阵式组织结构和团队协调者领导的船舶设计项目团队组织模型,采用模糊综合评判法实现了人力资源的定量评价,开发的评价计算模块实现了人力资源的快速定量决策规划。在设计任务规划方面,本书应用先进的项目管理方法与信息化综合集成技术,开发了船舶设计项目任务规划及进度控制系统,该系统不仅方便项目经理快速规划设计任务和控制进度,而且方便设计人员查询任务、明确责任,使设计任务有条不紊地进行。

2. 船型快速设计

本书提出了一种基于能量优化法的船型快速设计方法,通过对船体曲线特征的分析来确定具体的设计参数,再根据能量优化曲线曲面造型法,生成船体纵向特征及各站横剖线,进而生成基于 NURBS 表达的光顺的船体曲面。本书将能量优化造型法应用到船型设计中,改进了传统型值点船型设计方法,提高了船型设计的速度,使船型设计不再局限于母型的束缚,能够根据设计参数快速生成光顺的船体曲面。

### 3. 船体快速分舱

本书提出了一种基于非流形造型的自顶向下的船舶参数化分舱方法，通过确定舱壁及内壳折点的位置参数生成分舱理论面，再利用分舱理论面切割主船体来实现舱室划分，利用非流形造型技术及其集合运算生成舱室。将非流形造型技术、三维参数化技术及船舶舱室的具体特点相结合，提高了分舱速度，使生成的舱室模型保存了设计全过程的信息，增强了模型的重塑性，方便了舱室的修改，弥补了传统方法的不足。

### 4. 船体结构快速设计

本书提出了一种基于知识的船体结构快速设计方法，引入船体结构知识本体的概念，将知识工程原理和参数化技术相结合，构建了内嵌知识的船体结构参数化知识本体。设计中通过参数驱动确定构件位置，通过知识推理方式获得构件尺寸初值，再采用量了行为遗传算法对主要尺寸进行优化。该方法实现了设计知识的积累与重用，实现了船体结构快速设计、优化、自动检测到三维模型快速建立的一体化，实现了人机共同设计，降低了设计人员出错的可能性，降低了对设计人员知识水平的要求，实现"傻瓜"设计。

### 5. 基于三维模型的船体分段快速测量分析

本书提出了一种不需要明确对应关系的船体分段测量点集与设计模型点集快速自动匹配方法，应用 PCA 来缩小两组点集的错位，应用搜索最近点法确定对应点对，再利用欧拉旋转理论使两者自动快速匹配，进而快速、准确地给出分段的精度状态，为后续快速搭载提供一定的指导。

### 6. 船舶快速模拟搭载分析

本书提出了一种基于匹配算法分析、自动快速获得搭载分段的最佳搭载定位方案的方法。在搭载分段测量后，将搭载分段测量点集与搭载分段理想目标位置进行匹配分析，利用多目标优化方法把水平度、垂直度和平面度等搭载工程约束引入方案优化模型中，进而快速得出确保搭载成功、容易施工的最合理的搭载定位方案，为现场快速一次性合拢提供支持，提高吊装效率，缩短建造周期。

上述研究贯穿船体数字化设计与精度造船过程，以提高船舶设计制造水平、提高生产效率、保证建造质量为具体要求，研究了船体数字化快速设计和精度造船中的新技术，为实现数字化快速造船做出了有益探索。

## 8.2　主要创新点

（1）本书将数字化技术与船舶先进设计方法相结合，提出了基于数字化技术的主船体曲面、分舱和结构的三维数字化设计方法，将传统船体数字化建模推进到数字化设计的高度，解决了传统设计方法设计效率低、设计周期长等问题。

本书提出了基于能量优化法的船型设计方法，解决了传统型线设计中型值点数据处理量大、光顺性难以处理和船型修改困难等问题，给出了具体的船型设计参数，通过输入少量船型参数快速生成满足能量优化目标的基于 NURBS 表达的光顺船体曲面，使船型设计不再局限于母型的束缚。提出了基于非流形造型的自顶向下的参数化分舱方法，解决了传统自底向上分舱方法与正常设计思维不符、模型修改困难、重用性差等问题，实现了舱室模型的参数化快速设计及修改和舱容要素的快速计算。提出了基于知识的船体结构参数化设计方法，解决了传统结构设计以数据为主要处理对象、缺乏对设计知识的支持、智能化程度低、模型可变性差等问题，构建了船体结构知识库，实现了设计知识的继承和重用，避免了隐性知识的流失，实现了船体结构快速设计、优化、自动检测、修改和三维模型快速建立的一体化，达到了人机共同设计。

（2）本书结合数字化模型与三维数字化测量技术，提出了船体分段测量点集与三维模型自动精确匹配方法和基于搭载工程约束的最佳模拟搭载定位算法，改进了中国船舶建造精度控制技术方法。

本书提出应用 PCA 缩小测量点集与模型点集间的错位，应用搜索最近点法确定对应点对，利用欧拉旋转理论进行精匹配的自动匹配方法，可解决传统匹配方法需要人工对应点对、通过人工操作来匹配测量点与模型点、其结果的精确度难以保证等问题，实现了船体分段快速测量分析，快速、准确地给出分段的精度状态。在此匹配算法的基础上，将相关约束引入优化模型中，提出了考虑搭载工程约束、自动快速获得最佳模拟搭载定位算法，解决了传统方法需要人工寻找最佳定位位置且给出的搭载定位方案未必最合理等问题，实现了快速模拟搭载。

## 8.3　展　　望

对主船体数字化快速设计与精度建造关键技术方法进行研究，无论从理论研究还是从实际应用方面来说都具有十分重大的意义。本书对这一课题的研究虽然取得了点滴成果，但由于时间有限，很多问题还有待进一步深入研究。

（1）船舶数字化设计与精度造船研究课题贯穿整个造船周期，涉及的研究内容很广，本书只研究了基于数字化技术的主船体快速设计与建造精度控制关键技术，研究内容还有待于进一步补充，如船舶轮机系统、电气系统快速设计、船舶设备快速安装、钢板快速成型、结构构件快速装配等。这些未研究的内容对提高中国船舶设计制造水平具有重大的意义。同样，对数字化造船技术的研究也有待于进一步的深入，以促进中国船舶多学科设计、并行协同设计和可追溯设计水平的提高。

（2）在项目快速规划问题的研究中，本书只对船舶工程分解结构做了基础性的研究，还需要深入研究，使其更灵活地应用于设计任务规划中；在任务控制中，本书只考虑了单船情况，可以进一步研究多船并行设计情况下的任务合理规划及控制问题。

（3）在船型设计问题的研究中，本书只给出了常规船型的特征参数，对于特殊船型还需要深入研究新的特征参数；横剖线生成时，设计参数的取法还没有统一，还需要进一步研究；优化目标只保证了船型的光顺性，可以将目标扩展，把操纵性、耐波性等性能考虑进去。

（4）在船体分舱设计问题的研究中，还有很多复杂的分舱约束要求没有纳入优化设计中，还需要后续工作进一步扩充约束知识列表，使分舱优化数学模型更加完善。

（5）在船体结构设计问题的研究中，对于构件优化部分，本书先应用参数驱动确定构件位置，然后再做尺寸优化，而没有把构件布置及尺寸纳入同一优化模型进行求解。还没有实现基于知识的船体结构布局、形状和拓扑优化，还需要后续工作进一步研究。

（6）在船体分段快速测量分析问题的研究中，本书给出的测量点集与模型点集的匹配方法没有考虑存在错误测量点的情况，也就是说，本书提出的方法没有自动剔除离谱错误测量点再进行匹配的功能。从方法的通用性来讲，这部分功能应该考虑进去。

（7）在船舶快速搭载问题的研究中，对于本书提出的搭载定位算法来讲，虽然工程约束的误差可以通过权值来调整，但权值需要人员根据经验手动配置，仅值的不同，最后给出的定位方案也不同。因此，需要对权值的选择做进一步研究，使算法更完善。另外，在今后的研究中，应该加强对建造过程中相关数据的测量和积累，统计分段在加工过程中的变形量（伸长或缩短量），建立变形统计回归公式，进而求得精确的补偿量，用补偿量代替建造过程中的余量，实现无余量造船，提高精度主动控制水平，提高造船的生产效率。

　　综上所述，为实现真正意义上的船舶数字化设计与精度造船，上述几个问题还需要继续深入研究。同时，该课题的研究具有广阔的应用前景，未来构建的船舶全生命周期数字化设计制造系统对提高中国船舶设计制造的效率和精度，实现船舶设计与建造的一体化具有重要意义。本书建立的船舶全生命周期数字化模型也可为后续船舶营运过程中的维护保养提供数据基础。

# 参 考 文 献

[1]曹玉姣. 我国数字化造船发展现状[J]. 船舶工程, 2008, (03): 6-9.

[2]郑玄亮. 船海工程设计中的博弈分析法研究与应用[D]. 大连: 大连理工大学, 2010.

[3]程庆和, 潘建辉, 张荣. 以数字化造船促进中国船舶工业跨越式发展[J]. 上海造船, 2005, (01): 10-12.

[4]Evans J H. Basic design concepts[J]. Naval Engineers Journal, 1959, 71(4):671-678.

[5]陆丛红. 基于 NURBS 表达的船舶初步设计关键技术研究[D]. 大连: 大连理工大学, 2006.

[6]Buxton I L.Engineering economics applied to ship design [J]. Tran. RINA, 1972, (114): 409-428.

[7]Mandel P, Chryssostomidis C.A design methodology for ships and other complex systems[J].Philos. Trans. R. Soc, 1972, (273): 85-98.

[8]Snaith G R, Parker M N.Ship design with computer aids[J].NE Coast Institute of Engineers and Shipbuilders, 1972, 88(5): 151-172.

[9]Andrews D J.Creative ship design[J]. Trans. RINA, 1981, (123): 447-471.

[10]Zheng X L, Lin Y, Ji Z S.Collaborative multidisciplinary decision making based on game theory in ship preliminary design[J].Journal of Marine Science & Technology, 2009, 14(3): 334-344.

[11]战翌婷. 船舶数字化设计软件平台关键技术研究[D]. 大连: 大连理工大学, 2008.

[12]魏珅. 机械产品快速设计与制造系统研究[D]. 合肥: 中国科学技术大学, 2007.

[13]钱碧波, 潘晓弘, 程耀东. 敏捷虚拟企业合作伙伴选择评价体系研究[J]. 中国机械工程, 2000, (4): 45-49.

[14]Belton V, Stewart T J.Multiple Criteria Decision Analysis: An Integrated Approach[M]. Amsterdam: Kluwer Academic Publisher, 2002.

[15]曹柬, 周根贵. 一种新的敏捷虚拟企业合作伙伴选择与评价方法[J]. 中国机械工程, 2004, (22): 36-39.

[16]Fischer M, Jahn H, Teich T.Optimizing the selection of partners in production networks[J].Robotics and Computer- Integrated Manufacturing, 2004, (20): 593-601.

[17]Ding J F, Liang G S.Using fuzzy MCDM to select partners of strategic alliances for liner shipping[J].Information Sciences, 2005, 173: 197-225.

[18]贺泽. 基于 AHP 的船舶协同设计团队模型及资源评价方法研究[J]. 船舶工程, 2008, 30 (2): 79-83.

[19]熊伟达. 船舶设计计划编制与进程管理系统研究[D]. 大连: 大连理工大学, 2010.

[20]Alford L P.Henry Laurence Gantt, Leader in Industry[M]. New York: Harper & Brothers, 1934.

[21]Harrington H J. 项目变革管理[M]. 北京: 机械工业出版社, 2001.

[22]邱桂林. 网络分析法在船厂计划管理中的应用[J]. 武汉造船, 1981, (4): 64-71.

[23]徐学光. 造船工程总进度计划的成组技术编制方法[J]. 造船技术, 1990, (9): 9-16.

[24]丁公才, 王文辉, 胡上序. 适用于区域造船生产工艺的网络计划模型[J]. 船舶工程, 1993, (2): 51-54.

[25]于军生. 我国船舶制造业生产计划与控制研究[D]. 太原: 太原理工大学, 2010.

[26]葛世伦. 船舶制造企业 ERP/MRP Ⅱ 的研制与实施[J]. 船舶工程，2001，（5）：54-57.

[27]高绍新，纪卓尚，林焰. 船舶与海洋工程项目管理信息系统分析与初步设计[J]. 大连理工大学学报，2001，（2）：207-211.

[28]金朝光. 船舶建造工程管理及供应链一体化研究[D]. 大连：大连理工大学，2002.

[29]叶涛锋，韩文民. 确定瓶颈资源的仿真方法研究[J]. 华东船舶工业学院学报（自然科学版），2003，（4）：80-84.

[30]刘寅东. 资源受限的造船生产计划编制专家系统[J]. 中国造船，2004，（1）：89-93.

[31]苏翔，宁宣熙，潘燕华，等. 面向造船企业的信息化一体化方案研究[J]. 中国造船，2005，（4）：78-85.

[32]颜蔚，葛世伦，吴立人. 基于 Project2002 的多项目船台计划管理研究[J]. 造船技术，2005，（5）：8-12.

[33]游前文. 船舶设计计划编制与协同管理系统的研究开发[D]. 大连：大连理工大学，2006.

[34]王承文，李玥，桂雪玲. 现代造船模式效益的无等级论域模糊综合评价[J]. 哈尔滨工程大学学报，2006，（1）：147-152.

[35]徐凌洁，朱若凡. 多项目管理在船舶综合日程计划系统中的应用研究[J]. 造船技术，2007，（1）：7-9.

[36]邓林义，林焰，陈明，等. 采用拓扑遍历方法优化船舶设计计划[J]. 计算机集成制造系统，2007，（3）：431-436.

[37]赵海波. 大连船舶重工项目管理中的计划问题研究[D]. 大连：大连理工大学，2007.

[38]吴天宝. 船舶设计协同工作流与文件管理系统研发[D]. 大连：大连理工大学，2008.

[39]陈宁，曲浩. 中小型船厂的建造计划管理及优化方法[J]. 造船技术，2008，（4）：6-9.

[40]李正华，史恭波. 基于 MSWBS 的造船层次网络计划及其动态管理研究[J]. 江苏船舶，2008，（4）：32-35.

[41]苏翔，杨艳艳，李大伟. 基于关键链的船舶生产多项目管理研究[J]. 造船技术，2008，（6）：12-16.

[42]林焰，陈明，王运龙，等. 船舶设计原理[M]. 大连：大连理工大学出版社，2011.

[43]Zhang P, Leng W H.Parametric approach to design of hull form[J]. Journal of Hydrodynamics, 2008, 20(6): 804-810.

[44]林焰，李铁骊，纪卓尚，等. 一种船体 UV 度变换的设计方法[J]. 造船技术，1997，（8）：16-17.

[45]于雁云. 船舶与海洋平台三维参数化总体设计方法研究[D]. 大连：大连理工大学，2009.

[46]Perez F, Suarez J A, Fernandez L.Automatic surface modeling of a ship hull[J].Computer Aided Design, 2006, (38): 584-594.

[47]Konesky B.Newer theory and algorithms for computer aided design of developable surfaces[J].Marine Technology, 2005, (42): 71-85.

[48]Perez F, Suarez J A, Fernandez L.Parametric generation, modeling, and fairing of simple hull lines with the use of nonuniform rational B-spline surfaces[J]. Journal of Ship Research, 2008, 52(1): 1-15.

[49]Rabien U. Ship geometry modeling[J]. Ship Technology Research, 1996, 43: 115-123.

[50]张萍. 船型参数化设计[D]. 无锡：江南大学，2009.

[51]Bardis L, Vafiadou M.Ship-hull geometry representation with B-spline surface patches[J]. Computer Aided Design, 1992, 24(4): 217-222.

[52]周超骏，刘鼎元. 船体数学线型设计——曲面法探讨[J]. 上海交通大学学报，1981，（4）：21-31.

[53]周超骏，刘鼎元，曹沅. 船体数学线型设计——B 样条曲面法[J]. 上海交通大学学报，1985，（3）：1-10.

[54]Fog N G.A B-spline surface system for ship hull design[J].Computer Application in the Automation of Shipyard Operation and Ship Design, 1985: 359-366.

[55]荣焕宗，陈岗，张伟荣. 非均匀 B 样条网格光顺方法[J]. 船舶工程，1992，（4）：25-30.

[56]朱心雄. 自由曲线曲面造型技术[M]. 北京：科学出版社，2000.

[57]施法中. 计算机辅助几何设计与非均匀有理 B 样条[M]. 北京：北京航空航天大学出版社，1994.

[58]Piegl L, Tiller W. The NURBS Book: Second Edition[M]. Heidelberg: Springer - Verlag, 1997.

[59]Piegl L, Tiller W.Computing the derivative of NURBS with respect to a knot[J].Computer-Aided Geometric Design, 1998, 15: 925-934.

[60]Piegl L, Tiller W.Parameterization for surface fitting in reverse engineering[J]. Computer-Aided Design, 2001, 33:593-603.

[61]Lee D K, Lee S S, Park B J.3-D geometric modeler for rapid ship safety assessment[J]. Ocean Engineering, 2004, 31:1219-1230.

[62]Hazen G S. Fastship & NURBS modeling: a historical note[J].Computer Aided Design, 2002,34(7):541-543.

[63]Lzumida K, Matida Y.Ship hull definition by surface techniques for production use[J].Computer Applications in Shipping and Shipbuilding, 1979,6:95-104.

[64]Mason A.Maxsurf an early NURBS ship hull design system: a historical note[J].Computer Aided Design, 2002, 34(7): 545-546.

[65]Jong H N, Michael G P.A parametric approach for initial hull form modeling using nurbs representation[J]. Journal of Ship Production, 2000, 16(2): 76-89.

[66]刘阳，林焰. 基于横向函数法的船体型线设计方法[J]. 大连理工大学学报，2008，（1）：95-97.

[67]Lu C H, Lin Y, Ji Z S.Ship hull representation with a single NURBS surface[C]//Proceedings of the 15th International Offshore and Polar Engineering Conference(ISOPE), 2005: 780-784.

[68]陆丛红. 基于 NURBS 表达的船舶初步设计关键技术研究[D]. 大连：大连理工大学，2006.

[69]Birmingham R W, Smith T A G.Automatic hull form generation:a practical tool for design and research[J]. Practical Design of Ships and Mobile Units, 1998: 281-287.

[70]Harries S. Parametric Design and Hydrodynamic Optimization of Ship Hull Forms[D]. Berlin: Technische University Berlin, 1998.

[71]Harries S. Systematic optimization—a key for improving ship hydrodynamics[J]. Hansa, 2005, 142(12): 26-45.

[72]Abc C, Harries S.Friendship framework - integrating ship-design modelling, simulation, and optimization[J]. The Naval Architect, RINA, 2007, (1).

[73]Harries S, Hinrichsen H. The inSAC—a new design feature for the improvement of transport efficiency[J]. Hansa, 2006, 143(9).

[74]张萍，冷文浩，朱德祥，等. 船型参数化建模[J]. 船舶力学，2009，（1）：47-54.

[75]Lee K Y, Han S N, Roh M I.Optimal compartment layout design for a naval ship using an improved genetic algorithm[J]. Marine Technology, 2002, 39(3): 159-169.

[76]Park S S, Lee K Y.Development of a ship calculation program based on the geometric model[J]. Trans. Soc. Naval Architec Korea, 1999, 36(2): 121-134.

[77]Kang W S, Lee K Y.A study on the interactive ship compartmentation modelling technique using graphical user interface[J]. Trans. Soc. Naval Architec Korea, 1994, 31(4): 23-31.

[78]Lee S U, Roh M I, Cha J H, et al.Ship compartment modeling based on a non-manifold polyhedron modeling kernel[J]. Advances in Engineering Software, 2009, 40(5): 378-388.

[79]Nehrling B C.Recognizing and using patterns in preliminary ship compartmentation[J].Computer Application in the Automation of Shipyard Operation and Ship Design, 1976.

[80]Hills B W S, Phil M C.An efficient compartmentation method for use in preliminary ship design[J].Computer Application in the Automation of Shipyard Operation and Ship Design, 1989.

[81]胡铁牛. 货船概率破舱稳性计算及对分舱的影响[J]. 上海交通大学学报，1997，31（11）.

[82]Lin Y, Ji Z S, Chen M.Ship compartmentation division based on database[J]. CSNAME, 1999, 13: 9-19.

[83]Berlin W.Interactive design of ship compartmentation[J]. Computer Application in the Automation of Shipyard Operation and Ship Design, 1985,

[84]Lu C H, Lin Y, Ji Z S.Virtual tanks division and capacity calculation based on NURBS shipform[J].Journal of Ship Mechanics, 2007, 11(3): 435-443.

[85]杨帆，马坤，纪卓尚. 油船参数化舱室定义方法研究[J]. 造船技术，2007，（5）：20-23.

[86]Yu Y Y, Chen M, Lin Y, et al.A new method for platform design based on parametric technology[J]. Ocean Engineering, 2010, 37(5-6): 473-482.

[87]陈强，马坤. 基于 ObjectARX 的船舶快速分舱程序设计[J]. 中国舰船研究，2010，（3）：67-73.

[88]Roh M I, Lee K Y, Choi W Y, et al.Improvement of ship design practice using a 3D CAD model of a hull structure[J]. Robotics and Computer-Integrated Manufacturing, 2008, 24(1): 105-124.

[89]Roh M, Lee K.Generation of the 3D CAD model of the hull structure at the initial ship design stage and its application[J]. Computers in Industry, 2007, 58(6): 539-557.

[90]仵大伟，林焰，纪卓尚. 参数化的船体结构特征造型设计[J]. 计算机工程，2001，（6）：57-58.

[91]向东，李斌，谭家华. 利用 CATIA 进行船舶管系 BOM 数据抽取和处理[J]. 造船技术，2003，（1）：39-41.

[92]Light R, Gossard D.Modification of geometric models through variational geometry [J]. Computer Aided Design, 1982, 14(4): 209-213.

[93]Ge J X, Chou S C, Gao X S.Geometric constraint satisfaction using optimization methods[J]. Computer Aided Design, 2000, 32(14): 867-879.

[94]Kondo K.PIGMOD: parametric and interactive geometric modeler for mechanical design[J].Computer Aided Design, 1990, 22(10): 623-644.

[95]Kondo K. Algebraic method for manipulation of dimensional relationships in geometric models[J].Computer Aided Design, 1992, 24(3): 141-147.

[96]Buchanan J S, Pennington A D.Constraint definition system: computer algebra based approach to solving geometric constraint problems[J].Computer Aided Design, 1993, 25(2): 711-750.

[97]高青军，詹沛，陈卓宁，等. 基于构造过程的参数化方法的研究[J]. 水利电力机械，2000，（4）：17-21.

[98]郭卫，张传伟. 参数化乳化液泵 CAD 系统的研究[J]. 机床与液压，2002，（2）：64-66.

[99]陈金峰. 知识工程应用于船舶结构设计的研究[D]. 上海：上海交通大学，2011.

[100]Tsoukalas V D. Development of a knowledge-based engineering system for diagnosis and alleviation of defects in aluminium welding[J]. Proceedings of the Institution of Mechanical Engineers, Part B: Journal of Engineering Manufacture, 2008, 222(2): 255-266.

[101]Akagi S, Fujita K.Building an expert system for the preliminary design of ship[J].Trans. JSME,1987,1(3):191-205.

[102]Ohtsubo H, Kitamura M.Structural design of mid-ship section by expert system[J].Trans. Soc. Naval Architect Japan, 1988, 164(12).

[103]Akagi S, Fujita K.Knowledge Based Geometric Modeling System for Preliminary Design using Objecting- Oriented Approach[M]. New York: ASME, 1989.

[104]张兴福，张圣坤. 双底双壳油轮中横剖面结构优化设计专家系统[J]. 中国造船，1997，137（2）：39-44.

[105]蔡乾亚，裘泳铭，陆伟东. 基于知识的集装箱船中剖面结构设计 CAD 系统[J]. 上海交通大学学报，1997，31（11）：61-64.

[106]Chao K M, Smith P, Hills W, et al. Knowledge sharing and reuse for engineering design supporting case-based design[J]. Expert Systems with Applications, 1998, 14(3): 399-408.

[107]Lee K H, Lee J K, Park N S.Intelligent approach to a CAD system for the layout design of a ship engine room[J]. Computers & Industrial Engineering, 1998, 34(3): 599-608.

[108]Lee D, Lee K.An approach to case-based system for conceptual ship design assistant[J]. Expert Systems with Applications, 1999, 16(2): 97-104.

[109]陆伟东，蔡乾亚，裘泳铭. 集装箱船中剖面结构基于知识的计算机辅助设计系统[J]. 上海交通大学学报，2000，（1）：36-40.

[110]Kowalski Z, Arendt R, Meler-Kapcia M, et al.An expert system for aided design of ship systems automation[J]. Expert Systems with Applications, 2001, 20(3): 261-266.

[111]Shuji M S N J.Application of knowledge based modelling to detail structure design for

shipbuilding[C]//11th International Conference on Computer Applications in Shipbuilding (ICCAS), Busan, Korea, 2002.

[112]Park J H, Storch R L. Overview of ship-design expert systems[J]. Expert Systems, 2002, 19(3): 136-141.

[113]刘大铭. 以知识管理为基础建构中小型船厂研发设计知识社群系统研究[D]. 台南：成功大学，2002.

[114]Sykes M, HALL W.Generating fleet support knowledge from data and information[C]// Australian Conference for Knowledge Management & Intelligent Decision Support, Melbourne, Australia, 2003.

[115]Delatte B, Butler A.An object-oriented model for conceptual ship design supporting case-based design[J]. Marine Technology and Sname News, 2003, 40(3): 158-167.

[116]Helvacioglu S, Insel M.An expert system approach to container ship layout design[J]. International Shipbuilding Process, 2003, 50(1-2): 19-34.

[117]Wu Y H, Heiu-Jou S.Knowledge management with XML integrated within the full specification in ship design processes[J]. Computer Aided Design, 2004, 39(4): 53-56.

[118]谭玮. 协同工程在造船产业整合环境的发展策略与实践[D]. 台南：成功大学，2006.

[119]Luo W, Tang W Y, Zhang S K.Robust design of the transverse section of the 340 000 DWT FPSO's midship[J]. Journal of Ship Mechanics, 2005, 9(2): 35-71.

[120]Lee D K.Knowledge-based system for safety control of damaged ship[J]. Knowledge-Based Systems, 2006, 19(3): 187-191.

[121]Vapnik V.The Nature of Statistical Learning Theory[M]. NewYork: Spinger-Verlag, 1995.

[122]Suykens J A K, Vandewalle J, De M B.Optimal control by least squares support vector machines[J]. Neural Networks, 2001, 14(1): 23-35.

[123]Zimmermann M, Bronsart R, Stenzel K.Knowledge based engineering methods for ship structural design[C]// International conference on computer application in shipbuilding(ICCAS), Busan, Korea, 2005.

[124]Bronsart R, Zimmermann M.Knowledge modeling in ship design using semantic web techniques[J]. Computer Application and Information Technology in Maritime, 2005.

[125]Zimmermann M, Bronsart R.A system for management and application of standards in ship structural design[J]. Journal of Ship Production, 2007, 23(3): 135-141.

[126]耿云伟, 陈明, 林焰. 基于知识库的自升式平台结构设计方法研究[J]. 船舶工程，2007，（4）：53-56.

[127]杨和振，王德禹，夏利娟. 知识工程在船舶设计建造中的研究进展[J]. 船舶工程，2008，30（21）：7-11.

[128]Chen J F, Yang H Z, Jiang R H.Application of knowledge-based engineering methods for hull structure member design[C]//International Conference on Computer Application in Shipbuilding (ICCAS), Shanghai, 2009: 87-93.

[129]Wu Y H, Shaw H J.Document based knowledge base engineering method for ship basic

design[J]. Ocean Engineering, 2011, 38(13): 1508-1521.

[130]崔进举，王德禹，夏利娟，等. 基于知识工程的船舶舯剖面结构设计及优化[J]. 上海交通大学学报，2012，（3）：368-373.

[131]Guan G, Shen M, Lin Y, et al.A method for the automatic registration of hull blocks point clouds[J]. Advanced Materials Research, 2012, 472-475: 3089-3093.

[132]Shen M, Guan G, Wang H Z.Automatic Registration of Hull Blocks Point Clouds Based on SVD[C]//Proceedings of the 2011 2nd International Conference on Information Technology and Scientific Management, Tianjin, 2011: 2143-2145.

[133]Biskup K, Arias P, Lorenzo H, et al.Application of terrestrial laser scanning for shipbuilding[J]. International Archives of Photogrammetry, Remote Sensing and Spatial Information Sciences, 2007, 3(3): 56-61.

[134]Rabbani T.Automatic reconstruction of industrial installations using point clouds and images[D].Delft(The Netherlands):Nederlandse Commissie voor Geodesie, 2006.

[135]Ko K H, Maekawa T, Patrikalakis N M.An algorithm for optimal free-form object matching[J]. Computer Aided Design,2003,35(10):913-923.

[136]张殿枘. 船体超大型总段快速测量技术研究[D]. 大连：大连理工大学，2009.

[137]Horn B K P.Closed-form solution of absolute orientation using unit quaternions[J].J. Opt. Soc. Am. Ser. A, 1987, 4:629-642.

[138]Besl P J, Mckay N D.A method for registration of 3-D shapes[J].IEEE Transactions on Pattern Analysis and Machine Intel-ligence, 1992, 14(2):239-256.

[139]Chen Y, Medioni G.Object modeling by registration of multiple range images[J]. Image and Vision Computing, 1992, 10:145-155.

[140]Bergevin R, Soucy M, Gagnon H, et al.Towards a general multi-view registration technique[J]. IEEE Transactions On Pattern Analysis And Machine Intelligence, 1996, 18(6):540-547.

[141]Blais G, Levine M D.Registering multiview range data to create 3D computer objects[J].Pattern Analysis and Machine Intelligence,1995,17(8):820-824.

[142]Andrew E J, Sing B K.Registration and integration of textured 3D data[J].Image And Vision Computing, 1999, 17:135-147.

[143]Okatani I S, Deguchi K.A method for fine registration of multiple viewing rang images considering the measurement error properties[J]. Computer Vision and Image Understanding, 2002, 87(1-3): 66-77.

[144]罗先波，钟约先，李仁举. 三维扫描系统中的数据配准技术[J]. 清华大学学报（自然科学版），2004，（8）：1104-1106.

[145]Mitra N J, Gelfand N, Pottmann H, et al.Registration of point cloud data from a geometric oPtimization perspective[C]//Eurographics Symposium on Geometry Processing, New York, 2004:22-31.

[146]Simon D A.Fast and accurate shape based registration[D].Pittsburgh:Dissertation of Carnegie Mellon University,1996.

[147]Lucchese L, Doretto G, Cortelazzo G M.Frequency domain estimation of 3D rigid motion based on range and intensity data[J].Proceedings of Recent Advances in 3D Digital Imaging and Modeling,1997,5:107-112.

[148]Barequet G, Sharir M.Partial surface matching by using directed foot prints[J].Computational Geometry-Theory and Applications,1999,12(1-2):45-62.

[149]余立锋，俎栋林，王卫东，等. 多模态医学图象的 SVD-ICP 配准方法[J]. CT 理论与应用研究，2000，（1）：1-7.

[150]Claudet A A. Analysis of three dimensional measurement data and cad models[D]. Pittsburgh：Doctoral Dissertation of Georgia Institute of Technology，2001.

[151]Pottmann H, Wallner J, Huang Q, et al.Integral Invariants for Robust Geometry Processing[M]. Wien:Geometry Preprint 146,TU Wien,2005.

[152]Ko K H, Maekawa T, Patrikalakis N M.Shape intrinsic properties for free-form object matching[J].Journal of Computing and Information Science in Engineering,2003, 3(4):325-333.

[153]李嘉，胡军，胡怀中，等. 基于 SVD-ICP 方向加速的机器人触觉与视觉图像配准算法[J]. 微电子学与计算机，2003，（9）：1-3.

[154]Ma B, Ellis R E. Surface-based registration with a particle filter[J].Springer Berlin, 2004:566-573.

[155]张安琪. 基于 PDA 的船体精度辅助检测系统设计与实现[D]. 大连：大连理工大学，2009.

[156]刘玉君，毕坚裔，张殿桢，等. 船体超大总段快速测量分析技术研究[J]. 造船技术，2010，（5）：13-15.

[157]刘涛，王宗义，金鸿章，等. 船体分段三维数字化测量数据配准[J]. 哈尔滨工程大学学报，2010，（3）：345-349.

[158]申玫，管官. 一种船体分段测量点云自动匹配的算法[J]. 造船技术，2011，（4）：17-18.

[159]丁伟康. 船舶快速搭载有效地缩短了造船周期[C]//2011 中国造船工程学会造船工艺学术委员会造船企业精益生产学术研讨会，福州，2011：229-241.

[160]曹志兵. 数字化精度管理研究[D]. 哈尔滨：哈尔滨工程大学，2011.

[161]黄若波，张杰. 基于全站仪和船舶 3D 设计系统的三维精度测量技术研究[J]. 造船技术，2011，（4）：14-16.

[162]任刚. 船体分段三维测量及对位系统控制策略研究[D]. 大连：大连理工大学，2013.

[163]Guan G,Lin Y,Ji Z S. Laser measurements registration algorithm for hull blocks with shipbuilding constraints[J]. International Shipbuilding Progress, 2014,61(1-2):1-15.

[164]Guan G, Lin Y, Shen M. Measurement points registration for hull blocks based on multi-objective optimization[J]. Journal of Information & Computational Science,2013,10(8): 2315-2328.

[165]Ren G,Qin P L, Lin Y. Research on auto matching of measuring points data with CAD model for hull blocks[J]. Advanced Materials Research, 2013, 15: 680-685.

[166]管官，林焰，申玫，等. 考虑工程约束的船体分段测量点集匹配方法[J]. 哈尔滨工程大学学报，2013，34（5）：541-548.

[167]Ren G, Qin P, Lin Y. Research on improvement algorithm of model free learning adaptive

controller[J]. Applied Mechanics and Materials, 2013,300-301: 1500-1504.

[168]刘俊. 基于可调墩的船体分段合拢自动对位技术研究[D]. 大连：大连理工大学，2013.

[169]Ren G, Qin P, Lin Y. Research on improvement algorithm of model free learning adaptive controller[J]. Applied Mechanics and Materials, 2013, 300-301: 1500-1504.

[170]陈宇. 船体总段自动合拢小车控制模型研究[D]. 武汉：武汉理工大学，2009.

[171]赫曼公司. 赫曼为外高桥船厂提供巨型总段多导造船法设备与服务 [EB/OL]. http://www.himen.cn/Simplified/ ApplicationView.asp?ID=31&SortID=40[2012-02-11].

[172]王运龙，林焰，秦品乐，等. 船体分段装配快速对位装置及其方法：中国，ZL201010617752. 4[P]. 2011.

[173]王运龙，林焰，秦品乐，等. 船用三自由度可调墩：中国，ZL201010617756. 2[P]. 2011.

[174]张斌，方强，柯映林. 大型刚体调姿系统最优时间轨迹规划[J]. 机械工程学报，2008，44（8）：23-28.

[175]朱永国. 飞机大部件自动对位若干关键技术研究[D]. 南京：南京航空航天大学，2011：12-45.

[176]管官，林焰，申玫.船舶设计项目人力资源评价方法研究[J].船舶工程,2011,（6）:105-109.

[177]管官，林焰，熊伟达，等.船舶设计项目任务规划及进度控制系统研究[J].船舶工程,2011,（S2）：143-147.

[178]Koeing P C, Christensen W L.Development and implementation of modern work breakdown structure naval construction: a case study[J].Journal of Ship Production,1999,15(3):136.

[179]Steward D V.The design structure system: a method for managing the design of complex system[J].IEEE Transactions on Engineering Management,1981,28(3): 71-74.

[180]Terzopoulos D.Elastically deformable models[J].Computer Graphics,1987,21(4): 205-214.

[181]Celniker G, Gossard D.Deformable curve and surface finite-elements for free-form shape design[J].Computer Graphics,1991,25(4):257-266.

[182]Welch W, Witkin A.Variational surface modelling[J].Computer Graphics,1992, 26(2): 157-166.

[183]Moreton H P, Sequin C H.Functional optimization for fair surface design[J]. Computer Graphics, 1992, 26(2): 167-176.

[184]Qin H, Terzopoulos D.Triangular NURBS and their dynamic generalizations[J]. CAGD, 1997,14(4):325-347.

[185]Kim H, Yang C.A new surface modification approach for CFD-based hull form optimization [C]//9th International Conference on Hydrodynamics,2010:520-525.

[186]于雁云，林焰，纪卓尚. 船体曲面参数化设计新方法[J]. 中国造船，2013，（01）：21-29.

[187]张荣鑫. 基于小波理论的船体 NURBS 曲线曲面光顺性研究[D]. 大连：大连理工大学，2008.

[188]Koningh D D, Koelman H, Hopman H.A novel ship subdivision method and its application in constraint management of ship layout design[C]COMPIT2011, 2011:292-304.

[189]Chen J, Lin Y, Huo J Z.Optimization of ship's subdivision arrangement for offshore sequential ballast water exchange using a non-dominated sorting genetic algorithm[J].Ocean Engineering,

2010,37(11-12):978-988.

[190]Masuda H.Topological operators and Boolean operations for complex —based nonmanifold geometric models[J].Computer-Aided Design,1993,25(2):119-129.

[191]Jin C N, Liu B, Shi Y.A study of geometric issue in CAD system for car-body parts design[J].Journal of Jilin University,2006,36(S1):116-119.

[192]Chapman C B, Pinfold M.The application of a knowledge based engineering approach to the rapid design and analysis of an automotive structure[J].Advances in Engineering Software, 2001,32(12):903-912.

[193]中国船级社. 钢质海船入级与建造规范[M]. 北京：人民交通出版社，2009.

[194]Gabor R, Aniko E.Genetic algorithm in computer aided design[J].Computer Aided Design,2003, 35:709-726.

[195]Aladahalli C, Cagan J, Shimada K.Objective function effect based pattern search theoretical framework inspired by 3D component layout[J].Journal of Mechanical Design,2007,129(3): 243-254.

[196]Narayanan A, Moore M.Quantum-inspired genetic algorithms[C]//Proceedings of IEEE International Conference on Evolutionary Computation,Nagoya, Japan,1996:61-66.

[197]李士勇，李盼池. 量子计算与量子优化算法[M]. 哈尔滨：哈尔滨工业大学出版社，2009.

[198]武姗. 船体分段三维数字化测量技术研究[D]. 哈尔滨：哈尔滨工程大学，2011.

[199]管官，申玫，林焰，等. 船体分段测量点数据与 CAD 模型自动匹配方法研究[J]. 哈尔滨工程大学学报，2012，（5）：580-584.

[200]Luísa F B, João M R S T.Matching of objects nodal points improvement using optimization[J].Inverse Problems in Science and Engineering,2006,14(5):529-541.

[201]Castellani U, Cristani M, Fantoni S.Sparse points matching by combining 3D mesh saliency with statistical descriptors[J].Computer Graphics Forum,2008, 27(2):643-652.

[202]俞慈君，李江雄，余锋杰，等. 带工程约束的点匹配算法[J]. 机械工程学报，2010，（5）：183-190.

[203]Arun K S, Huang T S, Blostein S D.Least-squares fitting of two 3-D point sets[J].IEEE Transactions on Pattern Analysis and Machine Intel-ligence, 1987,9(5):698-700.

[204]Umeyama S.Least-squares estimation of transformation parameters between two point patterns[J].IEEE Transactions on Pattern Analysis and Machine Intel-ligence,1991,13(4):376-380.

[205]Mikhail S, Igor G, Luo Z W. Reaching movements in dynamic environments: how do we move flexible obiects[J]. IEEE Transaction on Robotics, 2006, 22(4): 724-739.

[206]刘宏新，宋微微，史玉红. CATIA 数字样机运动仿真详解[M]. 北京：机械工业出版社，2011.